債権法改正と家庭裁判所の実務

佐々木茂美　潮見佳男　［監修］

日本加除出版株式会社

はしがき

　債権法の改正をめざした「民法の一部を改正する法律案」は平成29年5月26日に成立し，同年6月2日法律第44号として公布された。この改正は，令和2年4月1日に施行される。公布当時は，改正法施行までまだ2年以上もあるということで，社会では少々ゆったりと構える雰囲気も漂っていたが，改正法施行まで1年を切ったこの頃は，大学教育の現場のみならず，実務界においても，改正法への具体的な対応に向けて真正面から取り組もうとする動きが加速しているようである。

　改正法の成立から2年を経過する中で，新しい債権法に対する解説，改正前後での相違点の分析を対象とした書籍や論稿は世に溢れ，また，債権総論・契約法を中心として，体系書・注釈書・教科書類も数多く出されている。もっとも，これらのうちで，実務家向けに公表されたものの大半は，財産法（民法総則から債権各論まで）の分野を担う読者をターゲットにし，これらの読者にとって意味のある情報を提供し，啓発をおこなうことをめざしたものである。これに対して，実務の現場で家族法・相続法の分野を（も）扱う読者に対して新しい債権法の全容を示すことを目的とした企画は，意外なほどに少ない。

　しかしながら，実務の現場で家族法・相続法の案件に遭遇するとき，そこでは，さまざまな形で財産法（民法総則から債権各論まで）の問題が絡んでくることが少なくない。そして，こうした案件への対応を迫られるのは，裁判官・弁護士のみならず，調停委員として関与する方々でもある。これらの方々の中には，（家族法を専門研究領域とする家族法学者も含め）財産法についての教養と学識を基礎にして案件の処理に当たられる方々も少なくない。そうなると，家族法・相続法の分野を担う者にとっても，今回の債権法改正の概要を理解しておくことは不可欠であると言える。今回の債権法改正は，民法全体を大きく作り変えた結果として，「私は家族法が専門だから，今回の債権法改正は関係がない」などというわけにはいかない状況を作り出しているのである。

　ところが，改正法の成立後に出ている多くの解説論稿が，家族法・相続法

分野で生じる債権法にかかわる問題に対してフレンドリーに書かれているかというと，必ずしもそうであるとは言いきれない状況にある。最大の問題は，解説論稿の執筆者が家族法・相続法分野で生じる債権法にかかわる問題に関心を持たず，あるいは，関心はあるものの，他の問題意識とあわせての解説をするために，前者の関心が希釈化されてしまう点にある。

　家族法・相続法の分野を担う者にとって意味のある債権法全体の解説を，家庭裁判所における家族法・相続法の分野に関する諸問題に精通している裁判官ほか実務家の方々を中心に，その実務経験を踏まえて読者にわかりやすくおこなってもらえれば，家族法・相続法の実務を担う者や，大学等で家族法・相続法の教育を受け，また教育をおこなう者にとって，大きな意味があるのではないか。本書は，このような意図の下で企画されたものである。各単元において「家裁実務への影響」を示し，また，各単元の末尾に家裁実務に関連する「エクササイズ」を設けたのも，このことを意識したゆえのことである。

　さらに，家裁実務の現場を担う裁判官の方々がどのような目で今回の債権法改正を受け止めているのかを一書でまとめて示すことは，家族法・相続法の分野という括りを離れ，今回の債権法改正がわが国の裁判実務にとってどのような意味を持つのかを知りたい読者にとっても，大きな意味があるものと考える。

　実務家の方々の原稿がどのようにして精査され，本書に収録されるに至ったかの経緯は，編者の一人である佐々木茂美元大阪高等裁判所長官の「実務家論稿の監修に当たって」に詳しく書かれているので，ぜひ参照をしていただきたい。そこからは，各論稿がいかに丁寧に執筆されたものかが，おのずから明らかになるであろう。また，研究者の論稿は，担当をした各分野のプロと言うべき研究者の手によるものであり，監修者として自信をもって推奨しうるものである。

　ところで，本書の出版に向けた作業中には，相続法の改正も成立した。平成30年7月6日に成立した民法の一部改正法と「法務局における遺言書の保管等に関する法律」（遺言書保管法）は，同年7月13日に，それぞれ，平成30年法律第72号・73号として公布された。この改正のうち，遺言の方式緩和については既に平成31年1月13日に施行されており，他の改正部分も，原則的

には令和元年7月1日，配偶者居住権・短期居住権関係は令和2年4月1日，遺言書保管法は令和2年7月10日に施行される。そこで，本書では，新しい債権法の解説を基軸としつつ，解説項目のうちで相続法改正にも関係する点については，債権法の改正とともに言及するという方針で臨んだ。また，今回の相続法改正の概要を示した堂薗幹一郎論文を収録することにより，読者の便宜に供することとした。

　本書が成るに当たって，執筆に協力いただいた実務家・研究者の先生方には，短期間で，既に公刊されている文献・資料等を調査していただいたうえに，家族法・相続法の分野を担う者にとって意味のある債権法改正の解説にまとめあげるという，非常に手間のかかる作業を引き受けていただいた。テーマによっては，手探りに近い状態で執筆するという困難な作業をお願いすることとなったものも少なくなかった。執筆者各位のご尽力に対しては，ただただ頭の下がる思いである。心よりの御礼を申し上げる。

　また，日本加除出版の渡邊宏美さんには，債権法改正の成った直後から，膨大な編集作業を一手に引き受けていただいた。途中の段階で相続法までもが改正されたために，二重三重の面倒な編集作業になったことの大変さは，傍から見ていて痛いほどわかるものであった。そのような激動の中，平成の時代から令和の時代になり，また，冒頭に示したように改正債権法の施行まで1年を切ったこの時期に良い本に仕上がったのも，ひとえに渡邊さんのご尽力の賜物である。ご厚情に対し，感謝を申し上げる次第である。

令和元年5月

監修者の一人として
潮見　佳男

実務家論稿の監修に当たって

　2013年（平成25年）初め，当時在籍していた大阪高等裁判所に日本加除出版の真壁耕作企画部部長（現取締役），渡邊宏美係長（現編集部課長）が訪ねてこられ，京都大学大学院法学研究科潮見佳男教授から「目下進行中の債権法改正の影響が家族法関係の実務にどのように影響するか，未だ深い検討がされておらず，実務運用面での課題等を抽出した上で検討する必要がある」とのお誘いがあり，ついては，論点項目の作成や実務家執筆者の選定等をお願いできないかとして，企画書を持参された。その企画書を拝見したところ，債権法改正作業が要綱試案策定に向け進行している最中で，時宜に適ったものである上，家族法，主に家庭裁判所実務に及ぼす論点に的を絞っているところが興味深く思われた。また，その年の3月に定年退官を迎え，4月から母校である京都大学大学院法学研究科に奉職することが決まっていたことから，旧知の潮見教授に協賛する気持ちも強く，快くお引き受けすることにした。思えば，2005年（平成17年）秋，京都家庭裁判所に勤務していた折，日本加除出版が京都で開催されたアジア家族法三国会議に招かれて参加したことがあったが，その際，真壁，渡邊両氏から懇切丁寧な対応を受けたことが想い起こされ，このこともお受けする縁由になっていたのかもしれない。

　そこで，先ず，実務家の執筆担当者選びに入ったが，岡原剛高松家庭裁判所長（その後，神戸家庭裁判所長）と田中敦広島家庭裁判所長，そして大阪地方裁判所に在籍中で，東京高等裁判所で家事抗告事件を担当した経験のある増森珠美判事，最高裁判所事務総局家庭局で勤務経験のある進藤千絵判事（その後退官されて弁護士），大阪家庭裁判所在籍中の久保井恵子判事，さらに岡原氏と相談の上，松山地方・家庭裁判所今治支部在籍中の光吉恵子判事（その後，東京家庭裁判所に勤務）に依頼し快諾を得た。その後，岡原氏が定年退官されたため，後任の本多俊雄神戸家庭裁判所長と同裁判所在籍中の池町知佐子判事にもお願いした。これらの方々は，

私の，司法研修所教官時代の教え子，大阪地方裁判所民事部総括時代の同僚や，陪席達で，いずれも身近でその真摯な仕事ぶりを拝見していたし，何よりも，民事事件担当者として，財産法理論を駆使して事案解決に導く論述に優れたものがあったことも，十分承知していた。併せて，本書の特質に鑑み，家庭裁判所の実務にも精通しているおられるところから，この企画に加わっていただくことにした。

次に，論点項目は，潮見教授からの提案に加え，実務家の皆さんからの意見も聴取して抽出作業に入り，2014年（平成26年）12月までの間に，各論点を研究者と実務家に振り分け，実務家担当分をほぼ確定するに至った。2015年（平成27年）2月までには，論点項目ごとに担当者を割り当て，同年4月から執筆内容・方法について意見交換を行い，これらを決めた上，ドラフトの作成にも取り組んだ。

さらに，同年11月以降，ほぼ毎月1回のペースで，監修者である私と集まれる者で顔を合わせて検討会を開催し，1論点について数回から10回程度も議論を重ねた。検討会は，各人が民事・家事（人事訴訟事件を含む。）の事案を素材として持ち寄った上，担当者作成の草稿を基に，構成の在り方，問題点，その解決方策について，下級審を含む裁判例や学説も踏まえながら討議を尽くすなど，誠に充実したものとなった。このような共同作業を経て，2017年（平成29年）夏前には，全論点について原稿が出揃った。もっとも，検討会の議論は，素材の選定に始まり，判例の射程や学説の理解，論旨展開の在り方等，多岐に渡ったため，各人の意見を採り入れながらも，ある程度論稿の統一性と一貫性を保ち，一定の方向に収斂させる必要があった。そこで，論述する範囲の設定のほか，判例や学説の見方，その取捨選択，表現方法の細部等については，監修者である私に最終的に一任していただいた。

したがって，監修者としては，自らの力不足のため，改正法の理解や法理の論拠等に不十分なところがあり，家庭裁判所の実務運用の採り上げ方にも偏りがあるのではないかと懸念しているところであるが，これらに関する責任は，専ら監修者にあるということでお許しいただければ

幸いである。

　諸般の事情が重なり，出版が延びた間に，2018年（平成30年）7月，相続法の全体を見直す民法及び家事事件手続法の一部を改正する法律が成立し，2020年（令和2年）4月に改正債権法とともに全面的に施行される運びとなった。このため，実務家は，私を除き，皆現役で繁忙であったが，2018年（平成30年）11月に方針を定め，各自に見直しをお願いし，とりわけ影響の大きい論点である論点5，6，8に関しては，個別にメールや電話等でやり取りしながら調整し，2019年（平成31年）1月に修正稿を完成させることができた。その後，判例の摘示方法等にも工夫を凝らし，平成の終わりを迎えて全ての論稿を完成させることができた。

　実務家各位には，その馳せ場を走りながら，また，転勤の最も多忙な時期でさえ，一様に協力いただいたことに監修者としては改めて敬意を表したい。

　また，潮見教授には，法学研究科長として，さらに副学長として多忙極まりない中，債権法改正・相続法改正に関する審議会委員の役目を果たされ，この企画の方向性はもとより事項索引の作成など，数々の便宜を図っていただいた。この場を借りて心より御礼を申し上げたい。

　なお，本書の刊行に当たっては，この企画の当初から携わり，スケジューリングの作成・校正等に誠に辛抱強く対処された渡邊宏美氏に多大なご尽力をいただいた。実務家を代表して，末尾ながらここに謝意を表しておきたい。

　　　令和元年5月

佐々木茂美

凡　例

本書に掲げる法令・裁判例等については次の略記等を用いている。

〔法　令〕

民　法　　　　　　→　平成29年法律第44号ないし平成30年法律第72号・73号による改正後の民法

債権法改正前民法　→　平成29年法律第44号による改正前の民法

相続法改正前民法　→　平成30年法律第72号・第73号による改正前の民法

〔裁判例〕

大判大正6年1月22日（民録23輯8頁）
　　→　大審院大正6年1月22日判決大審院民事判決録23輯8頁

最決平成28年12月19日（民集70巻8号2121頁）
　　→　最高裁判所平成28年12月19日決定最高裁判所民事判例集70巻8号2121頁

裁　判　例	大審院裁判例
民　　　録	大審院民事判決録
民　　　集	大審院民事判例集
	最高裁判所民事判例集
集　　　民	最高裁判所裁判集民事
家　　　月	家庭裁判月報
判　　　タ	判例タイムズ
金　　　商	金融・商事判例
金　　　法	金融法務事情

目　次

第1編　債権法改正についての概説

債権法改正についての概説
［潮見　佳男］

1　はじめに ────────────────────────── 3
2　民法総則 ────────────────────────── 4
　(1)　意思能力規定の新設（民法3条の2） ───────── 4
　(2)　無記名債権の扱いの変更 ───────────────── 4
　(3)　公序良俗（民法90条） ───────────────── 4
　(4)　心裡留保（民法93条） ───────────────── 4
　(5)　錯誤（民法95条⇒【論点1】） ─────────────── 4
　(6)　詐欺（民法96条） ─────────────────── 5
　(7)　意思表示の効力（民法97条・98条） ───────── 5
　(8)　代理行為の瑕疵（民法101条） ─────────── 5
　(9)　代理人の行為能力（民法102条⇒【論点2】） ───── 5
　(10)　任意代理における復代理 ─────────────── 6
　(11)　代理権の濫用（民法107条） ─────────── 6
　(12)　自己契約・双方代理その他の利益相反行為（民法108条） ── 6
　(13)　表見代理（民法109条・110条・112条） ───── 6
　(14)　無権代理（民法117条） ─────────────── 6
　(15)　無効・取消しの場合の原状回復義務（民法121条の2） ── 7
　(16)　条件（民法130条） ───────────────── 7
　(17)　時効の完成猶予・更新（民法147条〜161条⇒【論点3】） ── 7
　(18)　債権の消滅時効（⇒【論点3】） ─────────── 8
3　債権総則 ────────────────────────── 8
　(1)　法定利率（民法404条） ─────────────── 8
　(2)　履行不能（民法412条の2） ───────────── 9
　(3)　受領遅滞（民法413条） ─────────────── 9
　(4)　履行遅滞中の履行不能・受領遅滞中の履行不能（民法413条の2） ── 9
　(5)　履行強制（民法414条） ─────────────── 9
　(6)　債務不履行を理由とする損害賠償（民法415条） ── 10

(7)　債権者代位権（⇒【論点4】）··10
　(8)　詐害行為取消権（⇒【論点4】）··11
　(9)　多数当事者の債権及び債務（⇒【論点6】）··································13
　(10)　保証債務（⇒【論点9】）··13
　(11)　債権譲渡（⇒【論点5】）··14
　(12)　債務引受（民法470条〜472条の4 ⇒【論点5】）··························15
　(13)　弁済··15
　(14)　相殺··15

4　契約総則──────────────────────────16
　(1)　契約の成立··16
　(2)　定型約款··16
　(3)　危険負担（民法536条）···16
　(4)　契約の解除···16
　(5)　契約上の地位の移転（民法539条の2）································17

5　契約各則──────────────────────────17
　(1)　贈与者の引渡義務（民法551条⇒【論点7】）·······················17
　(2)　手付（民法557条）··17
　(3)　契約不適合を理由とする買主の権利（⇒【論点7】）·············17
　(4)　消費貸借の成立要件···18
　(5)　諾成的消費貸借···18
　(6)　使用貸借の諾成契約化（⇒【論点10】）······························18
　(7)　賃貸借の存続期間··18
　(8)　賃貸不動産の譲渡と賃貸人の地位の移転（民法605条の2）······18
　(9)　合意による不動産の賃貸人たる地位の移転（民法605条の3）··19
　(10)　敷金··19
　(11)　不動産の賃借人による妨害の停止の請求等（民法605条の4）·19
　(12)　適法転貸借における賃貸借契約の解除（民法613条3項）·········19
　(13)　賃貸借終了後の原状回復義務・収去義務・収去権·················19
　(14)　雇用における割合的報酬請求（民法624条の2）·····················20
　(15)　注文者が受ける利益の割合に応じた報酬請求（民法634条）····20
　(16)　請負目的物の契約不適合（⇒【論点7】）······························20
　(17)　委任における割合的報酬請求（⇒【論点8】）·······················20
　(18)　委任の任意解除権（民法651条）（⇒【論点8】）···················20
　(19)　寄託の諾成契約化··21
　(20)　寄託物についての第三者による権利主張・混合寄託···············21
　(21)　消費寄託としての預貯金契約··21
　(22)　組合代理··21

⑶ 組合の債権者の権利の行使・組合員の債権者の権利の行使 ……… 22
⑷ 組合員の加入（民法677条の2）……… 22
⑸ 組合員の脱退（民法680条の2）……… 22
⑹ 組合の解散事由（民法682条）……… 22

第2編 債権法改正が家族法・家裁実務に及ぼす影響

論点1 錯　誤

［光吉　恵子］

1　錯誤に関する改正規定の概観 ……… 25
2　錯誤の成立要件 ……… 25
　⑴ 改正法の規定 ……… 25
　⑵ 改正内容 ……… 26
　　① 表示の錯誤と動機の錯誤　*26*
　　② 重要性の判断要件　*28*
3　錯誤の効果と表意者重過失の場合の錯誤取消しの主張制限等 ……… 29
　⑴ 改正法の規定 ……… 29
　⑵ 改正内容 ……… 30
　　① 債権法改正前の民法下における錯誤の効果　*30*
　　② 債権法改正後の民法下における錯誤の効果　*30*
4　家裁実務等への影響 ……… 31
　⑴ 錯誤規定が問題となる場合等 ……… 31
　⑵ 身分行為と錯誤との関係 ……… 32
　⑶ 和解・家事調停と錯誤主張との関係 ……… 32
　　① 和解・調停と執行力　*32*
　　② 和解・調停と既判力　*33*
　　③ 錯誤の主張方法　*33*
　⑷ 財産分与 ……… 34
　　① 判　例　*34*
　　② 債権法改正後の民法下での実務　*35*

xiv　目　次

　　（5）遺産分割 ────────────────────────── 36
　　　　① 判　例　*36*
　　　　② 債権法改正後の民法下での実務　*36*
　　（6）相続放棄 ────────────────────────── 37
　　　　① 判　例　*37*
　　　　② 債権法改正後の民法下での実務　*38*
5 エクササイズ ───────────────────────────── 39

論点2　代理人の行為能力に関する規定

［床谷　文雄］

1 代理人の行為能力 ─────────────────────────── 40
　　（1）改正法の規定 ──────────────────────── 40
　　（2）改正内容 ────────────────────────── 40
　　　　① 概　要　*40*
　　　　② 本条本文　*41*
　　　　③ 本条ただし書　*41*
　　（3）家裁実務への影響 ────────────────────── 42
　　　　① 任意代理人　*42*
　　　　② 法定代理人　*43*
2 取消権者 ───────────────────────────── 48
　　（1）改正法の規定 ──────────────────────── 48
　　（2）改正内容 ────────────────────────── 48
　　（3）家裁実務への影響 ────────────────────── 48
　　（4）留意点 ─────────────────────────── 49
3 エクササイズ ─────────────────────────── 49
コラム　被保佐人となった親権者が未成年者の法律行為に同意する
　　　　ことができるか ─────────────────────── 50

論点3　債権の消滅時効

［田中　敦］

1 時効障害──時効の完成猶予及び更新 ───────────────── 51
　　（1）主な改正法の規定 ────────────────────── 51
　　（2）改正内容 ────────────────────────── 52
　　　　① 裁判上の請求等　*52*

② 強制執行等　*53*
　　　③ 仮差押え等　*53*
　　　④ 承　認　*53*
　　　⑤ 催告，天災その他　*53*
　　　⑥ 協議を行う旨の合意による時効の完成猶予　*54*
　　(3) 家裁実務等への影響 ──────────────── *54*
　　　① 強制執行等　*54*
　　　② 協議を行う旨の合意の該当性　*55*
2　債権等の消滅時効 ───────────────────── *56*
　　(1) 債権等の消滅時効 ──────────────── *56*
　　　① 改正法の規定　*56*
　　　② 改正内容　*56*
　　(2) 不法行為による損害賠償請求権の消滅時効，人の生命又は身体を害する不法行為による損害賠償請求権の消滅時効 ──────── *56*
　　　① 改正法の規定　*56*
　　　② 改正内容　*57*
　　　③ 家裁実務等への影響　*57*
　　(3) 人の生命又は身体の侵害による損害賠償請求権の消滅時効 ──── *58*
　　　① 改正法の規定　*58*
　　　② 改正内容　*58*
　　　③ 家裁実務等への影響　*58*
　　(4) 定期金債権の消滅時効 ─────────────── *58*
　　　① 改正法の規定　*58*
　　　② 改正内容　*59*
　　　③ 家裁実務等への影響　*59*
　　(5) 職業別の短期消滅時効等の廃止 ───────────── *60*
　　　① 改正内容　*60*
　　　② 家裁実務等への影響　*60*
3　エクササイズ ─────────────────────── *60*

論点4　責任財産保全制度

［増森　珠美］

1　責任財産保全制度 ───────────────────── *62*
2　債権者代位 ──────────────────────── *62*
　　(1) 代位の対象となる権利 ─────────────── *62*
　　　① 改正法の規定　*62*

② 改正内容　*62*
　　　③ 家裁実務等への影響　*63*
　（2）債権者代位権の行使要件 ･･･ *64*
　　　① 改正法の規定　*64*
　　　② 改正内容　*64*
　　　③ 家裁実務等への影響　*65*
　（3）代位行使の範囲・効果 ･･ *66*
　　　① 改正法の規定　*66*
　　　② 改正内容　*66*
　　　③ 家裁実務等への影響　*66*
　（4）債務者の取立てその他の処分等の権限 ･･･････････････････････････ *67*
　　　① 改正法の規定　*67*
　　　② 改正内容　*67*
　　　③ 家裁実務等への影響　*67*

3　詐害行為取消し ─────────────────── *68*
　（1）取消しの対象となる行為 ･･･ *68*
　　　① 改正法の規定　*68*
　　　② 改正内容　*68*
　　　③ 家裁実務等への影響　*68*
　（2）被保全債権 ･･ *69*
　　　① 改正法の規定　*69*
　　　② 改正内容　*69*
　　　③ 家裁実務等への影響　*70*
　（3）相手方の主観的要件 ･･ *71*
　　　① 受益者に対する関係　*71*
　　　② 転得者に対する関係　*71*
　（4）取消権行使の方法 ･･ *73*
　　　① 改正法の規定　*73*
　　　② 要　約　*73*
　　　③ 改正内容　*74*
　　　④ 家裁実務等への影響　*74*
　（5）取消しの効果 ･･ *74*
　　　① 改正法の規定　*74*
　　　② 要　約　*75*
　　　③ 改正内容　*75*
　　　④ 家裁実務等への影響　*76*
　（6）直接の引渡し等 ･･･ *76*
　（7）期間制限 ･･ *76*

4 エクササイズ ——————————— 77
コラム　詐害行為取消判決の効力（民法425条）について ——— 77

論点5　債権の譲渡・債務引受

[久保井恵子]

1 債権譲渡 ——————————————— 78
(1) 債権の譲渡性とその制限 ——————————— 78
　① 改正法の規定　78
　② 改正内容　79
　③ 家裁実務等への影響　79
(2) 将来債権の譲渡性 ——————————————— 83
　① 改正法の規定　83
　② 改正内容　83
　③ 家裁実務等への影響　83
(3) 債権譲渡の対抗要件 —————————————— 85
　① 改正法の規定　85
　② 改正内容　86
　③ 家裁実務等への影響　87

2 債務引受 ——————————————— 89
(1) 併存的債務引受の要件・効果 —————————— 89
　① 改正法の規定　89
　② 改正内容　89
　③ 家裁実務等への影響　89
(2) 免責的債務引受の要件・効果 —————————— 90
　① 改正法の規定　90
　② 改正内容　91
　③ 家裁実務等への影響　92

3 エクササイズ ——————————— 94

論点6　多数当事者の債権・債務関係

[進藤　千絵]

1 多数当事者の債権・債務関係 ———————— 96
2 不可分債権・債務及び連帯債権・債務の成立要件 ——— 96

　　　　(1)　改正法の規定 ··· 96
　　　　(2)　改正内容 ··· 97
　　　　(3)　家裁実務等への影響 ··· 97
　　　　　　①　金銭債権・債務と相続等　97
　　　　　　②　連帯債務　100
　　3　連帯債務における個別事由の効力と求償関係 ────────── 101
　　　　(1)　相対的効力の原則とその例外としての絶対的効力事由の定め ········· 101
　　　　　　①　改正法の規定　101
　　　　　　②　改正内容　102
　　　　(2)　求償関係 ··· 104
　　　　　　①　改正法の規定　104
　　　　　　②　改正内容　105
　　　　(3)　不真正連帯債務における個別事由の効力と求償関係 ················· 106
　　　　(4)　家裁実務等への影響 ··· 107
　　　　　　①　履行の請求　107
　　　　　　②　不真正連帯債務者の一人に対する免除　108
　　　　　　③　求償　109
　　4　不可分債権における個別事由の効力 ───────────── 110
　　　　(1)　改正法の規定 ·· 110
　　　　(2)　改正内容 ··· 110
　　　　(3)　家裁実務等への影響 ··· 110
　　5　不可分債務における個別事由の効力と求償関係 ─────────── 110
　　　　(1)　改正法の規定 ·· 110
　　　　(2)　改正内容 ··· 111
　　　　(3)　家裁実務等への影響 ··· 111
　　6　連帯債権における個別事由の効力 ───────────── 111
　　　　(1)　改正法の規定 ·· 111
　　　　(2)　改正内容 ··· 112
　　　　　　①　連帯債権についての規律の新設　112
　　　　　　②　相殺の絶対的効力　112
　　　　　　③　更改，免除，混同の絶対的効力　112
　　　　(3)　家裁実務等への影響 ··· 113
　　7　その他 ─────────────────────── 113
　　8　エクササイズ ────────────────────── 115

論点7　担保責任

[潮見　佳男]

1 改正法の規定 ──────────────────────── 116
　(1) 改正法の規定一覧 ────────────────── 116
　(2) 改正法の概要 ──────────────────── 119
2 改正内容 ─────────────────────────── 121
　(1) 債権法改正と担保責任制度の変革──売買の場合 ───── 121
　(2) 贈与の担保責任 ─────────────────── 122
　　① 債権法改正前の規律　*122*
　　② 債権法改正後の規律　*123*
　(3) 相続法改正と遺贈の担保責任制度の変革 ──────── 126
　(4) 関連問題──遺産分割における相続人の担保責任について ── 127
3 家裁実務等への影響 ──────────────────── 128
4 エクササイズ ───────────────────────── 132

論点8　委　任

[池町知佐子]

1 復受任者の選任等 ────────────────────── 133
　(1) 改正法の規定 ──────────────────── 133
　(2) 改正内容 ────────────────────── 133
　　① 概　要　*133*
　　② 民法644条の2第1項　*133*
　　③ 民法644条の2第2項　*134*
　(3) 家裁実務への影響 ────────────────── 134
　　① 遺言執行者　*134*
　　② 家庭裁判所が選任する後見人，財産管理人等（ただし，民法839条による未成年後見人は家庭裁判所の選任を経るものではない）　*135*
　　③ 任意後見人　*136*
2 受任者の報酬，成果等に対する報酬 ──────────── 137
　(1) 改正法の規定 ──────────────────── 137
　(2) 改正内容 ────────────────────── 138
　　① 概　要　*138*
　　② 民法648条3項　*138*
　　③ 民法648条の2第1項　*138*

         ④ 民法648条の2第2項　*139*
      (3) 家裁実務への影響 ——————————————————— *139*
         ① 遺言執行者　*139*
         ② 家庭裁判所が選任する後見人等，財産管理人　*140*
         ③ 任意後見人　*140*
   3 委任の解除 ——————————————————————— *141*
      (1) 改正法の規定 ——————————————————————— *141*
      (2) 改正内容 ————————————————————————— *141*
      (3) 家裁実務への影響 ——————————————————— *142*
         ① 遺言執行者　*142*
         ② 家庭裁判所が選任する後見人等，財産管理人　*142*
         ③ 任意後見人　*142*

論点9　保　証

[本多　俊雄]

1 保証に関する改正規定の概観 ——————————————— *143*
2 保証債務（求償関係を除く） ——————————————— *143*
   (1) 改正法の規定 ——————————————————————— *143*
   (2) 改正内容 ————————————————————————— *144*
      ① 保証人の負担（保証債務の附従性）　*144*
      ② 主たる債務者について生じた事由の効力　*145*
      ③ 連帯保証人について生じた事由の効力　*145*
      ④ 主たる債務の履行状況の情報提供義務　*145*
      ⑤ 主たる債務者が期限の利益を喪失した場合における情報提供
         義務　*145*
   (3) 家裁実務等への影響 ————————————————————— *145*
3 求償関係 ——————————————————————————— *146*
   (1) 改正法の規定 ——————————————————————— *146*
      ① 委託を受けた保証人の事前求償権　*146*
      ② 事後求償権　*147*
   (2) 改正内容 ————————————————————————— *148*
      ① 委託を受けた保証人の事前求償権　*148*
      ② 委託を受けた保証人の事後求償権　*148*
      ③ 委託を受けない保証人の求償権　*149*
      ④ 主たる債務者の意思に反する保証人の求償権　*150*
      ⑤ 改正内容の要約　*150*

(3) 家裁実務等への影響 ──────────────── 150
　　　　① 主たる債務者と保証人間の求償関係が問題となる場面　150
　　　　② 共同保証人間の求償関係が問題となる場面　151
4 個人根保証契約 ──────────────────── 153
　　(1) 改正法の規定 ─────────────────── 153
　　(2) 改正内容 ──────────────────── 156
　　　　① 債権法改正前民法の規定　156
　　　　② 改正法の規定　156
　　(3) 家裁実務等への影響 ──────────────── 157
　　　　① 賃料債務の根保証等への包括根保証禁止等の規律の適用　157
　　　　② 賃料債務の根保証等と相続　157
5 事業に係る保証債務についての保証契約の特則 ─────── 158
　　(1) 改正法の規定 ─────────────────── 158
　　(2) 改正内容 ──────────────────── 159
　　　　① 事業に係る債務についての個人保証の原則禁止　159
　　　　② 保証委託の際の情報提供義務　160
　　(3) 家裁実務等への影響 ──────────────── 160
　　　　① 親族間で事業に係る債務についての保証債務関係が生じる
　　　　　 場合　160
　　　　② 被相続人の保証債務が相続人間で問題となる場合　161
6 エクササイズ ──────────────────── 161

論点10　**使用貸借**

[窪田　充見]

1 使用貸借に関する改正の概観等 ─────────────── 163
2 使用貸借の成立 ────────────────────── 164
　　(1) 改正法の規定 ─────────────────── 164
　　(2) 改正内容 ──────────────────── 164
　　(3) 家裁実務への影響 ──────────────── 165
3 使用貸借の終了 ────────────────────── 166
　　(1) 改正法の規定 ─────────────────── 166
　　(2) 改正内容 ──────────────────── 166
　　(3) 家裁実務への影響 ──────────────── 167
4 使用貸借終了後の収去義務及び原状回復義務 ─────── 167

(1) 改正法の規定 ·· 167
　　(2) 改正内容 ·· 167
　　(3) 家裁実務への影響 ·· 168
5　損害賠償及び費用償還の請求権に関する期間制限 ─────── 169
　　(1) 改正法の規定 ·· 169
　　(2) 改正内容 ·· 169
　　(3) 家裁実務への影響 ·· 169
6　平成30年の改正相続法における配偶者短期居住権と使用貸借 ── 170
　　(1) 改正相続法における配偶者短期居住権に関する規定 ·············· 170
　　(2) 配偶者短期居住権の内容 ······································ 171
　　(3) 配偶者短期居住権の創設が実務に与える影響 ···················· 171
　　　① 配偶者以外の共同相続人が被相続人と同居していた場合　*171*
　　　② 配偶者についての配偶者短期居住権と使用貸借　*172*
7　エクササイズ ───────────────────────── 174

第3編　参考裁判例

【参考】民法及び家事事件手続法の一部を改正する法律
　　　　（相続法改正）の概要 ───────────────── 235
判例索引 ──────────────────────────── 249
事項索引 ──────────────────────────── 251

執筆者一覧

〔監修〕

佐々木茂美　元大阪高等裁判所長官・元京都大学大学院法学研究科教授
潮見　佳男　京都大学大学院法学研究科教授

〔執筆者〕（五十音順）

池町知佐子　岐阜地方裁判所部総括判事
久保井恵子　大阪高等裁判所判事
窪田　充見　神戸大学大学院法学研究科教授
進藤　千絵　弁護士・元大阪地方裁判所判事
田中　　敦　大阪高等裁判所部総括判事
床谷　文雄　奈良大学教授・大阪大学名誉教授
本多　俊雄　大阪高等裁判所部総括判事
増森　珠美　京都地方裁判所部総括判事
光吉　恵子　松江家庭・地方裁判所判事

（令和元年5月現在）

第1編

債権法改正についての概説

債権法改正についての概説

1 はじめに

　第193回国会（平成29年常会）において，「民法の一部を改正する法律」（平成29年法律第44号）が，「民法の一部を改正する法律の施行に伴う関係法律の整備等に関する法律」（平成29年法律第45号）とともに，2017年5月26日に成立し，いずれも，2017年6月2日に公布された。これらの改正法は，基本的に，2020年4月1日に施行される。

　この法改正は，契約を中心とする債権法の改正を企図したものであり，「民事基本法典である民法のうち債権関係の規定について，同法制定以来の社会・経済の変化への対応を図り，国民一般に分かりやすいものとする等の観点から，国民の日常生活や経済活動にかかわりの深い契約に関する規定を中心に見直しを行う必要があると思われるので，その要綱を示されたい」との法務大臣から法制審議会への諮問（第88号）を受けて設置された民法（債権関係）部会での審議を経た改正要綱の答申を受けた改正である。「債権法」の改正とか「民法（債権関係）」の改正と称されることも多く，改正の射程は，民法に限っても，民法総則・債権総則・契約総則・契約各則はもとより，不当利得・不法行為法にも及ぶほか，断片的には物権・親族・相続編にも及ぶものである。

　本書では，この債権法改正が家族法・相続法の実務に与える影響の大きい領域をピックアップして，個別の解説を加えるものであるが，これに先立って，今回の債権法改正の全容を素描しておくことにする（もとより，網羅的なものではない。詳しくは，立案担当者の手になるものとして，筒井健夫＝村松秀樹編『一問一答　民法（債権関係）改正』〔商事法務，2018〕。また，個々の改正規定の概要は，潮見佳男『民法（債権関係）改正法の概要』〔きんざい，2017〕にもまとめられている）。

2 民法総則

民法総則の分野における主要な改正点は，以下のものである。
(1) 意思能力規定の新設（民法3条の2）
　法律行為の当事者が意思表示をした時に意思能力を有しなかったときは，その法律行為を無効とする旨の規定を新設した。学説・実務で認められていた内容を明文化したものである。

(2) 無記名債権の扱いの変更
　債権法改正前の民法86条3項は無記名債権を動産とみなしていたが，今回の改正で，無記名証券につき記名式所持人払証券に関する規定が準用されることとなり（民法520条の20），改正前の民法86条3項は削除された。

(3) 公序良俗（民法90条）
　公序良俗違反の法律行為を無効とする債権法改正前の民法90条から，「事項を目的とする」との文言が削除された。これは，公序良俗違反を判断する際に，法律行為の内容のみならず，法律行為が行われた過程その他の事情も考慮されることを示すための改正である。

(4) 心裡留保（民法93条）
　心裡留保について善意の第三者を保護するため，2項が新設された。

(5) 錯誤（民法95条⇒【論点1】）
　錯誤の効果を無効から取消しへと改めたほか，取消しが認められるための要件として，債権法改正前に「法律行為の要素」とされていたのを，「その錯誤が法律行為の目的及び取引上の社会通念に照らして重要なもの」と書き下した（1項柱書）。また，表示錯誤と動機錯誤の2類型を条文上で明らかにした上で（1項1号・2号），動機錯誤とされてきた類型については，「表意者が法律行為の基礎とした事情についてのその認識が真実に反する錯誤」（行為基礎事情の錯誤）と定義され（1項2号），さらに，この錯誤を理由とする意思表示の取消しが認められるためには，「その事情が法律行為の基礎と

されていることが表示されていた」ことを要するものとした（2項）。なお，錯誤が表意者の重過失による場合は取消しをすることができない点につき，改正前の民法95条ただし書の考え方を基本的に維持しつつ，学説・実務で認められていた例外，すなわち，相手方の悪意・重過失の場合と共通錯誤の場合には錯誤を理由とする取消しが可能であることを条文上で明記した（3項）。その他，錯誤につき善意無過失の第三者を保護する規定が設けられた（4項）。

(6) **詐欺**（民法96条）

第三者の詐欺につき，取消しが認められるために必要な相手方の主観的要件が，悪意から悪意・有過失へと改められた（2項）。また，第三者保護要件が，善意から善意無過失へと改められた（3項）。

(7) **意思表示の効力**（民法97条・98条）

意思表示の効力に関しては細目部分の改正が多くされているが，その中では，相手方が意思表示の通知の到達を正当な理由なく妨げた場合には，その通知が通常到達すべきであった時に到達したものとみなすとの規定が新設された（2項）点が重要である。

(8) **代理行為の瑕疵**（民法101条）

代理行為の瑕疵（ある事実についての知・不知を含む）につき，代理人が相手方に対してした意思表示の場合と，相手方が代理人に対してした意思表示の場合とに分けて整理された。

(9) **代理人の行為能力**（民法102条⇒【論点2】）

制限行為能力者が他の制限行為能力者の法定代理人としてした行為の効力に関する規律を新たに採用し（民法102条ただし書），これを取り消すことができる枠組みが整備された。あわせて，保佐人の同意を要する行為の1つとして13条1項に10号が追加され，また，取消権者を定める120条1項に所要の改正がされた。

⑽　任意代理における復代理

　復代理人を選任した任意代理人が本人に対して選任・監督上の責任しか負わない旨を定めていた債権法改正前の民法105条が削除された。今後は、本人に対する責任の成否・内容は、代理権授与契約の不履行として、債務不履行の一般規定によって処理されることになる。

⑾　代理権の濫用（民法107条）

　代理権の濫用について、債権法改正前は心裡留保に関する民法93条ただし書の類推適用で処理されていたが（最判昭和38年9月5日民集17巻8号909頁ほか）、今回の改正で、相手方が代理人の背信的意図につき知り又は知ることができた場合は代理権濫用行為を無権代理行為とみなす（したがって、効果不帰属となる）旨の規定が新設された。

⑿　自己契約・双方代理その他の利益相反行為（民法108条）

　自己契約・双方代理と並び、その他の利益相反行為に関する規定が新設された（2項）。それとともに、これらの行為の効果を無権代理行為とみなす（したがって、効果不帰属となる）ことが規定に書き込まれた（1項・2項）。

⒀　表見代理（民法109条・110条・112条）

　代理権授与表示による表見代理と代理権消滅後の表見代理のそれぞれにつき、権限外の行為の表見代理（民法110条）との重畳事例に関する処理を明文化する規定が、109条・112条の各条に、2項として新設された（学説で認められていた点の明文化である）。あわせて、代理権消滅後の表見代理に関して、従前の規定の内容を整理し、その意味を明確化した（民法112条1項）。

⒁　無権代理（民法117条）

　債権法改正前の規定を基本的に維持しつつ、無権代理人の責任に関して、無権代理人の相手方が無権代理行為であることを過失により知らなかった場合でも、無権代理人が自己に代理権がないことにつき悪意であれば、相手方が無権代理人の責任を追及することができるようにした（2項2号）。

⒂　無効・取消しの場合の原状回復義務（民法121条の2）

　無効な行為に基づく給付について受領者に原状回復義務があるのが原則であることを明示したうえで（1項），無償行為に基づく給付の善意受領者，行為時に意思無能力であった者，行為時に制限行為能力者であった者について，この者の返還義務の範囲を現存利益に制限する規定を設けた（2項・3項）。

⒃　条件（民法130条）

　従前の判例法理（最判平成6年5月31日民集48巻4号1029頁）を明文化し，故意による不正な条件成就につき，相手方がその条件が成就しなかったものとみなすことができる旨の規定を設けた（2項）。

⒄　時効の完成猶予・更新（民法147条〜161条⇒【論点3】）

　今回の債権法改正で大きく変更された領域である。その変更点は，概略，以下のとおりである。

　①　「中断」という概念が「更新」に替えられた。
　②　「停止」という概念が「完成猶予」に替えられた。
　③　時効障害が生じる根拠として改正前民法下で説かれているものには，(a)当該事実が認められる場合には，債権者が権利行使の意思を明らかにしているからだというものと，(b)当該事実が認められる場合には，債権（権利）の存在について確証が得られたと評価できるからだというものがある。今回の債権法改正では，(a)権利行使の意思を明らかにしたと評価できる事実が生じた場合を「完成猶予」事由に，(b)権利の存在について確証が得られたと評価できる事実が生じた場合を「更新」事由に，それぞれ割り振るという方針が基礎に据えられた（その際，特に，仮差押え・仮処分が時効の完成猶予に変更されている〔民法149条〕点に注意）。なお，承認については，改正前の民法におけるのと同様に，「更新」事由とされている（民法152条）。
　④　債権法改正後の民法は，「完成猶予」事由・「更新」事由という障害事由ごとに規定を編成するのではなく，当事者及び関係者間で生じた事態の類型ごとに規定を編成する方針を採用している。

⑤　協議を行う旨の合意による時効の完成猶予に関する規定（民法151条）を新設しているほか，時効の完成猶予事由に関して改正前の民法の規定に若干の修正を加えている。

(18)　**債権の消滅時効**（⇒【論点3】）

今回の債権法改正で大きく変更された領域である。その変更点は，概略，以下のとおりである。
①　債権法改正前の民法170条から174条までの短期消滅時効の規定を削除し，これらの場面を債権の消滅時効に関する一般規定で処理することにした。
②　債権法改正前の商法522条の5年の消滅時効（商事消滅時効）も，廃止された。
③　消滅時効の起算点と時効期間に関する民法の規律に抜本的変更を加え，主観的起算点から5年，客観的起算点から10年という二元的なシステムを採用した（民法166条）。
④　不法行為を理由とする損害賠償につき，20年の期間が消滅時効期間であることを明記した（民法724条柱書・2号。従前の判例を変更した）。
⑤　人の生命又は身体の侵害による損害賠償請求権の消滅時効につき，生命・身体という法益の重要性を考慮し，生命・身体の侵害による損害賠償請求権に関して，それが不法行為によるものであるか，債務不履行（安全配慮義務・保護義務違反）によるものであるかを問わず，時効期間を，短期5年（主観的起算点からのもの）・長期20年（客観的起算点からのもの）に統一した（民法167条・724条の2）。

3 債権総則

債権総則の分野における主要な改正点は，以下のものである。
(1)　**法定利率**（民法404条）

債権法改正前の民法404条（年5％の固定利率）と異なり，法定利率について変動制を基礎に据えたルールを採用した（年6％の商事法定利率を定めた商法514条も削除された）。そこでは，①最初は3％の法定利率からスタートし

た上で，②3年ごとに法定利率の見直しをし，③その際，過去5年間の平均利率をもとに導かれた「基準割合」と直近変動期（この間，変更がなかった場合には，改正法の施行の期）の「基準割合」の差をとり，④この差が1％を超えたときには，（小数点以下を切り捨てた上で）この差を「直近変動期の法定利率」に加算又は減算する処理をすることとした（民法404条。緩やかな変動制）。なお，金銭債務の不履行における損害賠償額（遅延利息）の算定の場面（民法419条1項）や，損害賠償請求における中間利息控除の場面（民法417条の2，722条1項）でも，この変動制に対応する規律が設けられた。

(2) 履行不能（民法412条の2）

「債務の履行が契約その他の債務の発生原因及び取引上の社会通念に照らして不能であるときは，債権者は，その債務の履行を請求することができない」との規定を新設した（1項）。また，契約に基づく債務の履行がその契約の成立の時に不能であったときも債権者が債務者に対して債務不履行を理由とする損害賠償を請求することができる旨を定めることにより（2項），原始的不能の給付を目的とする契約も原則として有効であることを明らかにした。

(3) 受領遅滞（民法413条）

受領遅滞の効果として，特定物保存義務の軽減と増加費用の償還請求権を明記した。

(4) 履行遅滞中の履行不能・受領遅滞中の履行不能（民法413条の2）

履行遅滞中の履行不能につき，債務者の帰責事由を擬制する規定（1項），受領遅滞中の債務者の帰責事由によらない履行不能につき，債権者の帰責事由を擬制する規定（2項）を設けた。

(5) 履行強制（民法414条）

債権には原則として履行の強制力があることを定めた実体規定のみに純化し，民事執行に係る手続に関する規律は民事執行法その他の手続法に委ねる改正を行った。

(6) 債務不履行を理由とする損害賠償（民法415条）

債務不履行と免責事由についての立証責任を明確にする規定ぶりにした上で，免責事由につき，「その債務の不履行が契約その他の債務の発生原因及び取引上の社会通念に照らして債務者の責めに帰することができない事由によるものであるとき」という修飾句を付けることで，債務者が損害賠償から免責されるか否かをどのような観点から判断するのかを明確化した（1項）。さらに，債務不履行を理由とする損害賠償の中でも，履行に代わる損害賠償請求権が認められる場面を列挙した（2項）。

(7) 債権者代位権（⇒【論点4】）

今回の債権法改正で大きく変更された領域である。その変更点は，概略，以下のとおりである。

① 「差押えを禁じられた権利」を被代位権利として債権者代位権を行使することができないことを明記した（民法423条1項）。

② 債権法改正前の民法423条2項から，被保全債権の履行期が到来していない場合に裁判上の代位によることができるとされている部分を削除した。

③ 被保全債権が「強制執行により実現することのできないもの」であるときに，当該債権を保全するために債権者代位権を行使することができないこととした（民法423条3項）。

④ 被代位権利の客体が可分であるときに，代位債権者は被保全債権の額を上限として債権者代位権を行使することができる旨を明記した（民法423条の2）。

⑤ 被代位権利が金銭の支払又は動産の引渡しを目的とする場合に，相手方に対する代位債権者の直接取立権と受領権を認めるとともに，相手方が代位債権者に対して金銭の支払または動産の引渡しをしたときに被代位権利が消滅することを明記した（民法423条の3）。

⑥ 債権者が被代位権利を行使した場合であっても，債務者は，被代位権利について，自ら取立てその他の処分をすることを妨げられないし，相手方も，被代位権利について，債務者に対して履行をすることを妨げられないこととした（民法423条の5。従前の判例を変更した）。

⑦ 債権者代位訴訟を提起した債権者に対し，株主代表訴訟の場合（会社法849条4項）と同様に，債務者に対する訴訟告知を義務付けた（民法423条の6）。

⑧ 個別権利実現準備型（転用型）の債権者代位権として，登記・登録請求権を被保全債権とする場面（のみ）を定めた（民法423条の7。その余の場面における個別権利実現準備型（転用型）の債権者代位権を否定するものではなく，個別類型での展開は，学説・実務に委ねられている）。

(8) **詐害行為取消権**（⇒【論点4】）

今回の債権法改正で大きく変更された領域である。その変更点は，概略，以下のとおりである。

① 破産法における否認権の制度にならい，受益者を相手方とする詐害行為取消権（民法424条）と転得者を相手方とする詐害行為取消権（民法424条の5）を分けて規律し，それぞれが認められる要件（特に，主観的要件。さらには主張・立証責任の分配も）を差別化した上で，全体の編成をした。

② 被保全債権が詐害行為の「前の原因に基づいて生じた」場合にも，主たる債務者のした詐害行為を取り消すことができるものとした（民法424条3項）。

③ 被保全債権が「強制執行により実現することのできないもの」であるときに，当該債権を保全するために詐害行為取消権を行使することができないものとした（民法424条4項）。

④ 相当の対価を得てした財産の処分行為（「相当価格処分行為」。適正価格での財産売却行為や，新たな借入れ行為とそのための担保の設定〔「同時交換的行為」〕など）について，原則として詐害行為性を否定するとともに，例外的に詐害行為性が認められるための要件を列挙した（民法424条の2）。

⑤ 偏頗行為，すなわち，特定の債権者を利する行為（特定の債権者への弁済その他の債務の消滅に関する行為，既存の債務のための担保供与行為）について，原則として詐害行為性を否定するとともに，例外的に詐害行為性が認められるための要件を列挙した（民法424条の3。いわゆる「義

務行為」〔1項〕と「非義務行為」〔2項〕とで要件を区別している）。

⑥　代物弁済のように，債務者がした債務の消滅に関する行為であって，受益者の受けた給付の価額が当該行為によって消滅した債務の額より過大であるものについて，債権者は，債務者が債権者を害することを知って当該行為をしたときに，その消滅した債務の額に相当する部分以外の部分に限り，取消しの請求をすることができる旨の規定を設けた（民法424条の4）。

⑦　詐害行為取消請求では，逸出財産の取戻しについて，現物返還が原則であること，現物返還が困難なときは価額償還となることを明記した（民法424条の6）。

⑧　詐害行為取消訴訟の被告が受益者又は転得者であるとするとともに，この反対解釈として，債務者が被告とならないこととした。その上で，詐害行為取消訴訟を提起した債権者に対して，遅滞なく債務者に訴訟告知をする義務を課した（民法424条の7）。

⑨　詐害行為の客体が可分であるときは，取消債権者の被保全債権額を上限として詐害行為取消請求をすることができる旨を明記した（民法424条の8）。

⑩　詐害行為取消権を行使することにより取り戻されるものが金銭又は動産である場合に，取消債権者の受益者又は転得者に対する直接取立権と受領権を認めるとともに，被告とされた受益者又は転得者が取消債権者に対して金銭の支払又は動産の引渡しをしたときに，債務者に対する支払義務又は引渡義務を免れる旨を明記した（民法424条の9）。

⑪　詐害行為取消請求を認容する確定判決が，債務者及びそのすべての債権者に対しても，その効力を生じるとするものとした（民法425条）。債務者にも判決の効力が及ぶとする点で，改正前民法下の判例法理（大判明治44年3月24日民録17輯117頁）からの大きな変更となる（相対的取消説の不採用）。

⑫　債務者がした財産の処分に関する行為が受益者との関係で取り消された場合について，債務者に対する受益者の反対給付返還請求権・価額償還請求権及び債権の消滅行為が詐害行為とされたときの受益者の債権の回復を定めた（民法425条の2・425条の3）。同様に，債務者がした財産

の処分に関する行為が転得者との関係で取り消された場合について，前者から取得した財産を返還し，又はその価額を償還した転得者の保護に関する規律を設けた（民法425条の4）。

⑬　詐害行為取消権の期間の制限の意味を，消滅時効・除斥期間から出訴期間に改めるとともに，長期の期間を10年に短縮した（民法426条）。

(9)　**多数当事者の債権及び債務**（⇒【論点6】）

連帯債権に関する規律を新設するとともに（民法432条以下），不可分債権・連帯債権，不可分債務・連帯債務の関係を整理した。また，連帯債務については，履行の請求・免除・時効完成の効果を絶対的効力事由から相対的効力事由へと改め，かつ，相対的効力事由につき当事者の合意により絶対的効力とする枠組みを設けた（民法441条）。その結果，従前の真正の連帯債務と不真正連帯債務の区別は実質的に無意味なものとなった（共同不法行為の場合のように不真正連帯債務と言われていたものにも，今後は連帯債務の規定が適用されることとなった）。その他，連帯債務における求償に関しての事前通知・事後通知の規定にも変更を加えた（民法443条）。

(10)　**保証債務**（⇒【論点9】）

今回の債権法改正で大きく変更された領域である。その変更点は，概略，以下のとおりである。

①　個人保証・法人保証を問わず，債権者は，委託を受けた保証人に対して，この者から請求があったときに，主たる債務の履行状況に関する所定の事項について情報を提供しなければならないとする規定が新設された（民法458条の2）。

②　保証が個人保証である場合において，主たる債務者が期限の利益を喪失したときに，債権者は，保証人に対して，主たる債務者が期限の利益を喪失した事実を自らが知った時から2か月以内に，その旨を通知する義務を負う（これを怠った場合には，通知をした時以後の遅延損害金についての保証債務の履行を保証人に請求することができるだけである）とする規定が新設された（民法458条の3）。

③　保証人の事後求償権・事前求償権及び求償制限（事前の通知・事後の

通知）に関する規定に変更が加えられた（民法459条〜463条）。
④ 連帯保証人について生じた事由の効力につき，連帯債務における絶対的効力事由・相対的効力事由に関する連帯債務の規定の改正に合わせて規定が改められた（民法458条）。なかでも，連帯保証人に対する履行の請求・免除が絶対的効力事由から相対的効力事由に変更された点が重要である。
⑤ 個人貸金等根保証に関する包括根保証の禁止等を定めた改正前民法の規定の多くが，その内容を維持したまま，その適用範囲を個人根保証全般へと拡張された（民法465条の2〜465条の5）。
⑥ 事業のために負担した貸金等債務を主たる債務とする個人保証を原則として禁止した上で，(a)公正証書作成という厳格な手続を踏んだ場合と，(b)個人保証人が一定の人的範囲（経営者保証等）に属する場合に限って，個人保証の効力を認める立場を採用した（民法465条の6〜465条の9）。
⑦ 主たる債務者が「事業のために負担する債務」について個人に対し保証を委託する場合に関して，個人保証人に対する主たる債務者の情報提供義務を定め，その違反の効果として，保証人に保証契約の取消権を与える規定を新設した（民法465条の10）。

(11) 債権譲渡（⇒【論点5】）

今回の債権法改正で大きく変更された領域である。その変更点は，概略，以下のとおりである。
① 債権譲渡制限特約につき，債権法改正前の民法におけるのと異なり，債権制限特約付き債権の譲渡を有効とした（民法466条1項）。その上で，譲受人が悪意・重過失の場合における債務者の履行拒絶権，譲渡人に対する履行権限と譲受人の受領権限（3項），債務者に対する譲渡人の催告権（4項）を定めるとともに，譲受人の善意・悪意に関係のない債務者の供託権を認め（民法466条の2），また，譲渡制限特約付きの金銭債権が譲渡された場合において，譲渡人について破産手続開始の決定があったときに，第三者対抗要件を備えた譲受人（善意・悪意を問わない）が債務者に対して供託請求権を有することを定めた（民法466条の3）。なお，譲渡制限特約付きの預貯金債権については，従前どおり，

その譲渡を原則として無効とした（民法466条の5）。
② 将来発生する債権の譲渡を有効とするとともに，将来債権譲渡においては，債権が発生したときに譲受人が当該債権を当然に取得することとし（民法466条の6），また，譲渡時に対抗要件を備えることができるものとした（民法467条1項括弧書き）。
③ 債権譲渡において譲受人に対する債務者の相殺の抗弁につき，いわゆる無制限説を採用した上で，相殺が認められる範囲を明文の規定により2段階で拡張した（民法469条）。
④ 異議をとどめない承諾の廃止
債権法改正前の民法のもとで認められていた異議をとどめない承諾とこれによる善意無過失の譲受人に対する抗弁切断の制度を廃止した。

(12) **債務引受**【民法470条～472条の4 ⇒【論点5】】
併存的債務引受と免責的債務引受について，要件・効果ならびに抗弁の存否，担保権の帰趨を定めた規定を新設した。

(13) **弁 済**
第三者弁済が無効となる場合に関する規律を改めて整理するとともに（民法474条），弁済者代位に関する規律を修正した（民法499条～504条）。また，預貯金口座への払込みによってする弁済が許容されている場面を対象として，弁済の効力が生じる時期に関する規定を新設した（民法477条）。さらに，民法478条の「債権の準占有者」の概念を「取引上の社会通念に照らして受領権者としての外観を有するもの」に改めた。なお，代物弁済については，代物弁済契約が諾成契約であることを条文上で明らかにした（民法482条）。

(14) **相 殺**
不法行為債権等を受働債権とする相殺につき，相殺が禁止される場面を限定する一方，相殺禁止の対象を契約上の損害賠償債権にも部分的に拡張する修正を加えた（民法509条）。また，差押えと相殺の優劣につき，差押え前に取得した債権を自働債権とする相殺と差押えの優劣に関して無制限説を採用した上で，差押え後に取得した反対債権が「差押え前の原因」により生じた

ものである場合にも相殺を優先する旨の規定を新設した（民法511条）。その他，相殺の充当に関する規定の内容を充実させた（民法512条，512条の2）。

4 契約総則

(1) 契約の成立

契約の成立時期について発信主義を定めていた改正前の民法526条1項を削除することにより，発信主義から到達主義へと変更した。これに関連して，申込みと承諾に関する規律に対して，複数の修正が加えられた。

(2) 定型約款

定型約款につき，①定型約款の個別条項についても合意をしたものとみなすことができるための要件を定めた規定（民法548条の2第1項），②「相手方の権利を制限し，又は相手方の義務を加重する条項であって，その定型取引の態様及びその実情並びに取引上の社会通念に照らして第1条第2項に規定する基本原則に反して相手方の利益を一方的に害すると認められるもの」について合意しなかったものとみなす規定（2項），③定型約款において，定型約款準備者の約款内容の開示義務を，定型取引合意の前又は定型取引合意の後相当の期間内に相手方から請求があった場合に限る旨の規定（民法548条の3），定型約款の変更の要件を定めた規定（民法548条の4）を新設した。

(3) 危険負担（民法536条）

特定物債務における債権者主義を定めた改正前の民法534条が削除された。また，双務契約における一方の債務が履行不能である場合の他方の債務の帰趨に関して，いわゆる債務消滅構成から履行拒絶権構成へと改められた（民法536条。解除に債務者の帰責事由を不要としたことに関連した変更である）。

(4) 契約の解除

債務不履行を理由とする解除をするには，債務者の帰責事由は不要とされた。その上で，催告解除を原則としつつ（民法541条本文），例外的に無催告

解除が認められる場合が列挙された（民法542条）。催告解除については，相当期間経過後も履行がされなかった場合においてその不履行が軽微であったときに，解除権が発生しない旨の規定が新設された（民法541条ただし書）。また，債権者に帰責事由のある不履行については，解除権が発生しないものとされた（民法543条）。

(5) 契約上の地位の移転（民法539条の2）

契約の当事者の一方が第三者との間で契約上の地位を譲渡する旨の合意をした場合において，その契約の相手方がその譲渡を承諾したときは，契約上の地位は，その第三者に移転するとの規定が新設された。

5 契約各則

(1) 贈与者の引渡義務（民法551条⇒【論点7】）

贈与者の負う引渡債務の内容が贈与契約の趣旨に照らして確定されることを不文の原則とした上で，贈与の無償性に鑑み，贈与者が「贈与の目的である物又は権利を，贈与の目的として特定した時の状態で引き渡し，又は移転することを約したものと推定」した。

(2) 手付（民法557条）

売買に際して手付が交付された場合において，相手方が履行に着手した後は，もはや手付の放棄・倍返しをして解除することができないことを明記した（判例法理の採用）。

(3) 契約不適合を理由とする買主の権利（⇒【論点7】）

売買目的物についての物の種類・品質・数量及び権利の一部が契約の内容に適合しない場合につき，「瑕疵」を「契約不適合」に改めた上で，いわゆる契約責任説の立場を採用し，買主の追完請求権，代金減額請求権，損害賠償請求権及び解除権に関する規律を新設した（民法562条～564条，565条）。また，物の種類・品質の契約不適合の場合に，不適合を知った買主が不適合を知ってから1年以内に売主に通知しなければ，原則として買主が失権する旨

の規定を新設した（民法566条）。さらに，引渡時説をベースにした危険移転の時期に関する規定を新設した（民法567条）。

(4) 消費貸借の成立要件

消費貸借を要物契約としての消費貸借（民法587条）と諾成契約としての消費貸借（民法587条の2）の二本立てにするとともに，諾成的消費貸借を成立させるためには消費貸借を「書面」ですることを要するものとした（民法587条の2第1項〔なお，同条4項も参照〕。要式契約としての諾成的消費貸借）。

(5) 諾成的消費貸借

諾成的消費貸借において，借主が金銭等を受け取るまでは，借主は損害を賠償して消費貸借契約の解除をすることができるものとした（民法587条の2第2項）。

(6) 使用貸借の諾成契約化（⇒【論点10】）

使用貸借を要物契約から諾成契約へと改めるとともに（民法593条），「書面による使用貸借」の場合を除き，借主が目的物を受け取っていない段階で，貸主は使用貸借契約の解除をすることができるものとした（民法593条の2）。また，使用貸借終了後の収去義務，収去権及び原状回復義務の要件を定める規定を設けた（民法599条）。

(7) 賃貸借の存続期間

賃貸借の上限を20年から50年に延長した（民法604条1項）。

(8) 賃貸不動産の譲渡と賃貸人の地位の移転（民法605条の2）

対抗要件を備えた不動産賃貸借の賃借人は，賃貸不動産が譲渡された場合に，賃貸借の効力を不動産の譲受人に主張することができることを前提として，賃貸不動産の譲渡とともに，不動産賃貸人の地位も不動産の譲受人に当然に移転するものとした（1項）。また，賃貸不動産が譲渡されるに際して，①譲渡人と譲受人の間で不動産賃貸人の地位を譲渡人に留保するとの合意をして，かつ，②当該不動産を譲受人が譲渡人に賃貸するとの合意をしたとき

には，賃貸人の地位は譲受人に移転しないものとした（2項）。さらに，賃貸不動産の譲渡がされて不動産賃貸人の地位が譲受人に移転する場合に，譲受人は，賃貸不動産につき所有権移転の登記をしなければ，賃貸人の地位の移転をもって不動産賃借人に対抗することができないものとした（3項）。

⑼　合意による不動産の賃貸人たる地位の移転（民法605条の3）

　賃貸不動産の譲渡人と譲受人の合意により，不動産賃貸人の地位を譲受人に移転することができる旨を定めた。

⑽　敷　金

　敷金を定義するとともに，①賃貸借が終了し，かつ，賃貸人が目的物の返還を受けたとき，または，②賃借権の譲渡がされたときに，賃貸人が賃借人に対して，賃借人の未払賃料・損害賠償等の額を控除した残額を返還しなければならないものとした（民法622条の2）。また，賃貸不動産の譲渡がされ，不動産賃貸人の地位が譲受人に移転する場合に，敷金返還債務と費用償還債務（必要費・有益費の償還債務）が譲受人（又はその承継人）に移転することを明記した（民法605条の2第4項）。

⑾　不動産の賃借人による妨害の停止の請求等（民法605条の4）

　対抗要件を備えた不動産賃貸借について，不動産賃借人の不動産賃借権に基づく妨害停止請求権・返還請求権を明文化した。

⑿　適法転貸借における賃貸借契約の解除（民法613条3項）

　適法な転貸借がされた場合において，賃貸借契約を合意解除しても，このことをもって転借人に対抗することができないのが原則であることを明文化した。

⒀　賃貸借終了後の原状回復義務・収去義務・収去権

　賃貸借終了後の収去義務，収去権及び原状回復義務の要件を定めた規定を設けた（民法621条・622条）。「通常の使用及び収益によって生じた賃借物の損耗」と「賃借物の経年変化」は，原状回復の対象とされていない点が重要

⑭　雇用における割合的報酬請求（民法624条の2）
　「使用者の責めに帰することができない事由」によって労働に従事することができなくなったとき，又は雇用が履行の中途で終了したときに，労働者が，既にした履行の割合に応じて報酬を請求することができるものとした。

⑮　注文者が受ける利益の割合に応じた報酬請求（民法634条）
　請負においても，雇用と同様の要件の下で，割合的報酬請求を認める規定が新設された。

⑯　請負目的物の契約不適合（⇒【論点7】）
　請負の担保責任に関する規律（特に，民法634条・635条）が削除され，目的物の契約不適合の場合は，債務不履行に関する債権総則・契約総則の一般規定及び民法559条を介しての売買の契約不適合に関する規定の準用によって処理されることとなった。

⑰　委任における割合的報酬請求（⇒【論点8】）
　報酬が支払われる委任に，①事務処理の労務に対して報酬が支払われる場合（履行割合型）と，②委任事務処理の結果として達成された成果に対して報酬が支払われる場合（成果完成型）の二種があることを踏まえ，「履行割合型」の委任において，(a)「委任者の責めに帰することができない事由」によって委任事務の履行をすることができなくなったとき，又は，(b)委任が履行の中途で終了したときは，受任者は，「既にした履行の割合に応じて」委任者に対して報酬を請求することができるものとした（民法648条3項）。また，「成果完成型」の委任については，請負に関する民法634条を準用することとした（民法648条の2第2項）。

⑱　委任の任意解除権（民法651条）（⇒【論点8】）
　従前の判例法理（最判昭和56年1月19日民集35巻1号1頁）を取り込んで，規定全体を見直す改正を行った。

⒆　寄託の諾成契約化

寄託を要物契約から諾成契約へと改めるとともに（民法657条），有償・無償を問わず，受寄者が寄託物を受け取るまでは，寄託者は寄託契約を解除することができるものとした（民法657条の2第1項）。また，「書面による寄託」を除き，無償寄託の受寄者は，寄託物を受け取るまでは，寄託契約を解除することができるものとした（2項）。さらに，有償寄託と「書面による無償寄託」の場合において，寄託物が引き渡されないときに，受寄者に相当期間につき催告を経た解除権を与えた（3項）。

⒇　寄託物についての第三者による権利主張・混合寄託

第三者が寄託物について権利を主張した場合における返還義務の相手方，返還拒絶の可否，返還後の法律関係を定める規定を新設した（民法660条2項・3項）。さらに，混合寄託が認められるための要件と混合寄託がされた場合の返還関係を定める規定も新設した（民法665条の2）。

㉑　消費寄託としての預貯金契約

消費寄託には一般に寄託に関する規定が適用されるが（民法666条2項は，このことを前提にしている），消費寄託である預貯金契約については，特則が設けられた。そこでは，「借主は，返還の時期の定めの有無にかかわらず，いつでも返還をすることができる」，「当事者が返還の時期を定めた場合において，貸主は，借主がその時期の前に返還をしたことによって損害を受けたときは，借主に対し，その賠償を請求することができる。」とする消費貸借に関する民法591条2項・3項の規定を準用し，受寄者（金融機関）はいつでも返還をすることができるものとされた（民法666条3項）。

㉒　組合代理

債権法改正前の民法には組合の業務執行権に関する規律はあったものの，組合の対外的権限に関する規律がなかった。今回の改正では，従前の通説を明文化する形で，組合の対外的権限に関する規定が新設された（民法670条の2）。

⑵ 組合の債権者の権利の行使・組合員の債権者の権利の行使

組合の債権者が，組合財産に属する個々の財産（「組合財産」）に対して，その権利を行使できることを明文化した（民法675条1項）。また，組合員の債権者は，組合財産に属する個々の財産（「組合財産」）に対し，その権利を行使することができないことも明文化した（民法677条）。

⑵ 組合員の加入（民法677条の2）

組合への加入に関する規定が新設され，組合員の加入が組合員全員の同意又は組合契約の定めるところにより行われること（1項），新たに加入した組合員が，加入前に生じた組合債務について，自己の固有財産で弁済する責任を負わないこと（2項）が明記された。

⑵ 組合員の脱退（民法680条の2）

脱退組合員が，脱退前に生じた組合債務について，自己の固有財産を用いて弁済する責任を負うこと（1項）と，組合債務を自己の固有財産を用いて弁済した脱退組合員の「組合」に対する求償権を定める規定（2項）が設けられた。

⑵ 組合の解散事由（民法682条）

従前の「組合の目的である事業の成功又はその成功の不能」に加えて，「組合契約で定めた存続期間の満了」，「組合契約で定めた解散の事由の発生」，「総組合員の同意」が列記された。

第 2 編

債権法改正が家族法・家裁実務に及ぼす影響

論点1　錯　誤

錯誤に関する規定改正が，親族・相続法上の制度・理論にどのような影響を及ぼすか。

1 錯誤に関する改正規定の概観

今回の債権法改正は，錯誤について，①95条1項1号で「表示の錯誤」と，同項2号でいわゆる「動機の錯誤」とに分けて規定を置いた上，それぞれその内容を明記するとともに，②同条1項柱書きで，これら2種類の錯誤に共通する要件として，「その錯誤が法律行為の目的及び取引上の社会通念に照らして重要なものである」ことが必要であると規定し，錯誤の効果を「無効」から「取消し」に改めた。

そして，③同条3項で，当該錯誤が表意者の重過失による場合及び共通錯誤について，錯誤取消しの主張制限の要件を，④同条4項では，第三者の保護要件を，それぞれ明文化した。

2 錯誤の成立要件

(1) 改正法の規定（錯誤の効果の点については後述のとおり）

（錯誤）
第95条　意思表示は，次に掲げる錯誤に基づくものであって，その錯誤が法律行為の目的及び取引上の社会通念に照らして重要なものであるときは，取り消すことができる。
　(1)　意思表示に対応する意思を欠く錯誤
　(2)　表意者が法律行為の基礎とした事情についてのその認識が真実に反する錯誤
　2　前項第2号の規定による意思表示の取消しは，その事情が法律行為の基礎

とされていることが表示されていたときに限り，することができる。
3　錯誤が表意者の重大な過失によるものであった場合には，次に掲げる場合を除き，第１項の規定による意思表示の取消しをすることができない。
　⑴　相手方が表意者に錯誤があることを知り，又は重大な過失によって知らなかったとき。
　⑵　相手方が表意者と同一の錯誤に陥っていたとき。
4　(略)

(2) 改正内容

① 表示の錯誤と動機の錯誤

ア　学説の展開と判例

　表示の錯誤と動機の錯誤について，学説には，概要，(ｱ)表示の錯誤（表意者の思い違いによって内心の効果意思どおりの表示をしていない場合）と動機の錯誤（表意者は表示どおりの効果意思を有していたが，その効果意思を形成した理由に思い違いがあった場合）とを区別した上，95条にいう錯誤は，原則として表示の錯誤に限られ，動機の錯誤は例外的な場合を除き，これに含まれないとする二元論と，(ｲ)表示の錯誤と動機の錯誤との区別を否定し，いずれについても同条にいう錯誤に含まれるとする一元論とがあった。

　前者（二元論）は，表示の錯誤では表示に対応した意思がないのに対し，動機の錯誤では表示に対応した意思があることや，動機は外部からうかがい難いものであり，相手方の信頼や取引安全の観点から意思表示を有効とするよう要請されることから，両者を区別すべきとする見解である。この立場は，従来，動機が表示されて意思表示の内容になった場合には，同条の適用対象となると理解されていたようであるが，近時では，表示の錯誤と動機の錯誤の区別的取扱いそのものは支持しつつも，動機の錯誤に同条が適用されるためには，当該動機が法律行為の内容とされたことが重要であるとする見解が有力になっている。

　後者（一元論）は，表示の錯誤と動機の錯誤とは，連続した同質の心理的意識状態であって，現実には区別することが困難であり，また，いずれもこれに基づく意思表示を無効とすると，相手方の信頼や取引の安全が害される点で違いがないと考える見解である。この立場では，表意者の錯誤について

の相手方の認識可能性などに基づいて，同条の適用可能性を判断すべきものとしていた。

　判例は，意思表示の動機に錯誤があっても，その動機が相手方に表示されなかったときは，法律行為の要素に錯誤があったものとはいえない旨判示したもの（最判昭和29年11月26日民集8巻11号2087頁）や，動機が明示又は黙示に表示されていたとしても，当事者の意思解釈上，契約の内容となっていたとは認められず，意思表示に要素の錯誤にない旨判示したもの（最判平成28年1月12日民集70巻1号1頁）があり，基本的に二元論に立つものとされてきたが，個々の判例については，動機が表示されているかどうかを重視して相手方の信頼を保護する立場と，動機が意思表示（法律行為）の内容になっているかどうかを重視して当事者がした合意を尊重する立場とで，その理解の仕方に違いがみられた。もっとも，これまでの判例を通してみると，動機が表示されさえすれば，常に要素の錯誤として意思表示の無効を来すことを認めるとの立場を採るものではなく，実質的には，当該契約がどのような類型か，錯誤の対象となる事項がどのようなものであるか等諸般の事情を踏まえて，動機の錯誤がある表意者と相手方のいずれを保護するのが相当であるかという観点からの衡量が働いているのではないかと考えられている。

　以上のような判例理論を踏まえた上で，民法95条1項は，錯誤について表示の錯誤といわゆる動機の錯誤とに分けて規律することにした。

　　イ　表示の錯誤

　民法95条1項1号の「意思表示に対応する意思を欠く錯誤」は，表示の錯誤，すなわち，言い間違いや書き間違いのように，表意者が考えていなかった表示手段を使ったために，意思表示の欠缺が生じた場合（表示行為の錯誤）や，表意者が考えたとおりの表示手段を用いたけれども，その表示手段の持つ意味を誤解していたために，意思表示の欠缺が生じた場合（表示行為の意味内容の錯誤）をいうものである。

　　ウ　動機の錯誤

　民法95条1項2号の「表意者が法律行為の基礎とした事情についてのその認識が真実に反する錯誤」は，いわゆる動機の錯誤，すなわち，法律行為の基礎とされた事情についての錯誤をいうものである。そして，動機の錯誤は，加重要件が付され，「その事情が法律行為の基礎とされていることが表示さ

れていたときに限り」(同条2項),同条1項のもとで錯誤取消しの対象となる。この錯誤対象事項の要件及び表示の要件は,後記②の重要性の判断要件とは,論理構成上区別された独立のものとして定められたものである。

同条1項2号の「表意者が法律行為の基礎とした事情」とは,契約債権の内容に限定されずに,広く,法律行為の前提となる事情(例えば,財産分与という法律行為についてどちらの当事者に課税されるかという事実)を含むものである。したがって,債権法改正前民法95条のもとでの動機の錯誤に関する判例法理は,債権法改正後の民法の要件の下でも妥当するものと思われる。

同条2項の「表示されていた」の解釈については,債権法改正の審議過程から,表意者の一方的表示では足りず両当事者の「共通の了解」になっていることを要求する解釈論,あるいは,動機が意思表示(法律行為)の内容になっているかどうかを重視して当事者がした合意を尊重する立場からは,「意思表示の内容になっていた」ことを意味するとの解釈論もあって,同項の「表示」がどの範囲に限定されることになるのかが,今後の解釈論の焦点の1つになると考えられる。

② 重要性の判断要件

民法95条1項の「その錯誤が法律行為の目的及び取引上の社会通念に照らして重要なもの」とは,債権法改正前民法95条本文にいう「法律行為の要素」を,これまでの判例・学説が要素の意義として採っていた主観的因果性と客観的重要性,すなわち,その点について錯誤がなかったならば表意者は意思表示をしなかったであろうことと,一般人もそのような意思表示をしなかったであろうことを統合したものとして書き改められた。その法律行為の目的(当該法律行為がめざしていたもの)がどのようなものであるのかが重要な考慮要素となり,その錯誤が一般的にも重要であることが必要であると示している。

重要性の判断要件は,表示の錯誤及び動機の錯誤という2種の錯誤に共通して限定する絞りとして重要な意義を担うことになるが,この要件の解釈も,これまでの判例・学説が採用していた判断枠組みをそのまま踏襲することになるように思われる。

3 錯誤の効果と表意者重過失の場合の錯誤取消しの主張制限等

(1) 改正法の規定

(錯誤)
第95条　意思表示は，次に掲げる錯誤に基づくものであって，その錯誤が法律行為の目的及び取引上の社会通念に照らして重要なものであるときは，取り消すことができる。
2　(略)
3　錯誤が表意者の重大な過失によるものであった場合には，次に掲げる場合を除き，第1項の規定による意思表示の取消しをすることができない。
(1)　相手方が表意者に錯誤があることを知り，又は重大な過失によって知らなかったとき。
(2)　相手方が表意者と同一の錯誤に陥っていたとき。
4　第1項の規定による意思表示の取消しは，善意でかつ過失がない第三者に対抗することができない。
(取消権者)
第120条　(略)
2　錯誤，詐欺又は強迫によって取り消すことができる行為は，瑕疵ある意思表示をした者又はその代理人若しくは承継人に限り，取り消すことができる。
(取消しの効果)
第121条　取り消された行為は，初めから無効であったものとみなす。
(原状回復の義務)
第121条の2〔新設〕　無効な行為に基づく債務の履行として給付を受けた者は，相手方を原状に復させる義務を負う。
2　前項の規定にかかわらず，無償な無償行為に基づく債務の履行として給付を受けた者は，給付を受けた当時その行為が無効であること(給付を受けた後に前条の規定により初めから無効であったものとみなされた行為にあっては，給付を受けた当時その行為が取り消すことができるものであること)を知らなかったときは，その行為によって現に利益を受けている限度において，

> 返還の義務を負う。
> 3　（略）
> （取り消すことができる行為の追認）
> 第122条　取り消すことができる行為は，第120条に規定する者が追認したときは，以後，取り消すことができない。
> （追認の要件）
> 第124条　取り消すことができる行為の追認は，取消しの原因となっていた状況が消滅し，かつ，取消権を有することを知った後にしなければ，その効力を生じない。
> 2　（略）

(2) 改正内容

① 債権法改正前の民法下における錯誤の効果

債権法改正前民法95条は，同条適用の効果として，意思表示の無効を規定していたが，無効の主張権者に関しては，錯誤による意思表示をした表意者保護のための規定であることから，原則として表意者のみで行うことができ，表意者に主張する意思がない場合には，相手方や第三者が無効を主張することは，原則としてできないとされてきた（最判昭和40年9月10日民集19巻6号1512頁）。これに対し，錯誤無効につき，取消権の期間制限に関する規定は直接適用されず，また，第三者に対する対抗可能性についても，債権法改正前の民法下では，なお取消しとの間に違いがあった。

② 債権法改正後の民法下における錯誤の効果

民法95条1項は，錯誤の効果を無効から取消しに改めた。

　ア　表意者重過失の場合の錯誤取消しの主張制限

民法95条3項は，表意者に重過失があったときは表意者が無効主張をすることができないとする債権法改正前民法95条ただし書と同趣旨の規律をおいた上，相手方が，悪意・重過失の場合（同項1号）や，表意者と同一の錯誤に陥っていた，すなわち共通錯誤の場合（同項2号）には，表意者の重過失を理由として錯誤取消しの主張を否定できないとした。債権法改正前民法下でほぼ異論のない学説の考え方を明文化したものである。

　イ　第三者保護の要件

民法95条4項は，表意者が錯誤取消しをもって善意無過失の第三者に対抗することができないとすることにより，第三者の正当な信頼を保護し，取引の安全を図ることにしたものである。
　債権法改正前の民法下における多数説，すなわち，詐欺取消しにおける善意の第三者保護規定を類推適用するとの考え方を明文化したものである。
　　ウ　取消権の行使及びその効果
　錯誤の効果が無効から取消しへと変更されたことに伴い，民法120条2項に「錯誤」が追加され，その表意者等も取消権者となることが明示された。取消しの効果は，民法121条により，当該法律行為は，初めから無効であったものとみなされることに変わりはない。
　そのほか，取消しの効果に伴い発生する原状回復義務（民法121条の2），追認の効果（民法122条），取り消すことができる行為の追認の要件（民法124条），法定追認（民法125条。なお，債権法改正前民法125条柱書冒頭の「前条の規定により」が削除されたが，法定追認に係る行為をする者が，取消権を有することを知っていることが必要か否かについては，今後も解釈に委ねられている）についての各規定が適用されることになる。なお，取消し及び追認の方法に関する民法123条には変更はない。また，取消権の期間制限（民法126条）の適用があることになった点にも留意する必要がある。

4　家裁実務等への影響

(1)　錯誤規定が問題となる場合等

　これまで錯誤規定が家裁実務等で問題となったのは，㋐離婚訴訟の和解や夫婦関係調整調停で，離婚・親権者指定のほか，財産分与についても協議が整った場合，㋑財産分与調停や遺産分割調停において，それぞれその協議が整った場合，㋒相続放棄の申述をする場合などである。
　本稿では，まず，このような場合全体にわたる問題として実体法的な側面から身分行為と錯誤主張との関係を，次に，上記㋐㋑につき手続法的な側面から和解・調停と錯誤主張との関係を，順次検討した上で，財産分与，遺産分割，相続放棄の申述について，それぞれの固有の問題点を考察することとする。

(2) 身分行為と錯誤との関係

　身分関係に変動をもたらす各人の意思に基づく身分的法律行為は，大別して，婚姻や縁組などの直接に身分の創設・廃止・変更に向けられた形成的身分行為，親権者の親権行使などのように自己の身分に基づいて他人の身上に身分的支配をなす支配的身分行為，財産分与・相続放棄など身分関係に付随した財産法的付随的身分行為に分けられるといわれている。これら身分的法律行為についても，意思の欠缺（けんけつ）などが問題となる。民法起草者は，親族編・相続編に特別な規定がないかぎり，総則編の規定が一般的に適用されるべきとしていたが，その後，離婚の無効に民法総則の適用を否定した大審院判決（大判大正11年2月25日民集1巻69頁）が出されたことを受けて，民法総則の規定は主として財産的な行為を対象として定められたものであって，そのまま身分的法律行為に適用することが妥当でないとする立場が通説的見解となった。

　したがって，これまでの実務では，上記(1)(ｱ)の離婚訴訟の和解や夫婦関係調整調停において，離婚・親権者指定（形成的身分行為等）のほか，財産分与（財産法的付随的身分行為）についても協議が整ったような場合では，前者には錯誤規定を適用する余地はないが，後者の財産分与については錯誤規定が適用されることがあるとされていた。また，上記(1)(ｲ)の財産分与調停や遺産分割調停において協議が整ったような場合には，いずれも錯誤規定が適用されることがあるのは当然のことである。

　上記のような錯誤規定の適用がある場面であっても，判例は，訴訟上の和解について，民法696条との関係で，和解によって止めることを約した争いの目的であった事項については，錯誤があっても錯誤を主張することはできず，争いの対象である事項の前提ないし基礎として当事者が予定した事項につき，錯誤を主張し得るにとどまるとしている（最判昭和33年6月14日民集12巻9号1492頁）ところ，和解・家事調停いずれの場合でも，その合意には私法行為としての側面が含まれている以上，上記の判示に留意する必要がある。

(3) 和解・家事調停と錯誤主張との関係

① 和解・調停と執行力

　離婚訴訟における和解の効力については，人事訴訟法37条1項により，民

事訴訟法267条が適用され，その和解調書の記載は，確定判決と同一の効力を有する。

一方，家事調停については，家事事件手続法268条1項により，同法別表第2事件に掲げる事項にあっては，確定した家事審判と同一の効力を有するものとされ，給付を命ずる審判については，執行力のある債務名義と同一の効力（家事法75条），すなわち執行力及び強制執行のための単純執行文を不要とする効力が与えられるが，それ以外の事項については民事訴訟における和解と同じ効力を有するものとされている。

② 和解・調停と既判力

判例は，裁判上の和解につき，既判力を有するものと解すべきとするが（最判昭和33年3月5日民集12巻3号381頁），錯誤無効の主張も許容していることから（前掲最判昭和33年6月14日），いわゆる制限的既判力肯定説，すなわち，既判力を肯定しながらも，和解に実体上の無効・取消原因がある場合には，既判力の不発生ないし覆滅を認める考え方に立つものと一般的に理解されている。

人事訴訟における和解について，上記と同様に制限的既判力を肯定するか，財産分与等は本来審判事項であることに鑑み，この部分には既判力を生じる余地はないと考えるかなどについては議論の余地があるが，いずれにしても，和解について，錯誤の主張を既判力で阻止するという立場は判例の採るところではない。このことは，和解と同じく当事者の合意による紛争解決方法としての性質を有する家事調停についても同様である。このような判例の立場は，債権法改正後の民法下でも変わらないものと考えられる。

したがって，離婚訴訟で離婚に付随して財産分与に関する和解が成立した場合や，家事調停について調停が成立した場合であっても，争いの目的であった事項そのものではなくその前提ないし基礎として当事者が予定した事項に錯誤があった場合には，当該当事者は，錯誤取消しを主張することができることになると考えられる。

③ 錯誤の主張方法

上記の場合に錯誤取消しを主張する方法としては，和解調書等の執行力を排除すべく請求異議の訴えを提起したり，あるいは，原状回復を求める訴訟を提起したりするほか，錯誤により取り消したことを理由として和解ないし

調停無効確認訴訟を別途提起することが考えられる。このような場合，前述のとおり，取消権の時効消滅（民法126条。追認をすることができる時から5年）の適用があることに留意する必要がある。

また，上記②の和解について錯誤取消を主張する方法として，期日指定の申立てをし，訴訟の続行を求めることも考えられる。この場合，前述のとおり，形成的身分行為である離婚については錯誤規定の適用がないので，続行期日では財産分与請求について審理することになる（なお，和解に錯誤があったと認められない場合には，受訴裁判所は，訴訟終了宣言をすることになる）。

上記②の家事調停について錯誤取消を主張する方法としては，期日指定の申立てをし，調停の続行を求めることも考えられないではないが（家事法260条2項，34条1項），家事調停機関においては，先に成立した調停における実体上の合意の有効・無効を最終的に判断・宣言する権限はなく，仮に錯誤の主張を受けて続行期日を指定したとしても，当該調停が不成立に終わった場合，先に成立した調停の効力の有無が確定されるわけではないので，少なくとも錯誤の有無に関して当事者間に争いがあるような場合には，最終的な決着を図るという観点から，上記のとおり，別訴提起によることが相当であろう。なお，仮に調停を続行するとした場合，前述のとおり，離婚については錯誤規定の適用がないので，離婚と財産分与について調停が成立していた場合は財産分与のみの続行期日となる（家事法268条2項参照）。

(4) 財産分与

① 判　例

債権法改正前の民法下で，最判平成元年9月14日（判タ718号75頁）は，協議離婚に伴う財産分与として自己名義の不動産全部を元妻に譲渡し所有権移転登記を経由した元夫が，2億円を超える譲渡所得税を賦課されたことから，錯誤による財産分与の無効を主張して，元妻に対し，同登記の抹消手続を求めた事案において，「意思表示の動機の錯誤が法律行為の要素の錯誤としてその無効をきたすためには，その動機が相手方に表示されて法律行為の内容となり，もし錯誤がなかったならば表意者がその意思表示をしなかったであろうと認められる場合であることを要する」とする前記昭和29年最判等を引用した上，「動機が黙示的に表示されているときであっても，これが法律行

為の内容となることを妨げるものではない」とし，元夫が財産分与を受ける元妻に課税されることを心配してこれを気遣う発言をしていたことや，元妻も自己に課税されると理解していたとうかがえることから，元夫において，「財産分与に伴う課税の点を重視していたのみならず，他に特段の事情がない限り，自己に課税されないことを当然の前提とし，かつ，その旨を黙示的には表示していた」として，動機表示がないとした原審を破棄し，更に要素性及び表意者の重過失について審理するよう差し戻した。

② 債権法改正後の民法下での実務

債権法改正後の民法下では上記①の事案でいえば，元夫・元妻のいずれが課税されるかという事実が民法95条1項2号の「事情」に，元妻が課税されるという元夫の理解が同号の「認識」に，元夫に課税されるという事実が同号の「真実」に，それぞれ当たることになる。その事情は，元夫の発言の経緯や課税額から，財産分与という「法律行為の基礎」とされているということができる。また，元妻も自己に課税されると理解していたとうかがえるとしていることから，同条2項の「表示」について「共通の了解」を要するとの立場からも，表示があったということができるであろう。

民法95条1項柱書は，重要性の判断要件につき「その錯誤が法律行為の目的及び取引上の社会通念に照らして重要なもの」と規定しているが，前述のとおり，この要件の解釈については，債権法改正前民法95条における「法律行為の要素」についての判例・学説の判断枠組みをそのまま踏襲することになると考えられるところ，財産分与等の財産法的付随的身分行為についての錯誤が問題となる場面でも，このことは基本的に異ならないものと考えられる。その他の要件についても，実務上，法改正によってその解釈ないし係争の有様に大きな影響はないと考えられる。

上記①の事案は，協議離婚に伴い財産分与を行った側（夫）が，財産分与を受けた側（妻）に対し，当該財産分与の錯誤を主張した事案である。このような場合には，錯誤取消しを主張する当事者としては，原状回復として交付した財産の返還を求める訴訟を提起するなどの方法によるほか，交付前であれば，請求異議の訴えを提起して債務名義の執行力を排除することが考えられる。これに対し，財産分与を受けた側が錯誤を主張しようとする場合には，前述のとおり，当該財産分与に係る合意（私法上の合意，和解又は調停

について錯誤取消しを主張して無効確認を求める訴訟を提起した上，その認容判決が確定した後，新たに財産分与の申立てをすることが考えられる。この場合，離婚日から既に2年を経過していると，財産分与請求に係る除斥期間（民法768条2項）との関係が問題となるが，民法161条（天災等による時効の完成猶予）の規定を類推適用して，財産分与の無効が確定した時点から3か月の間，時効の完成猶予を認めることも考えられよう。

(5) 遺産分割
① 判 例
　債権法改正前の民法下で，最判平成5年12月16日（判タ842号124頁）は，被相続人が遺産である土地をおおよその面積と位置とを示して3分割して長男，三男，四男にそれぞれ相続させる旨の遺言をしていたことを知らず，当該土地全部を被相続人の妻に単独で取得させる旨の遺産分割協議を相続人全員でした事案について，「相続人が遺産分割協議の意思決定をする場合において，遺言で分割の方法が定められているときは，その趣旨は遺産分割の協議及び審判を通じて可能な限り尊重されるべきものであり，相続人もその趣旨を尊重しようとするのが通常であるから，相続人の意思決定に与える影響力は格段に大きいということができる。」とした上，上記遺言は，「本件土地についての分割方法をかなり明瞭に定めているということができるから，三男及び四男は，被相続人の遺言の存在を知っていれば，特段の事情のない限り，本件土地を妻が単独で相続する旨の本件遺産分割協議の意思表示をしなかった蓋然性が極めて高いものというべきである。」として，相続人らの遺言の有無についての錯誤が要素の錯誤となり得ることを示した。

　もっとも，この判例は，事例判例であって，遺言の存在を知らずにした遺産分割協議の意思表示が要素性の要件を満たしているという一般論を述べたものではないと理解されており，要素性については，遺言書の内容と分割協議内容の相違の程度に応じて事案ごとに判断していくことになると考えられる。

② 債権法改正後の民法下での実務
　債権法改正後の民法下では，上記①の事案でいえば，遺産分割に関する遺言の有無が民法95条1項2号の「事情」に，遺言書がないという相続人らの

理解が同号の「認識」に，遺言書があったという事実が同号の「真実」に，それぞれ当たることになる。遺産分割協議においては，特に遺産分割に関する遺言の有無が問題とされていない限り，通常，遺言がないことを当然の前提とし，そのことが，相続人全員の了解事項となっているといえるから，その事情は，遺産分割協議という「法律行為の基礎」とされているということができ，また，同条2項の「表示」について「共通の了解」を要するとの立場からも，表示されたということができるであろう。

債権法改正後の民法下においても，上記①のような遺産分割協議で錯誤取消しが問題になる場面では，重要性の判断要件については，先に要素性について述べたのと同様の考慮が必要であると考えられる。

(6) 相続放棄
① 判 例

相続放棄は，家庭裁判所がその申述を受理することによりその効力を生ずる（民法938条，939条）。この申述が受理された場合にも，その審判は既判力を有するものではないから（最判昭和29年12月24日民集8巻12号2310頁参照），利害関係人は，個別の相続紛争を解決するための別訴等において，相続放棄の申述に錯誤があるかどうかを争うことができる。

債権法改正前の民法下で，最判昭和30年9月30日（民集9巻10号1491頁）は，8名の相続人のうち7名が，その余の1名に相続財産を取得させることにより相続税を軽減し，相続財産を維持したいとの動機に基づいて相続放棄の申述をしたが，相続放棄をしなかった場合に比べて，多額の相続税を課せられたため，相続放棄の申述に錯誤があると主張して無効確認を求めた事案において，相続の放棄が無効であることの確認を求める訴えは不適法である旨判示したが，その理由中で，相続税が予期に反して多額に上ったことは，相続放棄の申述の内容となるものではなく，単なる動機に関するものにすぎないとして，債権法改正前民法95条の適用を否定した。また，最判昭和40年5月27日（判タ179号121頁）は，8名の相続人のうちの6名が，その余の1名に相続財産を取得させたいとの動機に基づき，残る1名も相続放棄をするであろうとの認識の下に相続放棄の申述をしたが，同人が相続放棄をしなかったため，相続放棄の申述に錯誤があると主張した事案において，「相続

放棄は家庭裁判所がその申述を受理することによりその効力を生ずるものであるが，その性質は私法上の財産法上の法律行為であるから，これにつき民法95条の規定の適用があることは当然であ」るとした上，上記で主張するところは由縁（動機）の錯誤にすぎないと判示し，債権法改正前民法95条の適用を否定した。

ただ，下級審の実務では，動機が，少なくとも相続放棄の手続において表示され，受理裁判所はもとより，当該相続放棄の結果反射的に影響を受ける利害関係者にも知り得べき客観的な状況が作出されている場合，あるいは，家庭裁判所に表明されていたり，相続の放棄により事実上及び法律上影響を受ける者に対して表明されている場合には，要素の錯誤として無効を主張し得るとした裁判例があった。

② 債権法改正後の民法下での実務

債権法改正後の民法下においては，民法95条1項で錯誤の効果が無効から取消しへと変更したことに伴い，民法919条2項に基づき，相続放棄についても錯誤取消しの申述（家事法201条5項）をすることになる。

相続放棄取消しの申述受理審判に当たっては，家裁実務上，相続放棄の申述受理審判と同様に実質的な側面も審理をなし得ると考えられているが，その審理の程度については，後述のとおり取消事由の有無は訴訟で最終的に確定されることに照らすと，相続放棄の申述時の申述書等に記載された具体的理由と錯誤取消の取消事由とが関係しないような場合は格別，取消事由があるとされる余地があるようであればその申述を受理すべき取り扱いになると考えられる。

また，その際には，民法919条3項前段による，追認をすることができる時から6か月の短期消滅時効と，同項後段による，放棄から10年の除斥期間の適用があることになるので，留意する必要がある。

なお，この取消申述が受理されたからといって，取消しの効果が確定されるものではないから，相続放棄の申述に錯誤取消事由があるかどうかは，別途訴訟で争われることになる。

もっとも，相続放棄の申述が相手方のない単独行為であり，しかも，その申述先は家庭裁判所であることから，民法95条1項2号において，同条2項，3項との要件との関係で，その事情がどの範囲に表示されているかが問題と

なり得るが，この点も含め，錯誤取消事由があるかどうかについては，債権法改正前の民法下の下級審実務を参考にしながら，いずれにせよ，今後の裁判例の集積を待つことになると考えられる。

5 エクササイズ

夫Aと妻Bは，調停離婚するに当たり，夫婦共有財産の清算につき，婚姻中A名義で取得した複数の不動産のうち，遠方の別荘地にある温泉権付き不動産をBに分与すると合意して，調停離婚した。ところが，調停離婚後間もなくして，Bが上記不動産を訪れたところ，上記温泉権に係る温泉が，上記調停成立前に枯渇してしまっており，当該不動産が無価値となっていたことが判明した。

(1)　Bとしては，どのような解決方法が考えられるか。
(2)　Bが，調停離婚から2年経過してから，これを知った場合はどうか。
(3)　Bは，上記のような事由を理由として，調停離婚の効力自体についても争えるか。

論点2　代理人の行為能力に関する規定

代理人の行為能力に関する規定の改正・新設が，親族・相続法上の制度・理論にどのような影響を及ぼすか。

1 代理人の行為能力

(1) 改正法の規定

> （代理人の行為能力）
> 第102条　制限行為能力者が代理人としてした行為は，行為能力の制限によっては取り消すことができない。ただし，制限行為能力者が他の制限行為能力者の法定代理人としてした行為については，この限りでない。
>
> （保佐人の同意を要する行為等）
> 第13条　被保佐人が次に掲げる行為をするには，その保佐人の同意を得なければならない。ただし，第9条ただし書に規定する行為については，この限りでない。
> (1)～(9)　（現行法と同一。略）
> (10)　前各号に掲げる行為を制限行為能力者（未成年者，成年被後見人，被保佐人及び第17条第1項の審判を受けた被補助人をいう。以下同じ。）の法定代理人としてすること。

(2) 改正内容
　① 概　要
　債権法改正前の民法102条では「代理人は，行為能力者であることを要しない。」と規定していた。新法では，文言上「行為能力者」を「制限行為能力者」に変更するとともに，本文で，制限行為能力者が代理人としてした行為は，行為能力（単独で確定的に有効な法律行為をする能力）の制限を理由と

して取り消すことができない旨を規定した上で，ただし書を追加し，本文の規律は，法定代理人としての代理行為には適用されないことを明示した。

② 本条本文

　債権法改正前は，行為能力者（行為能力の制限を受けない者。債権法改正前民法20条）でない者でも代理人となることができるとして，代理人の能力の観点から規定していたが，改正後の民法では，制限行為能力者が代理人としてした行為（代理行為）は，行為能力の制限を根拠として取り消すことができないとして，代理行為の効力の観点から規定している。制限行為能力者の代理行為を取り消し得ないとする点は債権法改正前民法102条についての一般的解釈を明文化したものであり，任意代理人としての代理行為の範囲では，実質的な内容に変更はない。もっとも，102条の解釈として，制限行為能力者でも代理人となることができるが，その行為は取り消し得るという考え方もあり得たところであり，債権法改正後の民法は，この点での疑義を払拭したものである。

③ 本条ただし書

　債権法改正後の民法では，上記の通り，制限行為者の代理行為は取り消すことができないという規律を本文として定めた上で，ただし書を追加し，制限行為能力者が他の制限行為能力者の法定代理人としてした行為については，この規律は適用されず，行為能力の制限を理由として，取り消し得る旨を定めている。債権法改正前民法102条の規定が法定代理にも適用されるかどうか，つまり，制限行為能力者が親権者その他法定代理人としてした行為も，任意代理の場合と同様に取り消すことができないものと解するかにつき，学説上で通説とされる肯定説とこれを批判する否定説が対立していたところであり，債権法改正後の民法は，法定代理人としてした行為は取り消し得ることを明示して，見解の対立に終止符を打った。

　このただし書の規律にあわせて，債権法改正後の民法では，被保佐人が，<u>「前各号に掲げる行為を制限行為能力者（未成年者，成年被後見人，被保佐人及び第17条第１項の審判を受けた被補助人をいう。以下同じ。）の法定代理人としてすること。」</u>を，その保佐人の同意を得なければならない行為に追加する13条１項10号の規定を新設している。よって，保佐人の同意を得ないで，被保佐人が上記の行為を他の制限行為能力者の法定代理人としてしたときは，

その代理行為は、13条4項の規定により取り消すことができることになる。被補助人についても、債権法改正後の民法13条1項10号に規定する行為をするには補助人の同意を要する旨の審判をすることで、被保佐人と同様に法定代理人としてした行為を取り消すことができる（民法17条4項）。

(3) 家裁実務への影響
① 任意代理人
ア 債権法改正前の規律

債権法改正前民法102条は、行為能力者でない者、すなわち制限行為能力者（未成年者、成年被後見人、被保佐人及び17条1項の審判を受けた被補助人）であっても、他人の代理人となることを容認する規定であった。同条は、制限行為能力者が代理人としてした行為の効力について明示するものではないが、同条の解釈としては、一般的に、その代理行為は取り消すことができないものと考えられていた。

こうした解釈の根拠としては、代理行為の効果は本人に帰属するものであって、制限行為能力者である代理人を保護するために代理行為の取消しを認める必要がないこと、また、たとえ本人が選任した代理人が制限行為能力者であったとしても、そのような者を代理人とした以上、その者を信頼して代理行為を委ねたものであって、それによって不利益を被るリスクは本人が負うべきであり、代理人が制限行為能力者であったことを理由として、事後に代理行為を取り消すことはできないとするのが適切であるということが挙げられる。本人が、代理人を選んだ時点で、その代理人が制限行為能力者であることを知っていた場合と、知らなかった場合とで違いはないと解されている。

ある者を代理人とした後に、その者につき保佐開始の審判又は補助人の同意を要する旨の審判があった場合も、代理人の代理権には関わりがない。他方、代理人が後見開始の審判を受けたときは、代理権は消滅するものと規定されているが（民法111条1項2号）、本人が、その者を引き続き代理人としていた場合は、本条の適用があると考えられる。

イ 改正法による規律

債権法改正後の民法は、制限行為能力者が代理人としてした行為を取り消

すことはできない旨を明示したが，任意代理人に関しては，本条改正による実質的な変更はない。ここでは，家事事件との関係で問題となるものとして，基本的に任意代理の性格を有する任意後見契約について触れておく。

任意後見契約は，委任者が，受任者に対し，精神上の障害により事理を弁識する能力が不十分な状況における自己の生活，療養看護及び財産の管理に関する事務の全部又は一部を委託し，その委託に係る事務について代理権を付与する委任契約である（任意後見契約法2条1号）。任意後見受任者が後見人の欠格事由（民法847条）に該当するときは，任意後見監督人の選任をしないものとされているので（任意後見契約法4条3項イ），制限行為能力者のうち，未成年者（民法847条1号）を受任者とすることはできない。この点は，本条の改正には関わりがない。

任意後見受任者が「任意後見人の任務に適しない事由がある者」（同条同項ハ）に該当するときも，任意後見監督人を選任しない事由とされているが，制限行為能力者であることが任意後見人の任務に適しない事由に該当するかは，個別の事情による判断となると解される。もっとも，任意後見人は，任意後見監督人の監督に服し（任意後見契約法7条），家庭裁判所の解任（同法8条）による統制を受けるなど，一般の任意代理人とは異なる特性を有し，その地位は成年後見人に類似する。したがって，任意後見人について成年後見等開始の審判があったときは，その者が代理人としてした行為は，本条本文により，取り消すことはできないとしても，代理権の行使による本人の不利益が著しい場合は，債権法改正後の民法の法定代理人についての規律を類推して，取り消し得るものと解するか，代理権の濫用と解する余地がある。また，任意後見人の解任要件である「任務に適しない事由」（同法8条）に該当すると判断される可能性が高まると考えられる。

② 法定代理人

ア 債権法改正前の規律

債権法改正前民法102条は，復代理人の選任に関する規定（債権法改正前民法104条ないし106条）とは異なり，「代理人」とのみ規定していたところから，法定代理人もこれに該当すると解するのが通説であるとされていた。しかし，法定代理人の場合，親権者は未成年者本人との法的親子関係に基づいて法律の定めにより決定され（民法818条・819条），未成年後見人の場合は，管理権

を有し最後に親権を行う者の遺言による指定（民法839条）あるいは遺言による指定がなければ家庭裁判所の選任（民法840条）によって，また成年後見人等の場合は，家庭裁判所の職権での選任によって（成年後見人につき民法843条，保佐人につき民法876条の2，補助人につき民法876条の7），その地位ないし職に就くのであり，代理行為の本人である未成年者や成年被後見人ら自身が親権者・後見人らを選任するものではない。最後に親権を行う者が遺言で未成年後見人を指定する場合も，親権者の指定行為は代理行為ではなく，本人である未成年者にリスクを負わせる根拠とはならない。

　したがって，制限行為能力者を自己の意思で選任したという任意代理において見られる根拠が法定代理には存在しないため，本人に制限行為能力者の代理行為による不利益を甘受させることに合理性があるかは疑わしく，行為能力制限制度の目的である本人保護を十分に達成することができないおそれもあることから，法定代理人につき，債権法改正前民法102条を適用することに反対する見解も有力であった。

　イ　改正法による規律

　民法では，成年被後見人，被保佐人，被補助人が，成年後見人，保佐人，補助人になることは排除されていない。後見人・保佐人・補助人の欠格事由（民法847条，876条の2第2項，876条の7第2項）に成年被後見人らは挙げられていないからである。ただし，家庭裁判所が制限行為能力者を成年後見人等に選任することは現実的には考えられなかった。ノーマライゼーションの観点から，成年被後見人・被保佐人の職業資格等を一律に制限する関係法律の規定を改廃する動きがあるが，自己の職業資格等とは異なり，法定代理については，代理される制限行為能力者本人の保護を考慮する必要があるうえ，債権法改正後の民法により，有効な法定代理の要件として代理人の行為能力が必要とされることが明確となったことから，他人の財産を管理することは基本的に困難となると考えられる。これにより，制限行為能力者を成年後見人等の法定代理権を有する者に選任することができないとする実務の根拠となるだけでなく，成年後見人等が事後に制限行為能力者となったときも，法定代理人の地位を保持することは困難であることが明確となった。以下，親権者，後見人等，財産管理人，遺言執行者について見てみる。

(ア)　親権者

　親権者が制限行為能力者である場合に関して，民法には関連する規定がいくつかある。

　　(i)　未成年者

　Aの親権に服する子Bが子Cを持った場合は，Aは，Bに代わり，Cに対する親権を行うものとされている（民法833条）。この親権代行制度は，親権が何よりも子（未成年者）の利益のためにあり，子の財産を管理し，法律行為について子を代表するという職務の重要性から，制限行為能力者である未成年者には，親権を行使することを認めていないことによるものである。本条の改正は親権代行制度には影響はないが，親権代行者であるAにつき，成年後見等の開始審判があった場合には問題が生ずる（後述(イ)）。

　　(ii)　親権の喪失・停止等

　親権者については，親権喪失（民法834条）・親権停止（民法834条の2）・管理権喪失（民法835条）制度がある。2011（平成23）年改正によって，子自身にもそれらの審判の申立権が認められたことから，親権者が制限行為能力者となった場合に，親権の行使が（著しく）困難又は不適当であることにより子の利益を（著しく）害するとして，親権の喪失・停止等の申立てをすることはあり得るが，代理人は行為能力者であることを要しないという債権法改正前民法102条の規定からすると，単にそのことを理由とする親権喪失・停止等は困難であり，親権行使の結果として，子の利益の侵害が具体的に生じていなければ親権喪失・停止等は認められないであろう。

　債権法改正後の民法で，制限行為能力者が法定代理人としてした行為は取り消し得ることが明確になったことで，制限行為能力者である親権者の代理行為は制約されることになる。それゆえ，その未成年者の親権者（未成年後見人）が行為能力を制限されるに至った場合に，なお子に代わる親権の行使（親権代行）を認めることは，法定代理人の行為能力に関する考え方として適切ではない。親権は身上監護も含む広範な権限であるが，少なくとも，管理権喪失の申立ては問題となると考えられる。

　　(iii)　父母の一方が親権を行うことができないときの単独親権

　民法では，父母共同親権の例外として，父母の一方が親権を行うことができないときは，他の一方が行うものとされている（民法818条3項ただし書）。

このただし書にいう「親権を行うことができないとき」の例としては、親権喪失（民法834条）、親権停止（民法834条の2）、管理権喪失（民法835条）、親権又は管理権の辞任（民法837条1項）が法律上の原因がある場合として挙げられるが、これらと並んで後見開始の審判があったとき（民法7条）も法律上行使することができない場合に当たるというのが通説である。

保佐開始の審判（民法11条）もこれに該当すると解する説が有力であったが、反対説もあり、民法（債権関係）の改正に関する法制審議会部会の議論（部会資料66A・16頁）では、「被保佐人又は被補助人であることによって親権の行使が否定されるわけではない」という考え方を前提として本条の改正が検討された。

親権者が被保佐人となったときは、13条1項に定める重要行為につき、未成年者の法定代理をするには保佐人の同意が必要となるので、親権行使への影響が大きいが、直ちに親権行使能力を欠くとする必要はないと解される。もっとも、保佐人・補助人の同意を得ることが煩瑣であり、又急迫の事情がある場合には、親権を行うことができないと解さざるを得ない。父母の一方が被保佐人又は被補助人となり、他方が保佐人又は補助人に選任される場合には、共同親権の状態が実質的には維持されるであろう。

　　(iv)　親権の辞任

上記のように、親権者につき後見開始の審判があったときは、親権行使能力を欠くというのが通説であるが、親権の辞任の理由となる「やむを得ない事由」（民法837条1項）に該当するとも考えられる。むしろ、実質的には、管理権喪失の審判（民法835条）があった場合に等しいというべきであり、他に親権を行う者がいなければ、未成年者についての後見開始の原因（民法838条1号）となると解される。

親権者につき、保佐又は補助の開始審判があったときも、親権行使能力を欠くかについて解釈上の対立もあり、子の利益のため、又法的安定性のために、親権又は管理権の辞任（民法837条1項）を認めるべきである。

　　(イ)　未成年後見人・成年後見人等

未成年後見人・成年後見人等について、成年後見等の開始審判があったときは、親権者の場合以上に、未成年者・被後見人等の利益の考慮から、親権行使能力を欠くと解されることになると思われるが、後見人等の欠格事由に

は未成年者のみが挙げられ（民法847条1号），成年被後見人等は，当然には欠格にならない。これを準用する後見監督人（民法852条），保佐監督人（民法876条の3第2項），補助監督人（民法876条の8第2項），任意後見監督人（任意後見契約法7条4項）も同様である。民法は，成年被後見人らには一律に財産管理能力がないものとはしていない。

後見人は，「正当な事由」があるときは，家庭裁判所の許可を得て，辞任することができる（民法844条1項）。また，「後見の任務に適しない事由」があるときは，家庭裁判所は，被後見人らの請求により又は職権で，後見人を解任することができる（民法846条）。これらは保佐及び補助についても準用されている（保佐人につき民法876条の2第2項，補助人につき民法876条の7第2項）。本条の改正は，辞任の正当事由，解任の原因となる任務に適しない事由を根拠づけることになる。

(ウ) 財産管理人

家庭裁判所が選任する不在者の財産管理人（民法25条1項），相続財産の管理人（民法952条）につき，成年後見等の開始審判があった場合は，家庭裁判所は，管理人を改任することができる（家事法146条1項）。家庭裁判所は財産管理人をいつでも改任することができるが，本条の改正は，その根拠を与えることになる。

(エ) 遺言執行者

遺言執行者は，遺言の内容を実現するため，相続財産の管理その他遺言の執行に必要な一切の行為をする権利義務を有し（民法1012条1項），遺言執行者がその権限内において遺言執行者であることを示してした行為は，相続人に対して直接にその効力を生ずる（民法1015条）。遺言執行者は，遺言者（又は遺言者から委託された第三者）によって指定される場合（民法1006条）と，利害関係人の請求によって家庭裁判所が選任する場合（民法1010条）がある。遺言執行者については，委任契約の受任者に関する規定の多くが準用される（民法1012条2項）が，後見人の場合と同様に，遺言者の指定であれ，家庭裁判所による選任であれ，遺言執行者の権限は法定されており，その行為の効果は相続人に帰属することから，一種の法定代理人であると解されている（相続法改正前民法1015条では，相続人の代理人とみなしていた）。

遺言執行者として指定されている者が成年被後見人等であったとき，又は

家庭裁判所で選任された遺言執行者が任務終了前に成年後見開始等の審判を受けたときは、遺言執行者の任務が、保佐人の同意を要する行為に含まれる不動産等重要財産に関する行為、遺産の分割（民法13条1項3号・6号）と同様の意義を持つものであり、その重要さからして、当然欠格とはならないにしても（法定欠格者は未成年者と破産者。民法1009条）、遺言執行者の解任及び辞任のための「正当な事由」があるものと解される。

2 取消権者

(1) 改正法の規定

（取消権者）
第120条　行為能力の制限によって取り消すことができる行為は、制限行為能力者（他の制限行為能力者の法定代理人としてした行為にあっては、当該他の制限行為能力者を含む。）又はその代理人、承継人若しくは同意をすることができる者に限り、取り消すことができる。
2　（略）

(2) 改正内容

　民法102条において、制限行為能力者が他の制限行為能力者の法定代理人としてした行為は取り消すことができる旨を規定したことを受けて、民法120条では、その場合に代理行為を取り消すことができる者についての定めを追加した。すなわち、通常の制限行為能力者の行為の取消権者（制限行為能力者、その代理人、承継人又は同意をすることができる者）に加えて、制限行為能力者が法定代理人としてした代理行為の効果が帰属する本人である、当該他の制限行為能力者及びその承継人を挙げている。条文上は、当該他の制限行為能力者の代理人も取消権者となるが、これは代理行為をした制限行為能力者自身である。

(3) 家裁実務への影響

　未成年者Aの親権者Bにつき成年後見開始の審判があり、Cが成年後見人

に選任された場合において，BがAの法定代理人としてした行為は取り消すことができる。この場合の取消権者は，代理行為をしたB，その成年後見人C及びBが代理した未成年者Aである。

親権者Bについて保佐開始の審判があった場合において，Bが保佐人Dの同意を得ないで，民法13条1項に掲げる行為（及び同条2項により別途保佐人の同意を要するとされた行為）を未成年者Aの法定代理人としてしたときは，これを取り消すことができ，取消権者は，代理行為者B，同意権者である保佐人D，そして未成年者Aである。

親権者Bにつき補助開始の審判及び民法13条1項に規定する行為に含まれる特定の法律行為の法定代理をするには補助人Eの同意を要する旨の審判がなされた場合において，BがEの同意を得ないで，未成年者Aの法定代理人としてその特定行為をしたときについても，同様である。

成年後見人等につき成年後見開始等の審判があった場合も同様であり，代理行為をした成年後見人等，その代理人，承継人，同意権者に加えて，成年後見人等が保護すべき成年被後見人等，その承継人も取消権者となる。

(4) 留意点

本条の改正により，制限行為能力者が他の制限行為能力者の法定代理人としてした行為が全て取り消し得るわけではない。親権者・後見人が成年被後見人となったときは，その法定代理人としての行為は，日用品の購入等の例外を除き，取り消し得ることになる（民法9条）。被保佐人となったときは，民法13条1項に規定する重要行為についての代理行為が取り消し得ることになる（民法13条4項）。被補助人となったときは，補助人の同意を要する旨の審判で定められた行為についての代理行為が取り消し得ることになることに，留意する必要がある。

3 エクササイズ

> A女（16歳）はB男（17歳）との性交渉で妊娠し，C男を出産した。Aの父Dはすでに死亡しており，母E（55歳）がAとCの面倒を見ている。Aは，D

から相続した甲不動産と預金200万円を有しているが、預金については、Eの同意を得て、Cの養育に必要な物品の購入をしていた。その後、Eが保佐開始の審判を受け、Eの保佐人として、Aの兄であるF男が選任された。しばらくして、Eが、Fの同意を得ないで、Aの法定代理人として、Aの所有する甲不動産をGに売却する契約を締結し、売却代金2000万円をH銀行でC名義の定期預金とした。この場合、A、C、E、又はFは、不動産売買契約及び定期預金契約を取り消すことができるか。

Aが甲不動産の売買契約をすることにつき、Eが、Fの同意を得ないで、同意した場合は、どうなるか。

> **コラム**　被保佐人となった親権者が未成年者の法律行為に同意することができるか
>
> 未成年者の法律行為に対する親権者の同意には、未成年者の行為能力を補充して、その法律行為を確定的に有効とする効力があるので、親権者自身が行為能力を制限されている場合は、同意としての効力を万全なものとすることもできない。財産管理権を制限された親権者は、その範囲で同意権も制限されるものと解される。未成年者が法律行為をすることに対して法定代理人として同意することは、民法13条1項の保佐人の同意を要する行為には含まれていない。
> 債権法改正後の民法の13条1項10号が、当然に法定代理人として同意することをも含むかについては疑義が残らないわけではない。親権者の同意も意思表示であり、法律行為に関する規定が適用されるとすれば、これは、保佐人の同意権の範囲を拡張する審判（民法13条2項）の対象となるものと解して、保佐人の同意権の範囲を明確にしておくことが適切と思われる。

論点3　債権の消滅時効

　債権の消滅時効に関する規定改正が，親族・相続法上の制度・理論にどのような影響を及ぼすか。

1 時効障害―時効の完成猶予及び更新

(1) 主な改正法の規定

> （裁判上の請求等による時効の完成猶予及び更新）
> 第147条　次に掲げる事由がある場合には，その事由が終了する（確定判決又は確定判決と同一の効力を有するものによって権利が確定することなくその事由が終了した場合にあっては，その終了の時から6箇月を経過する）までの間は，時効は，完成しない。
> 　(1)　裁判上の請求
> 　(2)　支払督促
> 　(3)　民事訴訟法第275条第1項の和解又は民事調停法若しくは家事事件手続法による調停
> 　(4)　破産手続参加，再生手続参加又は更生手続参加
> 2　前項の場合において，確定判決又は確定判決と同一の効力を有するものによって権利が確定したときは，時効は，同項各号に掲げる事由が終了した時から新たにその進行を始める。
>
> （強制執行等による時効の完成猶予及び更新）
> 第148条　次に掲げる事由がある場合には，その事由が終了する（申立ての取下げ又は法律の規定に従わないことによる取消しによってその事由が終了した場合にあっては，その終了の時から6箇月を経過する）までの間は，時効は，完成しない。
> 　(1)　強制執行
> 　(2)　担保権の実行

(3)　民事執行法第195条に規定する担保権の実行としての競売の例による競売
　(4)　民事執行法第196条に規定する財産開示手続
2　前項の場合には，時効は，同項各号に掲げる事由が終了した時から新たにその進行を始める。ただし，申立ての取下げ又は法律の規定に従わないことによる取消しによってその事由が終了した場合は，この限りでない。
（協議を行う旨の合意による時効の完成猶予）
第151条　権利についての協議を行う旨の合意が書面でされたときは，次に掲げる時のいずれか早い時までの間は，時効は，完成しない。
　(1)　その合意があった時から１年を経過した時
　(2)　その合意において当事者が協議を行う期間（１年に満たないものに限る。）を定めたときは，その期間を経過した時
　(3)　当事者の一方から相手方に対して協議の続行を拒絶する旨の通知が書面でされたときは，その通知の時から６箇月を経過した時
2　前項の規定により時効の完成が猶予されている間にされた再度の同項の合意は，同項の規定による時効の完成猶予の効力を有する。ただし，その効力は，時効の完成が猶予されなかったとすれば時効が完成すべき時から通じて５年を超えることができない。
3　催告によって時効の完成が猶予されている間にされた第１項の合意は，同項の規定による時効の完成猶予の効力を有しない。同項の規定により時効の完成が猶予されている間にされた催告についても，同様とする。
4・5　（略）

(2)　改正内容
　①　裁判上の請求等
　民法147条１項は，上記裁判上の請求等を「完成猶予」事由とするものである。当該事由が終了した時まで時効は完成しないことが基本とされている。また，147条１項柱書きの括弧書きは，債権法改正前民法における裁判上の催告に関する判例法理（裁判手続でされた権利主張には催告としての効力しか認められないものの，その権利主張が裁判手続中でされたことを考慮に入れて，裁判手続中は催告が継続して行われているものと捉え，裁判終結後６か月を経過す

るまでは時効が完成しないものとする。最判昭和45年9月10日民集24巻10号1389頁等）を反映したものである。

② 強制執行等

民法148条（強制執行等による時効の完成猶予及び更新）は，債権法改正前民法147条2号，154条に対応するが，完成猶予等の効果を有する事由を「差押え」から「強制執行」，すなわち差押え（民事執行法45条，93条，112条，122条，143条）のみならず，代替執行（同法171条），間接強制（同法172条）及び財産開示手続（同法196条）を含む強制執行全般へと拡大している。

③ 仮差押え等

民法149条（仮差押え等による時効の完成猶予）は，その後本案訴訟の提起が予定されているという意味での保全手続の暫定性を踏まえ，債権法改正前民法147条2号が，仮差押え及び仮処分を時効中断事由としていたのを，更新（中断）ではなく，完成猶予事由としたものである。

④ 承認

民法152条（承認による時効の更新）は，承認を更新事由とすることで債権法改正前民法147条3号を維持した上で，同法156条と統合したものであり，改正前民法を実質的に変更したものではない。

⑤ 催告，天災その他

民法150条（催告による時効の完成猶予），161条（天災等による時効の完成猶予）は，それぞれ債権法改正前民法153条，161条に対応しており，天災等の場合の猶予期間が，その障害が消滅した時から2週間であったのが3か月に延長されたほか，実質的な内容に変更はない。「催告によって時効の完成が猶予されている間にされた再度の催告は，前項の規定による時効の完成猶予の効力を有しない。」とする民法150条2項の規定は，催告を繰り返し行っても時効中断が継続するものではない旨の判例法理（大判大正8年6月30日民録25輯1200頁）を明文化したものである。

このほか，夫婦の一方が他の一方に対して有する権利については，時効が完成する直前であった場合にも，婚姻解消の時から6か月以内は，時効が完成しないとして，時効完成の延期を定めた債権法改正前民法159条が，完成猶予事由として民法159条に引き継がれていることに，留意する必要がある。

⑥ 協議を行う旨の合意による時効の完成猶予

民法151条（協議を行う旨の合意による時効の完成猶予）は，「権利についての協議を行う旨の合意が書面でされたとき」を完成猶予事由として新たに規定した。紛争が生じた場合には，当事者間の協議を通じて解決が図られるのであればそれが最も望ましいが，債権法改正前民法のもとでは，紛争解決に向けた協議が当事者間で行われていても，それ自体は時効の中断や停止効を持たないため，時効完成を阻止するには，別途訴訟提起等の手段を取らざるを得なかった。そこで，新法は，書面による合意があれば，一定の期間に限って時効の完成を猶予することとしたものである。

同条1項は，権利に関する協議を行う旨の合意を書面でした場合に，1号ないし3号のいずれか早い時までの間は，時効は完成しないとするものである。2号は，合意による1年に満たない協議期間の設定を認めるためのものである。この結果，協議による時効の完成猶予は，当該合意に期間の定めがない場合は，1号と3号のいずれか早い時まで，当該合意に1年未満の期間の定めがある場合は，2号と3号のいずれか早い時まで，当該合意に1年以上の期間の定めがある場合は，1号と3号のいずれか早い時まで存続するということになる。

同条2項は，1項により時効の完成が猶予されている間に改めて1項の合意をすることができるとする。ただし，完成猶予の期間は通算して5年を超えることができない。3項は，催告がされたことにより時効完成が猶予されている間に1項の合意をしても，この合意には時効の完成猶予の効力がないこと（催告による完成猶予しか認められないこと），協議による時効の完成猶予が認められている間に催告をしても，この催告には時効の完成猶予の効力が認められないこと（協議による完成猶予しか認められないこと）を定めるものである。

(3) 家裁実務等への影響

① 強制執行等

上記(2)②のとおり，民法148条は，差押えから強制執行へと時効の完成猶予又は更新事由を変更した。もっとも，実際に，時効の完成猶予や更新の効果をもたらすことを意図して，代替執行，間接強制又は財産開示手続の申立

てをするということは，想定できないのではないかと思われる。

　なお，家裁実務等では，婚姻費用の分担や子の監護費用にかかる支払義務等で権利実現のため，履行の勧告（家事法289条）が広く活用されているところであるが，これが，時効に何らかの影響を与えるのであろうか。履行勧告の申立てや家庭裁判所調査官による働きかけは，民法148条の文言等から見て，時効の更新又は完成猶予の効力を認めることはできないものと思われる。なお，債務者が，上記履行勧告に応じ，債務を承認する書面を提出する場合も，なくはないであろうが，それは，民法148条とは別個の問題である。

② 協議を行う旨の合意の該当性

　夫婦等の親族間では，その共同財産等に関して様々な協議が行われているものと思われる。その多くは，事柄の性質上，口頭のやりとりで示されるものが多いであろうが，その際，正確を期してメモや手記等の書面が作成される場合も，あるように考えられる。このような書面が，「権利についての協議を行う旨の合意が書面でされたとき」に該当するかどうかが争われるケースが生ずることも考えられる。

　この関係で，例えば，離婚調停で，離婚そのものは合意したものの，当事者の一方が調停申立ての段階では取り上げていなかった，暴行等の個別の不法行為の存在を主張したため，調停が重ねられたが合意に至らなかった事案において，当事者間で当面の了解事項として，「慰謝料等については，今後誠意をもって協議するものとする。」等の文言で調停条項を作成することもあろう。このような場合，これが更新事由たる承認に当たる場合もあり得るであろうが，「協議を行う旨の合意」に当たるとされることもあるように思われる。

　調停でこのような運用が行われるならば，調停における当事者双方が，時効の完成猶予や更新を意識して，いかなる事項をいかなる文言にして，調停調書に記載するのかといった観点からも十分な検討が必要になるであろう。

2 債権等の消滅時効

(1) 債権等の消滅時効
① 改正法の規定

> （債権等の消滅時効）
> 第166条　債権は，次に掲げる場合には，時効によって消滅する。
> (1)　債権者が権利を行使することができることを知った時から５年間行使しないとき。
> (2)　権利を行使することができる時から10年間行使しないとき。
> 2　債権又は所有権以外の財産権は，権利を行使することができる時から20年間行使しないときは，時効によって消滅する。〔新設〕
> 3　（略）

② 改正内容

　債権法改正後の民法は，債権の消滅時効における原則的な時効期間と起算点について，債権者が権利を行使することができることを知った時から５年（民法166条１項１号）という主観的起算点と，権利を行使することができる時から10年（同項２号）という客観的起算点という二元的な規律を採用した。これに伴い，商行為によって生じた債権について５年の消滅時効を定めた商法522条の規定は，適用を受ける債権とそれ以外の債権との区別を合理的に説明することが困難であるとして，削除された。

　また，債権又は所有権以外の財産権が，20年行使しないときに消滅するとする債権法改正前民法167条２項の規定は，民法166条２項に盛り込まれた。

(2) 不法行為による損害賠償請求権の消滅時効，人の生命又は身体を害する不法行為による損害賠償請求権の消滅時効
① 改正法の規定

> （不法行為による損害賠償請求権の消滅時効）
> 第724条　不法行為による損害賠償の請求権は，次に掲げる場合には，時効に

> よって消滅する。
> (1) 被害者又はその法定代理人が損害及び加害者を知った時から3年間行使しないとき。
> (2) 不法行為の時から20年間行使しないとき。
> （人の生命又は身体を害する不法行為による損害賠償請求権の消滅時効）
> 第724条の2〔新設〕 人の生命又は身体を害する不法行為による損害賠償請求権の消滅時効についての前条第1号の規定の適用については，同号中「3年間」とあるのは，「5年間」とする。

② 改正内容

民法724条は，債権法改正前民法724条前段と同じく被害者又は法定代理人が損害及び加害者を知ったときから3年間行使しないときに時効により消滅するという規定を置くとともに，20年の期間が，判例法理（最判平成元年12月21日民集43巻12号2209頁）によって示された除斥期間ではなく，消滅時効期間であることを法文上明示し，不法行為の時から20年間行使しないときと規定した。これにより，同法724条2号の20年については，期間の更新があり得るほか，損害賠償請求権の消滅を主張するには，時効の援用が必要となる。

なお，「人の生命又は身体を害する不法行為による損害賠償請求権の消滅時効」については，これを5年とする旨の特則規定が新設された（民法724条の2）。

③ 家裁実務等への影響

不法行為による損害賠償請求権については，上記のとおり，民法が債権法改正前民法724条後段の20年の時効期間について，前掲最判平成元年12月21日によらず，時効期間としたことから，これに伴う実務への影響が考えられる。すなわち，この時効については，当事者の援用が必要となり，また，援用の意思表示を信義則違反や権利濫用として排斥することも可能となる。

また，生命・身体の侵害による損害賠償請求権（例えば，離婚請求に併せてされる，婚姻中に配偶者から暴力を受けて傷害を負ったとして提起される損害賠償請求。人訴法17条）については，消滅時効の期間が3年から5年に延長された。近時は，離婚による慰謝料とは別に，個別の暴力によって重大な傷害を受けた場合等に，これを独立の不法行為ととらえ，これに伴う損害賠償を，

併せて請求する事案が見受けられる。このような事件は，これまでは，当該請求権が既に時効にかかっているケースが多かったように思われるが，今後は，特に加害の程度の重大かつ悪質なものを中心に，独立の不法行為として請求される場面が増加することも予想される。そのため，時効の成否についても検討する必要が生ずることになろう。なお，夫婦間の権利についての時効の完成猶予に関する民法159条の規定にも留意すべきである。

(3) 人の生命又は身体の侵害による損害賠償請求権の消滅時効
① 改正法の規定

> （人の生命又は身体の侵害による損害賠償請求権の消滅時効）
> 第167条　人の生命又は身体の侵害による損害賠償請求権の消滅時効についての前条第1項第2号の規定の適用については，同号中「10年間」とあるのは，「20年間」とする。

② 改正内容

人の生命又は身体の侵害による損害賠償請求権の消滅時効を，債務不履行，不法行為を問わず，現行の時効期間から延長して，主観的起算点から5年，客観的起算点から20年とした。これにより，債務不履行と不法行為に基づく損害賠償請求権については，消滅時効の規律が統一された。

③ 家裁実務等への影響

従来は，債務不履行と不法行為に基づく損害賠償請求権の消滅時効の規律が異なることから，どちらの請求権を選択するのかということが問題となることもあったが，債権法改正後の民法では，消滅時効期間が統一されたため，この点に関する限りは，このような考慮は不要となった。

(4) 定期金債権の消滅時効
① 改正法の規定

> （定期金債権の消滅時効）
> 第168条　定期金の債権は，次に掲げる場合には，時効によって消滅する。

> (1) 債権者が定期金の債権から生ずる金銭その他の物の給付を目的とする各債権を行使することができることを知った時から10年間行使しないとき。
> (2) 前号に規定する各債権を行使することができる時から20年間行使しないとき。
> 2 （略）

② 改正内容

基本権としての定期金債権について民法は，上記(1)と同じく10年の主観的起算点（民法168条1項1号）及び20年の客観的起算点（同項2号）を導入した。これにより，基本権としての定期金債権とこれに基づく金銭給付債権（支分権）とを区別し，最後の弁済期から10年行使しないときには基本権としての定期金債権が時効消滅するとしていた債権法改正前民法168条1項後段及び定期金債権に基づく支分権につき5年の短期消滅時効を定めた同169条は削除された。なお，債権法改正前民法169条が規定していた支分権の消滅時効については，民法166条1項1号が定める，主観的起算点から5年の消滅時効により対応することになる。

③ 家裁実務等への影響

現行の家裁の実務で頻繁に登場する婚姻費用分担義務（民法760条），離婚後の子の監護費用の分担義務（民法766条），扶養義務（民法877条）等に係る定期金債権の消滅時効については，債権法改正後の民法168条の，また，義務者が毎月支払うべき婚姻費用や養育料等の支分権については，同法166条1項1号のそれぞれ適用を受けることに留意する必要がある。

なお，婚姻費用に係る定期金債権は，婚姻解消のときから6か月を経過するまでの間は，時効が完成しないとする民法159条の規定に注意する必要がある。

その性質上，支払の実現が強く求められ，かつ権利者がその支払の実現を切望するものであることに照らせば，上記債権が消滅時効にかかるまで権利者が放置するということは，現実問題としては，まず考えられない事態であろう。しかしながら，債務者が上記義務を放擲する等して，長期間所在不明となってしまうことも，現実には，ないではないと考えられるから，権利者としては，やはり時効管理上の注意が必要である。

(5) 職業別の短期消滅時効等の廃止

① 改正内容

現行の職業別の短期消滅時効を定めた債権法改正前民法170条から174条の規定は、その区分、時効期間の区別が合理的な説明がつくものでない上、現代社会の取引類型と取引の実態を的確に反映しているものともいえず、そもそもこうした分類そのものが、一般市民に分かりにくいものとなっていた。そこで、新法は、上記規定を削除し、債権の消滅時効に関する一般規定で処理することとした。

② 家裁実務等への影響

家裁実務では、職業別の短期消滅時効が問題となる局面は必ずしも多くなかったのではないかと考えられるが、それでも、親族間で発生したこれらの債権が、短期消滅時効の適用を受けるものであるかどうかという争いは考えられなくもなかった。今回の債権法改正により、消滅時効については、債権の種類ごとの時効期間の区別がなくなり、一本化されたことにより、時効管理の面では、より容易となったと考えられる。

3 エクササイズ

> 夫Aと妻Bは、平成19年4月に協議離婚をした。その際、AはBに対し、両名間の子C（5歳）の養育料として、Cが20歳に至るまで毎月5万円の養育料を支払う旨約したが、平成20年4月以降支払がない。そこで、Bは、平成27年5月1日にAに対し、これまでの未払養育料及び今後の養育料の支払を催告した。以下の(1)、(2)の各事例（別個の事例である。）において、各設問に対してどのように考えるか。
>
> (1) Aは、Bの上記催告に対し、支払義務があること自体を争い、Bが支払を求める過去の未払養育料が、時効により消滅したと主張しようと考えている。
>
>   ア Aが時効を援用するには、いかなる方法で行う必要があるのか。
>   **ヒント** 時効の援用は、裁判上行使しなければならないのか。
>   イ Aが時効を援用した場合、養育料債権は、どの範囲で時効消滅するの

か。

　　　　ヒント　養育料債権の基本権と支分権は，それぞれどのように考えるか。それぞれについて，消滅時効の効力は，どのようになるのか。

(2)　AとBとの間では，Aが申し立てた面会交流の調停が係属していた。Aは，Bの上記催告に対し，仮に支払義務があるとしても，未払分全額を一度に支払うことはできないと主張し，Bは，Aが養育料を支払わないならば，Cとの面会交流は認めないと反論していた。その後，話し合いの結果，AとBとの間でAのCに対する面会交流を一定の範囲で認める調停が成立した。この際，AとBとの間では，「AとBは，AのCに対する養育料の支払については，今後の話し合いで決めることにする。」という限度で合意ができた。

　ア　上記合意が「暫定合意」というA及びBが連名して作成した私文書にまとめられた場合，この文書は，いかなる効果を有するのか。

　　　　ヒント　上記書面は，民法151条の書面としての効力を有するか。

　イ　上記合意が，上記面会交流の調停調書に付加的に記載された場合は，いかなる効果を有するのか。

　　　　ヒント　別事件の調停調書は，どう考えるべきか。

　ウ　上記合意が，文書ではなく，Aが申し立てた，上記面会交流調停の期日で，口頭によりされた場合（したがって，調停調書には記載されていない）は，いかなる効果を有するのか。

　　　　ヒント　上記合意が口頭でされた場合も，文書による場合と同じように考えるべきか。

論点4　責任財産保全制度

責任財産保全制度に関する規定改正が，親族・相続法上の制度・理論にどのような影響を及ぼすか。

1 責任財産保全制度

債権者による債務者の責任財産保全のための制度として，民法上，債権者代位と詐害行為取消が設けられている。債権者代位は，債務者が自ら権利を行使しない場合に債権者が代わってこれを行使することを認める制度であり，詐害行為取消は，債務者が積極的に財産を減少させる行為をした場合に債権者がこれを取り消すことができるとする制度である。いずれについても，債権法改正により，以下のとおり規定の改正が行われた。

2 債権者代位

(1) 代位の対象となる権利
① 改正法の規定

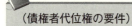

(債権者代位権の要件)
第423条　債権者は，自己の債権を保全するため必要があるときは，債務者に属する権利（以下「被代位権利」という。）を行使することができる。ただし，債務者の一身に専属する権利及び差押えを禁じられた権利は，この限りでない。
2・3　（略）

② 改正内容
　債権法改正後の民法では，「債務者の一身に専属する権利」（権利を行使するか否かが，権利が帰属している者の意思のみにかからせられている権利—行使

上の一身専属権）に加えて，「差押えを禁じられた権利」（民事執行法152条）についても，債権者代位の目的にならない旨の規定が追加された。これは，強制力を欠く債権を保全するために強制執行準備目的の債権者代位権を行使するというのは不適切であると考えられたことによるが，債権法改正前民法の解釈を明文化したものであり，実質的な変更はない。

③　家裁実務等への影響

　ア　債権法改正前の民法下での見解

身分そのものの得喪・変更を目的とする権利（婚姻・縁組の取消権〔民法743条，803条〕，夫婦間の契約取消権〔民法754条〕，離婚・離縁の請求権〔民法770条，814条〕，嫡出子否認権〔民法775条〕，認知請求権〔民法787条〕，親権〔民法820条以下〕，扶養請求権〔民法877条〕，相続人廃除権〔民法892条〕等）は，債権者代位の対象にならない。

また，財産的性質を有する身分上の権利（相続回復請求権〔民法884条〕，相続の承認・放棄の権利〔民法920条以下〕）も，基本的には，権利を行使するか否かを権利が帰属している者の意思にのみかからせるのが相当な権利であって債権者代位の対象にならないと解される（この点を直接判示した最高裁判例はないが，相続放棄が詐害行為取消しの対象にならないことにつき後掲最判昭和49年9月20日参照）。

もっとも，遺産分割請求権が代位行使の対象になるか否かについては，最高裁の判例はなく，学説も分かれており，債権者代位の対象となることを肯定する見解も多い。

また，遺留分侵害額請求権（相続法改正前民法下の遺留分減殺請求権）については，これも行使上の一身専属権であるが，これを第三者に譲渡することは認められており（帰属上の一身専属性はない），譲渡等により権利行使の確定的意思が外部に表明されたなどの特段の事情がある場合には債権者代位の目的となり得る。

　イ　改正法による影響

上記の各権利が債権者代位の対象となるか否かという点に関しては条文上も実務上も変更はなく，以下の判例法理も，相続法改正により遺留分減殺請求権が遺留分侵害額請求権に変更されたことを踏まえても，影響を受けないと考えられる。

なお，相続法改正により創設された配偶者居住権（民法1028条）について

も，一身専属的な権利として債権者代位の目的にならないものと解される。

【判例】
> 遺留分減殺請求権は，遺留分権利者が，これを第三者に譲渡するなど，権利行使の確定的意思を有することを外部に表明したと認められる特段の事情がある場合を除き，債権者代位の目的とすることができない（最判平成13年11月22日民集55巻6号1033頁）。

　ウ　留意点

身分上の権利は，相続の承認，放棄等，財産的性質を有するものであっても，基本的には債権者代位の対象にならないが，①遺産分割請求権については学説が分かれており，これを肯定する見解も多いこと，②遺留分侵害額請求権（相続法改正前民法下の遺留分減殺請求権）については，判例上，これを第三者に譲渡するなど権利行使の確定的意思を有することを外部に表明したと認められる特段の事情がある場合は債権者代位の目的となり得ること（なお，譲渡された場合，代位行使できるのは通常は譲受人の債権者ということになるが，譲渡人の債権者が譲渡を詐害行為として取り消した上で代位することなども考えられる）について，注意を要する。

(2) 債権者代位権の行使要件

① 改正法の規定

（債権者代位権の要件）

第423条　（略）

2　債権者は，その債権の期限が到来しない間は，被代位権利を行使することができない。ただし，保存行為は，この限りでない。

3　債権者は，その債権が強制執行により実現することのできないものであるときは，被代位権利を行使することができない。〔新設〕

② 改正内容

　ア　履行期未到来の被保全債権

被保全債権の履行期が到来していない場合について，債権法改正前民法

423条2項は，裁判上の代位によるとしているが，ほとんどは保全処分でまかなうことができ，実際には利用されていなかったことから，債権法改正後の民法では当該規定は削除された。

　　イ　強制執行できない被保全債権

　民法423条3項では，被保全債権が強制執行できないものである場合は債権者代位権を行使できない旨の規定が追加された。例えば，強制執行をしない旨の合意がある場合等がこれに該当するが，債権法改正前民法の解釈を明文化したものであり，実質的な変更はない。

　③　家裁実務等への影響

　上記改正による実務上の影響はないと考えられる。

　なお，単なる期待権や，具体的内容が形成される前の権利（例えば財産分与請求権等）は被保全債権とならないとするのが従前の解釈であり実務の取扱いである。この点については，条文上も実務上も変更はなく，以下の判例法理も改正による影響を受けないと解される。

【判例】
- 推定相続人（養子）が実際に相続人となったときに取得するであろう被相続人の権利（抹消登記手続請求権）の代位行使は許されない（最判昭和30年12月26日民集9巻14号2082頁）。
- 協議，審判等によって具体的内容が形成される前の財産分与請求権を保全するための債権者代位権行使は許されない（最判昭和55年7月11日民集34巻4号628頁）。

＜留意点＞

　例えば，妻が夫に対する将来の財産分与請求権を保全するために債権者代位権を行使することは許されない。このような場合の責任財産保全の手段としては，離婚成立前は家庭裁判所における民事保全手続（民事保全法20条2項，23条3項），離婚成立後は審判（調停）前の保全処分（家事法105条）によることが考えられる。

(3) 代位行使の範囲・効果
　① 改正法の規定

> **（代位行使の範囲）**
> **第423条の２〔新設〕** 債権者は，被代位権利を行使する場合において，被代位権利の目的が可分であるときは，自己の債権の額の限度においてのみ，被代位権利を行使することができる。
> **（債権者への支払又は引渡し）**
> **第423条の３〔新設〕** 債権者は，被代位権利を行使する場合において，被代位権利が金銭の支払又は動産の引渡しを目的とするものであるときは，相手方に対し，その支払又は引渡しを自己に対してすることを求めることができる。この場合において，相手方が債権者に対してその支払又は引渡しをしたときは，被代位権利は，これによって消滅する。

　② 改正内容
　上記改正は，代位債権者に直接取立権及び受領権を認める判例・通説の法理（(ｱ)最判昭和44年６月24日民集23巻７号1079頁，(ｲ)最判昭和29年９月24日民集８巻９号1658頁ほか）を明文化したものである。被保全債権及び被代位権利がいずれも金銭債権である場合，上記の各規定が相まって，代位行使の範囲が被保全債権の額に限定される一方（民法423条の２－行使の範囲），代位債権者に直接取立及び受領権が認められる結果（民法423条の３－効果），相殺による事実上の優先弁済効が生じることになる。もっとも，後述するとおり，債権法改正後の民法では，改正前民法下の判例実務と異なり，債権者代位権が行使されても債務者の処分権限には影響がないとされたため（民法423条の５の新設），相手方は債務者に弁済することができ，債務者がこれを受領すれば被代位権利は消滅するから，相殺による事実上の優先弁済が認められる場面は縮小すると考えられる。
　③ 家裁実務等への影響
　債権法改正前民法の判例・通説を明文化したものであり，改正による実務上の影響はないと解される。

(4) 債務者の取立てその他の処分等の権限
 ① 改正法の規定

> （債務者の取立てその他の処分の権限等）
> 第423条の5〔新設〕 債権者が被代位権利を行使した場合であっても，債務者は，被代位権利について，自ら取立てその他の処分をすることを妨げられない。この場合においては，相手方も，被代位権利について，債務者に対して履行をすることを妨げられない。（以降略）

 ② 改正内容
 債権者代位権の行使により債務者の処分権限が制約されるか否かについては債権法改正前民法には規定がなく，判例・通説は，債権者が債務者に代位の通知をするか，債務者が代位を知ったときは，債務者は，当該権利の行使や処分をすることができない（債務者が給付訴訟を提起すれば二重起訴となる）と解していた（最判昭和48年4月24日民集27巻3号596頁）。
 債権法改正後の民法は，債権者代位権が行使されても，債務者の処分権限に影響がなく，債務者は当該権利を行使することができる旨の規定を新設した。
 ③ 家裁実務等への影響
 上記改正により従前の判例実務が大幅に変更されることになる。
 債権法改正後は，債権者代位権が行使されても（債権者代位訴訟において債権者に弁済すべき旨の判決が確定した場合であっても），債務者は，自ら被代位権利を取り立て又はこれを処分することができ，債務者が相手方から履行を受ければこれによって当該権利は消滅する。また，他の債権者も，当該債権を差し押さえたり，代位行使したりできる。もっとも，債権者代位訴訟が提起された後の他の債権者による当該権利を目的とする代位訴訟の提起は，重複起訴の禁止（民訴法142条）に抵触する。

3 詐害行為取消し

(1) 取消しの対象となる行為
① 改正法の規定

> （詐害行為取消請求）
> 第424条　債権者は，債務者が債権者を害することを知ってした行為の取消しを裁判所に請求することができる。（以降略）
> 2　前項の規定は，財産権を目的としない行為については，適用しない。
> 3・4　（略）

② 改正内容
　ア　詐害性の内容
　詐害性の一般的な内容（債務者が債権者を害することを知ってした行為。民法424条1項）については，「法律行為」が「行為」に変更されたのみで実質的な変更はない。
　ただし，債権法改正後の民法は，詐害性の有無について，受益者と転得者とを区別した上，相当の対価を得てした財産の処分行為（民法424条の2），担保の供与等（民法424条の3），過大な代物弁済等（民法424条の4）を類型化し，それぞれにつき特則を設けて具体的に規律している。
　イ　取消しの対象となる行為
　取消しの対象が財産権を目的とする行為に限られること（新法424条2項）について，変更はない。
③ 家裁実務等への影響
　取消しの対象に関する以下の判例法理は，上記改正によっても基本的に影響を受けないと解される。

【判例】
- 相続の放棄は，詐害行為取消しの対象とならない（最判昭和49年9月20日民集28巻6号1202頁）。
- 離婚に伴う財産分与は，〔債権法改正前〕民法768条3項の規定の趣

旨に反して不相当に過大であり，財産分与に仮託してされた財産処分であると認めるに足りるような特段の事情がない限り，詐害行為とはならず（最判昭和58年12月19日民集37巻10号1532頁），上記の特段の事情があるときは，不相当に過大な部分について，その限度において詐害行為として取り消される（最判平成12年３月９日民集54巻３号1013頁）。
- 離婚に伴う慰謝料支払合意は，当該配偶者が負担すべき損害賠償債務の額を超えた部分について，詐害行為取消しの対象となる（最判平成12年３月９日民集54巻３号1013頁）。
- 共同相続人の間で成立した遺産分割協議は，詐害行為取消しの対象となり得る（最判平成11年６月11日民集53巻５号898頁）。

＜留意点＞
旧法下の実務と同様，身分行為（相続放棄等）について詐害性を顧慮する必要はないが，離婚調停等に際し，不相当に過大な財産分与，慰謝料の支払は詐害行為とされる可能性があることに留意する必要がある。

(2) 被保全債権
① 改正法の規定

> （詐害行為取消請求）
> 第424条　（略）
> 2　（略）
> 3　債権者は，その債権が第１項に規定する行為の前の原因に基づいて生じたものである場合に限り，同項の規定による請求（以下「詐害行為取消請求」という。）をすることができる。〔新設〕
> 4　債権者は，その債権が強制執行により実現することのできないものであるときは，詐害行為取消請求をすることができない。〔新設〕

② 改正内容
　ア　被保全債権の発生時期等
債権法改正後の民法では，被保全債権が詐害行為の前の原因に基づいて生

じた債権であることを要するとの規定が新設された。

　債権法改正前民法に明文の規定はなく，解釈として，当該債権が「詐害行為の前に生じた」ものであることが必要とされていたが（大判大正6年1月22日民録23号8頁，大判大正9年12月27日民録26号2098頁〔ただし，履行期の到来は不要〕），具体的事例では，詐害行為前に成立していた被保全債権につき詐害行為後に発生する遅延損害金債権等について，いずれも詐害行為の被保全債権となることが肯定されていた（最判昭和35年4月26日民集14巻6号1046頁，最判平成8年2月8日判タ906号237頁）。

　上記改正は，これらの個別判例を一般化した形で規律したものであり，表現としては従前の判例法理より拡張された形になっているが，個別事案の処理としては実質的な変更はないと解される。

　　イ　強制執行できない被保全債権

　債権者代位についてと同様，被保全債権が強制執行できないものである場合は詐害行為取消請求が行使できない旨の規定が新設された。

　③　家裁実務等への影響

　上記改正は，いずれも，債権法改正前民法下の個別判例を一般化し，又は解釈を明文化したもので，実質的な変更はない。なお，単なる期待権や具体的内容が形成される前の権利が被保全債権とならないと解されることについても，債権者代位の場合と同様であり，改正によって実質的な変更はない。

　したがって，以下の判例法理も，上記改正（民法424条3項の新設）による影響を受けないと解される。

【判例】

　詐害行為前に調停で成立した婚姻費用分担債権のうち詐害行為後に支払期日が到来する分も，詐害行為の被保全債権となる（最判昭和46年9月21日民集25巻6号823頁）。

(3) 相手方の主観的要件
　① 受益者に対する関係
　　ア　改正法の規定

> （詐害行為取消請求）
> 第424条　（本文略）ただし，その行為によって利益を受けた者（以下この款において「受益者」という。）がその行為の時において債権者を害することを知らなかったときは，この限りでない。
> 　　注：「善意」又は「悪意」とは，当該行為が債権者を害することについていう（以下同じ）。
> 2～4　（略）

　　イ　改正内容
　債権法改正前民法424条1項ただし書のうち受益者についてのみ規律したもの（転得者については民法424条の5の規定を新設）であり，その内容は改正前民法と異ならない。
　　ウ　家裁実務等への影響等
　受益者に対する関係では，主観的要件について変更はなく，以下の判例（事例判断）についても，改正による影響はない。

> 【判例】
> 実質的には婚姻関係解消の意思なく単に医療扶助を受ける目的だけのために協議離婚がなされた事実があるときは，その直後にされた元夫から元妻に対する不動産の贈与は，債権者を害することを知って行なわれたものと認められる（最判昭和42年2月14日金商52号12頁）。

　② 転得者に対する関係
　　ア　改正法の規定

> （転得者に対する詐害行為取消請求）
> 第424条の5〔新設〕　債権者は，受益者に対して詐害行為取消請求をすること

> ができる場合において，受益者に移転した財産を転得した者があるときは，次の各号に掲げる区分に応じ，それぞれ当該各号に定める場合に限り，その転得者に対しても，詐害行為取消請求をすることができる。
> (1) その転得者が受益者から転得した者である場合　その転得者が，転得の当時，債務者がした行為が債権者を害することを知っていたとき。
> (2) その転得者が他の転得者から転得した者である場合　その転得者及びその前に転得した全ての転得者が，それぞれの転得の当時，債務者がした行為が債権者を害することを知っていたとき。

　イ　要　約

上記条文の規定内容を要約すると，次のとおりである。

民法424条の5　以下の場合に限り，転得者に対しても詐害行為取消請求をすることができる。

- 受益者からの転得者については，転得当時，当該転得者が悪意であったとき（同条1号）
- 他の転得者からの転得者については，当該転得者及びその前の全ての転得者が，各転得当時，悪意であったとき（同条2号）

　ウ　改正内容

債権法改正前民法は，受益者と同様，転得者が転得時に善意であったときは詐害行為取消請求をすることができない旨を規定するが（債権法改正前民法424条ただし書），他の転得者からの転得者について，それ以前の転得者が悪意であった場合をどのように処理するかについては明文の規定がない。

判例は，転得者の善意，悪意は各別に決すべきであるとして，当該転得者が悪意のときは，その前者が善意であっても，当該転得者に対する関係で詐害行為取消しを肯定していた（最判昭和49年12月12日金法743号31頁）。

債権法改正後の民法は，転得者に対する関係で主観的要件についての規定を新設した上，上記判例と異なり，他の転得者からの転得者については，当該転得者を含む全ての転得者が悪意であったときに限り，詐害行為取消請求が許されるものとした。

　エ　家裁実務等への影響

他の転得者からの転得者に対する詐害行為取消請求については，今回の債

権法改正により，主観的要件に関する従前の判例法理が大幅に変更されたことになる。

(4) 取消権行使の方法
① 改正法の規定

> （財産の返還又は価額の償還の請求）
> 第424条の6〔新設〕 債権者は，受益者に対する詐害行為取消請求において，債務者がした行為の取消しとともに，その行為によって受益者に移転した財産の返還を請求することができる。
> 　受益者がその財産の返還をすることが困難であるときは，債権者は，その価額の償還を請求することができる。
> 2 （略）
> （被告及び訴訟告知）
> 第424条の7〔新設〕 詐害行為取消請求に係る訴えについては，次の各号に掲げる区分に応じ，それぞれ当該各号に定める者を被告とする。
> (1) 受益者に対する詐害行為取消請求に係る訴え　受益者
> (2) 転得者に対する詐害行為取消請求に係る訴え　その詐害行為取消請求の相手方である転得者
> 2 （略）

② 要約
上記条文の規定内容を要約すると，次のとおりである。
民法424条の6　債権者は，詐害行為取消請求において，債務者がした行為の取消しとともに，受益者（又は当該転得者）に移転した財産の返還を請求することができる。財産の返還が困難であるときは，価額の償還を請求することができる。
民法424条の7第1項　詐害行為取消請求訴訟の被告は，受益者に対する訴えにおいては受益者とし，転得者に対する訴えにおいては当該転得者とする。

③　改正内容

債権法改正後の民法は，取消権行使の方法として，(ア)行為の取消し及び移転した財産の返還請求（原則として現物返還請求であり，困難な場合は価額償還請求）であること，(イ)被告は，受益者又は当該転得者のみであること（債務者は被告とならないこと）について，規定を新設した。

④　家裁実務等への影響

上記③の(ア)及び(イ)は，債権法改正前民法下の判例，多数説を採用したものであり，実務上の変更はない。

(5) 取消しの効果

①　改正法の規定

（認容判決の効力が及ぶ者の範囲）
第425条　詐害行為取消請求を認容する確定判決は，債務者及びその全ての債権者に対してもその効力を有する。

（債務者の受けた反対給付に関する受益者の権利）
第425条の2〔新設〕　債務者がした財産の処分に関する行為（債務の消滅に関する行為を除く。）が取り消されたときは，受益者は，債務者に対し，その財産を取得するためにした反対給付の返還を請求することができる。債務者がその反対給付の返還をすることが困難であるときは，受益者は，その価額の償還を請求することができる。

（受益者の債権の回復）
第425条の3〔新設〕　債務者がした債務の消滅に関する行為が取り消された場合（第424条の4の規定により取り消された場合を除く。）において，受益者が債務者から受けた給付を返還し，又はその価額を償還したときは，受益者の債務者に対する債権は，これによって原状に復する。

（詐害行為取消請求を受けた転得者の権利）
第425条の4〔新設〕　債務者がした行為が転得者に対する詐害行為取消請求によって取り消されたときは，その転得者は，次の各号に掲げる区分に応じ，それぞれ当該各号に定める権利を行使することができる。ただし，その転得者がその前者から財産を取得するためにした反対給付又はその前者から財産

> を取得することによって消滅した債権の価額を限度とする。
> (1) 第425条の2に規定する行為が取り消された場合　その行為が受益者に対する詐害行為取消請求によって取り消されたとすれば同条の規定により生ずべき受益者の債務者に対する反対給付の返還請求権又はその価額の償還請求権
> (2) 前条に規定する行為が取り消された場合（第424条の4の規定により取り消された場合を除く。）　その行為が受益者に対する詐害行為取消請求によって取り消されたとすれば前条の規定により回復すべき受益者の債務者に対する債権

② 要　約

上記条文の規定内容を要約すると，次のとおりである。

民法425条　詐害行為取消請求の認容判決は，債務者及びその全ての債権者に対しても効力を有する。

民法425条の2，同条の3　受益者は，債務者に対し，反対給付の返還（困難な場合は価額の賠償）を請求できる。

弁済等が取り消された場合は，受益者の有していた債権が原状に復する。

民法425条の4　転得者は，債務者の行為が受益者との関係で取り消されたとすれば受益者が債務者に対して取得したはずの権利（反対給付の返還請求権等〔425条の2の場合〕又は回復すべき債権〔同条の3の場合〕）を行使することができる。ただし，転得者の反対給付等の価額を限度とする。

③　改正内容

債権法改正後の民法は，詐害行為取消しの効果が債務者にも及ぶ旨を明らかにした（相対的取消説の不採用）。

債権法改正前民法は，この点について明文の規定がなかったが，判例は，詐害行為取消しの効果は債務者に及ばないと解していたところ（相対的取消説），この判例は，債権法改正後の民法下では妥当しないこととなった。

なお，転得者に対する詐害行為取消しの効果は，その前者（受益者及び前の転得者）には及ばないとされている。

上記を踏まえて，民法は，関係者間の利害を調整するため，425条の2〜425条の4の規定を新設した。

④ 家裁実務等への影響

　詐害行為取消しの効果が債務者に及ぶとする上記改正は，債権法改正前民法下の判例理論を変更するものであり，実務に与える影響が大きいと考えられる。従前，破産申立てを検討している当事者に対しては，財産処分行為が後日否認されるおそれがあるなどの場合は注意喚起しているが，今後は詐害行為取消しとの関係でも同様の注意が必要となろう。

(6) 直接の引渡し等

　債権法改正後の民法は，返還請求が金銭の支払又は動産の引渡しを求めるものである場合（価額償還請求をする場合も含む）について，債権者の直接取立権・受領権を認める規定（民法424条の9）を新設した。

　債権法改正前民法には規定がないが，債権者代位の場合と同じく，実務上は認められていたことから，実質的な変更はないと解される。

(7) 期間制限

　債権法改正前民法では，債権者が取消しの原因を知ったときから2年又は行為の時から20年の経過をもって時効（ないし除斥期間）により消滅するとされていたが，改正後の民法は，①時効ではなく出訴期間とし，②長期の期間につき行為時から10年と短縮した（民法426条）。期間が短縮されたことに鑑み，債権管理に留意する必要がある。

4 エクササイズ

相続人A～C間で行われた遺産分割協議をAの債権者Xが詐害行為として取り消す場合，債権法改正前民法と債権法改正後の民法とで以下の点について違いが生じるか。
(1) 誰を被告とすべきか。
(2) 取消しによってどのような効果が生じるか。
(3) 認容判決の効力は誰に対する関係で生じるか。
夫Aから妻Bに対する財産分与をAの債権者が詐害行為として取り消す場合はどうか。

コラム　詐害行為取消判決の効力（民法425条）について

　債権法改正前民法425条は，「（詐害行為による取消しは，）すべての債権者の利益のためにその効力を生ずる。」と規定し，詐害行為取消しの効果が債務者に及ぶか否かについて明文の規定はないが，判例は，詐害行為取消しの効果は債務者に及ばないと解している（相対的取消説）。
　これに対し，民法425条は，詐害行為取消請求を認容する確定判決は，債務者及びその全ての債権者に対しても効力を有すると規定する。債権法改正前民法と異なる「確定判決は…その効力を有する。」という表現方法を採ったのは，被告でない債務者にも確定判決の効力（形成力及び既判力）が及ぶことをルールとして定める点に意義があると解される。その意味において，民法425条は創設的な規定である。
　民法425条が相対的取消説を採用せず，詐害行為取消しの効果が債務者にも及ぶとしたことは，実務上も重大な変更をもたらすと考えられる。

論点5 債権の譲渡・債務引受

債権の譲渡・債務引受に関する規定改正・新設が，親族・相続法上の制度・理論にどのような影響を及ぼすか。

1 債権譲渡

(1) 債権の譲渡性とその制限

① 改正法の規定

（債権の譲渡性）

第466条 （略）

2 当事者が債権の譲渡を禁止し，又は制限する旨の意思表示（以下「譲渡制限の意思表示」という。）をしたときであっても，債権の譲渡は，その効力を妨げられない。

3 前項に規定する場合には，譲渡制限の意思表示がされたことを知り，又は重大な過失によって知らなかった譲受人その他の第三者に対しては，債務者は，その債務の履行を拒むことができ，かつ，譲渡人に対する弁済その他の債務を消滅させる事由をもってその第三者に対抗することができる。〔新設〕

4 （略）

（預金債権又は貯金債権に係る譲渡制限の意思表示の効力）

第466条の5 〔新設〕 預金口座又は貯金口座に係る預金又は貯金に係る債権（以下「預貯金債権」という。）について当事者がした譲渡制限の意思表示は，第466条第2項の規定にかかわらず，その譲渡制限の意思表示がされたことを知り，又は重大な過失によって知らなかった譲受人その他の第三者に対抗することができる。

2 （略）

② 改正内容

譲渡制限特約（譲渡禁止特約）は債権の譲渡性を物権的に奪うものであり，譲渡当事者間でも譲渡の効力を生じないとする見解（物権的効力説）が通説であったが，民法466条2項は，上記見解とは異なり，譲渡制限の意思表示がされたとしても，これによって債権譲渡の効力は妨げられず，譲受人が債権者となることを明らかにした（相対的効力説）。同条3項は，悪意・重過失の第三者に対しては譲渡制限の意思表示を対抗することができるとするものであり，従来の判例法理（最判昭和48年7月19日民集27巻7号823頁）を明文化したものである。

以上に対して，民法466条の5第1項は，預貯金債権については，その特殊性から譲渡制限特約が付されているのが一般的であり，そのことは広く知られていることから（前掲昭和48年7月19日最判参照），466条2項の例外として，悪意・重過失の譲受人との関係では，譲渡が絶対的に無効であることを述べたものである。したがって，預貯金債権に関しては，これまでの通説（物権的効力説）のもとでの議論や金融機関における運用が踏襲されることとなる。

③ 家裁実務等への影響

ア　財産分与

離婚に伴う財産分与では，婚姻中に夫婦が協力して形成した財産が夫婦の一方の名義であっても，実質的に夫婦共有財産とみなして清算の対象となるとしている。このような夫婦共有財産に預貯金債権等の譲渡制限特約付き債権が含まれることは多くみられる。

しかし，離婚訴訟の判決（附帯処分についての判断）や審判では，当該債権を分与対象財産の総額に算入しながらも，対外的にはそれぞれ名義人の財産として扱う，すなわち，当該債権をその名義人に取得させ，夫婦の一方の名義の財産評価額の合計がその者の取得すべき分与額を超える場合は，他方に対して金銭給付（清算金の支払）を命じるのが通常であり，個々の債権につきその名義人から他方へ譲渡するというような分与方法は採らないのが一般的である。このような実務の取扱いは，今回の債権法改正により変わらないものと考えられる。

他方で，調停等において，当事者間で債権をその名義人から他方に対して

譲渡することは可能であるが，現状の実務が変わらないと考えられることを前提とすると，後記の場合を除いて，そのような分与方法をあえて採用する実益は乏しいように思われる。

　イ　遺贈

　銀行預金債権については，前記②のとおり譲渡禁止特約が付されているのが一般的であり，特定遺贈もこの特約で禁止される「譲渡」に含まれると解される（通説は，〔債権法改正前〕民法466条以下の規定が遺贈にも適用されるとする。最判昭和49年4月26日民集28巻3号540頁参照。以上に対して，通常郵便貯金規定は，遺贈による第三者への譲渡を制限していない。）。

　もっとも，これまで，銀行等が譲渡禁止特約違反を主張して遺贈の目的とされた銀行預金債権の帰属が争われた裁判例は見当たらなかった。

　なお，特定の相続人に預貯金債権を相続させる旨の遺言がされた場合に，銀行等が遺言の解釈や遺言執行者の権限を争うなどして，遺言執行者による預貯金の払戻し等を拒否して，紛争となった事例はあった。このような事例において，遺言者としても，特定の相続人に預貯金債権を承継させ，かつ遺言執行者を指定している場合には，通常遺言執行者に預貯金の払戻し等の権限を付与する意思を有していたと考えられるところから，相続法改正では，預貯金債権を目的とする特定財産承継遺言（遺産の分割の方法として遺産に属する特定の財産を共同相続人の一人又は数人に承継させる旨の遺言．相続法改正後民法1014条2項）がされた場合には，遺言執行者は，原則として，預貯金の払戻しの請求や預貯金契約の解約の申入れをすることができる旨明示された（同条3項）。もっとも，預貯金債権の一部が特定財産承継遺言の目的となっているにすぎない場合に，遺言執行者に預貯金全部の払戻しを認めることとすると，受益相続人以外の相続人の利益を害するおそれがあることもあって，預貯金契約の解約権限については，預貯金債権の全部が特定財産承継遺言の目的となっている場合に限定することとされた（同条3項ただし書）。

　ウ　遺産分割

　預貯金債権が遺産分割の対象に含まれることについては，「論点6　多数当事者の債権・債務関係」2(3)①イを参照されたい。共同相続された預貯金債権等の相続財産は，原則として遺産共有となり（民法898条），その共有状態の解消は遺産分割手続（民法907条）によって，民法903条及び904条の2に

従って算定される具体的相続分を基準として各相続人に分割される。一方で，遺産分割は分割時に実際に存在する財産を分配する手続であり，遺産が相続人により処分されたことによって生じた代償財産は，特段の事情のない限り遺産分割の対象には含まれないと解されている（最判昭和52年9月19日家月30巻2号110頁，最判昭和54年2月22日家月32巻1号149頁参照）。そのため，共同相続人の一人が遺産分割前に遺産の一部を処分した場合には，遺産共有持分を第三者に譲渡した時のように当該処分自体が適法な場合と，相続開始後に他の共同相続人に無断で預貯金の払戻しをした時のように当該処分自体が違法な場合を問わず，当該処分をした共同相続人の最終的な取得額が，処分がなかった場合よりも増える場合があり得ることが指摘されている（例えば，上記無断払戻しのような事例では，不法行為に基づく損害賠償請求や不当利得返還請求によって解決されることになるが，その場合，具体的相続分には実体法上の権利性がないと解されていることから（最判平成12年2月24日民集54号2号523頁参照），損害額等が具体的相続分を前提としては算定されず，法定相続分を前提とした算定にならざるを得ないことが指摘されている。）。そこで，相続法改正により新設された民法906条の2第1項では，共同相続人の全員の同意により当該処分された財産が遺産の分割時に遺産として存在するものとみなすことができることとされた。これは，遺産分割前に相続人の一人が遺産を処分したことにより生じる上記のような不公平を避けるために，これまでの実務上の工夫として行われている取扱いを明文化したものである。その上で，共同相続人の一人が遺産分割前に遺産に属する財産を処分したような場合には，当該共同相続人の同意を得ることを要しないものとして，遺産分割における調整が容易になるようにしている（同条2項）。

（特別受益者の相続分）
第903条　共同相続人中に，被相続人から，遺贈を受け，又は婚姻若しくは養子縁組のため若しくは生計の資本として贈与を受けた者があるときは，被相続人が相続開始の時において有した財産の価額にその贈与の価額を加えたものを相続財産とみなし，第900条から第902条までの規定により算定した相続分の中からその遺贈又は贈与の価額を控除した残額をもってその者の相続分とする。

2　（略）
3　被相続人が前二項の規定と異なった意思を表示したときは，その意思に従う。
4　婚姻期間が20年以上の夫婦の一方である被相続人が，他の一方に対し，その居住の用に供する建物又はその敷地について遺贈又は贈与をしたときは，当該被相続人は，その遺贈又は贈与について第一項の規定を適用しない旨の意思を表示したものと推定する。

（遺産の分割前に遺産に属する財産が処分された場合の遺産の範囲）
第906条の2〔新設〕　遺産の分割前に遺産に属する財産が処分された場合であっても，共同相続人は，その全員の同意により，当該処分された財産が遺産の分割時に遺産として存在するものとみなすことができる。
2　前項の規定にかかわらず，共同相続人の一人又は数人により同項の財産が処分されたときは，当該共同相続人については，同項の同意を得ることを要しない。

（遺産の分割の協議又は審判等）
第907条　共同相続人は，次条の規定により被相続人が遺言で禁じた場合を除き，いつでも，その協議で，遺産の全部又は一部の分割をすることができる。

（特定財産に関する遺言の執行）
第1014条　（略）
2　遺産の分割の方法の指定として遺産に属する特定の財産を共同相続人の一人又は数人に承継させる旨の遺言（以下「特定財産承継遺言」という。）があったときは，遺言執行者は，当該共同相続人が第899条の2第1項に規定する対抗要件を備えるために必要な行為をすることができる。
3　前項の財産が預貯金債権である場合には，遺言執行者は，同項に規定する行為のほか，その預金又は貯金の払戻しの請求及びその預金又は貯金に係る契約の解約の申入れをすることができる。ただし，解約の申入れについては，その預貯金債権の全部が特定財産承継遺言の目的である場合に限る。
4　前二項の規定にかかわらず，被相続人が遺言で別段の意思を表示したとき

は，その意思に従う。

(2) 将来債権の譲渡性
① 改正法の規定

（将来債権の譲渡性）
第466条の6〔新設〕 債権の譲渡は，その意思表示の時に債権が現に発生していることを要しない。
2 債権が譲渡された場合において，その意思表示の時に債権が現に発生していないときは，譲受人は，発生した債権を当然に取得する。
3 前項に規定する場合において，譲渡人が次条の規定による通知をし，又は債務者が同条の規定による承諾をした時（以下「対抗要件具備時」という。）までに譲渡制限の意思表示がされたときは，譲受人その他の第三者がそのことを知っていたものとみなして，第466条第3項（譲渡制限の意思表示がされた債権が預貯金債権の場合にあっては，前条第1項）の規定を適用する。

② 改正内容
　民法466条の6第1項は，将来発生する債権も譲渡することができるという判例法理（最判平成11年1月29日民集53巻1号151頁）を，同条2項は，将来債権譲渡においては，債権が発生したときに譲受人が当該債権を当然に取得できるとの判例法理（最判平成13年11月22日民集55巻6号1056頁，最判平成19年2月15日民集61巻1号243頁参照）を，それぞれ具体化したものである。同条3項は，将来債権が譲渡された場合に，対抗要件の具備後に譲渡制限特約が付されたときは譲受人の主観的態様の如何を問わず，債務者は譲渡制限特約をもって譲受人に対抗することができず，対抗要件具備前に譲渡制限特約が付されたときは，譲受人は常に悪意であるとみなして，譲渡制限特約を対抗することができるとするものである。
③ 家裁実務等への影響
　ア 離婚に伴う金銭給付
　判例は，債権発生の可能性や確実性にかかわらず，原則として将来債権の

譲渡性を肯定し，例外として特段の事情があるときは譲渡契約が公序良俗違反となってその一部又は全部の効力が否定されるという考えを示し，この「特段の事情」については，債権が発生する期間などの契約内容が譲渡人の営業活動等に対して著しい制限を加えたり，他の債権者に不当な不利益を与えたりするような場合が該当すると例示した（前掲最判平成11年1月29日参照）。このような見解に立てば，将来債権については，これまでその譲渡性が認められてきた株主の利益配当請求権，賃料請求権，合名会社に対する残余財産分配請求権，保険診療報酬債権などに限らず，広くこれを債権譲渡の目的とすることができるから，離婚事件の調停等において，一方当事者に損害賠償金や財産分与の清算金などの支払義務を定めても，調停成立時には資力がなく，その実効性が乏しい場合に，その者を債権者とする将来発生する債権を上記賠償金等の支払に代えて他方当事者に譲渡し，対抗要件を具備すれば，他方当事者は，将来の債権発生時に実質的に優先弁済を受けることが可能となる。もっとも，債権発生が遠い将来にかかるものは，そのこと自体について譲受人が高いリスクを負うことになりかねないから，結局のところ，ある程度近い将来に発生する債権（例えば，請負人の請負代金請求権，賃借人の敷金・保証金返還請求権など）を譲渡の目的とすることが実益に適うといえるし，上記最判が例示するようにその発生が長期間に及ぶような債権を譲渡する場合は，公序良俗違反による無効等が主張される可能性は残るから，注意することが必要である。

　　イ　離婚に伴う財産分与における退職金債権の取扱い

　家裁の実務では，例えば，近い将来，当事者が定年退職を迎えるような場合には，将来債権である退職金債権の処理がよく問題となる。退職金の支給は，退職時期，勤務先の状況，勤務継続の可能性等の不確定な要素にかかるため，将来支給される蓋然性が高いと認められる場合には分与の対象に含めている。このような事案の判決や審判では，既発生債権の場合と同様に，将来債権である退職金債権自体をその名義人から他方当事者に譲渡するというような取扱いはせず，財産分与の基準時（別居時とされることが多い）に退職したものと仮定して支給される退職金額のうち婚姻同居期間に対応する分を対象財産の総額に算入して分与額を算定し，清算金の即時支払を命じる例が多い。

ウ　遺産分割における取扱い

　遺産分割の方法は，現物分割が原則的な分割方法であるが（最判昭和30年5月31日民集9巻6号793頁），実際には共同相続人全員にその具体的相続分に満つるまで遺産の現物を取得させることが困難な事案は多く，調停や審判の実務においては現物分割に併用して代償分割（具体的相続分を超過する遺産を現物で取得する相続人に対し，他の共同相続人への超過分相当額の代償金支払債務を負担させる方法）を採用することが頻繁に行われている。この場合は代償金の額が適正に算定されることがまず必要となるが，そのようにして算定された代償金の支払債務を共同相続人に負担させるためには，当該相続人にその支払能力があることが必要とされている（最決平成12年9月7日家月54巻6号66頁）。そうすると，例えば，遺産として賃貸中の不動産があり，共同相続人の一部がその不動産を取得するのが相当と考えられるものの，当該相続人には代償金を速やかに支払う資力がないときは分割に困難を来すことになる。ただ，そのような場合であっても，代償金の支払に代えて，当該不動産につき将来発生する賃料債権のうち代償金額に満つるまでの期間相当分を他の共同相続人に譲渡するというような条項を定めることによって分割調停を成立させることは可能である。もっとも，当該不動産に抵当権が設定されているときは，賃料債権が譲渡され第三者対抗要件が備えられた後においても，抵当権者が賃料債権を差し押さえて物上代位権を行使することがあるから（最判平成10年1月30日民集52巻1号1頁参照），上記のような取扱いをする場合には注意する必要がある。

(3)　債権譲渡の対抗要件

　①　改正法の規定

> **（債権の譲渡の対抗要件）**
> 第467条　債権の譲渡（現に発生していない債権の譲渡を含む。）は，譲渡人が債務者に通知をし，又は債務者が承諾をしなければ，債務者その他の第三者に対抗することができない。
> 2　（略）

② 改正内容

　民法467条1項は，債権譲渡の権利行使要件及び第三者対抗要件について，債権法改正前民法467条1項の規律内容を維持した上で，将来債権譲渡の場合も，債権発生前の段階で債権者対抗要件及び第三者対抗要件を具備することができることを示したものである。

　この民法467条による対抗要件具備の規律は，遺贈により債権が譲渡される場合にも適用される。これに対し，遺産分割方法の指定（相続させる旨の遺言）や相続分の指定がされた場合のように，遺言による権利変動のうち相続を原因とするものについては，判例は，包括承継であることを理由に，登記等の対抗要件を備えなくても，その権利取得を第三者に対抗することができると解していた（最判平成14年6月10日家月55巻1号77頁）。しかし，このような考え方によると，相続債権者が法定相続分による権利の承継があったことを前提として，被相続人の有していた債権の差押え及びその取立てを行い，被相続人の債務者（第三債務者）がその取立てに応じて弁済をしたとしても，遺言に抵触する部分は無効となり得るため，遺言の有無及び内容を知る手段を有していない相続債権者や被相続人の債務者等の利害関係人に不測の損害を与えるおそれがある。

　そこで，相続法改正により新設された民法899条の2は，相続を原因とする権利の承継についても，これによって利益を受ける相続人（受益相続人）は，法定相続分を超える権利の取得を，登記等の対抗要件を備えなければ相続債権者ら第三者に対抗することができないこととした。この「相続による権利の承継」には，従前から対抗要件主義の適用があるとされている遺産分割によるもののほか，遺産分割の方法の指定や相続分の指定によるものも含まれる。そして，相続（特定財産承継遺言，相続分の指定，遺産分割）により法定相続分を超える債権の承継がされた場合には，民法467条に規定する方法による対抗要件具備のほか，その特則として，その債権を承継する相続人（受益相続人）の債務者に対する通知により対抗要件を具備することが認められることとなった（民法899条の2第2項）。これは民法467条に規定する方法による対抗要件しか認めないこととすると，受益相続人は，債務者が任意に承諾をしない場合には，共同相続人全員から通知がされない限り対抗要件を備えることができないことになり，対抗要件の具備が事実上困難になること

などを考慮したものである。もっとも，受益相続人の通知による対抗要件の具備を認めることとすると，虚偽の通知がされるおそれがあるため，相続法改正後の民法899条の2第2項は，通知の際に受益相続人において，遺言又は遺産分割の内容を明らかにすることを求めている。

　なお，これらの場合に，受益相続人が第三者対抗要件を具備するためには，債権譲渡の場合と同様に，確定日付のある証書によって通知することを要する（民法467条2項）。

　このように特定財産承継遺言がされた場合についても，取引の安全を図る観点から対抗要件主義が導入されたことに伴って，遺言執行者においても，遺言の内容を実現するために速やかに対抗要件を具備させる必要性が高まったといえる。この点を踏まえ，相続法の改正では，特定財産承継遺言がされた場合に，遺言執行者は，原則として受益相続人のために対抗要件を具備する権限を有することが明確化された（民法1014条2項）。

　③　家裁実務等への影響

　離婚に伴う財産分与として，例えば，保険契約自体はその契約名義人である夫婦の一方が保険料を引き続き支払って継続させるが，将来，保険契約を解約する場合に発生する解約返戻金は他方当事者がこれを取得する旨の合意をすることがある（かんぽ生命保険のように契約者等の金銭請求権に譲渡禁止特約が付されている場合があるので，注意が必要である）。

　このような合意は将来債権の譲渡に当たるから調停等においては，対抗要件の具備に留意して条項を作成する必要があり，例えば，契約名義人が債務者である保険会社に対して解約返戻金の譲渡を速やかに通知する等の条項を入れることが考えられる。

　また，遺産分割において，前記のように賃貸不動産を取得する相続人が代償金の支払に代えて他の相続人に対して将来発生する賃料債権の一部を譲渡するというような定めをする場合も，従前は，債務者対抗要件を具備するためには，同様に債権譲渡の通知（この場合は，賃借人に対し当該不動産を取得する相続人が賃貸人の地位を承継したことに併せ，特定期間の賃料は他の相続人に支払うよう通知することになるものと考えられる）に関する条項を入れることが必要であり，現に共同相続人全員による通知を要していたが，相続法改正後の民法899条の2第2項によって，当該賃料債権を承継した相続人が遺

産分割の内容を明らかにして債務者である賃借人に対しその承継の通知をするという方法によることも可能となった。この遺産分割の内容を明らかにするとの要件を満たすためには、遺産分割協議書の原本や公証人作成に係る正本又は謄本、裁判所書記官作成に係る調停調書や審判書の正本又は謄本のように、遺産分割の内容について債務者に疑義を生じさせない程度の客観性のある書面を示す必要がある。また、遺言による債権承継の場合は、受益相続人による債務者に対する通知の際に、遺言の内容を明らかにすることが求められるが、この要件を満たすためには、例えば、公正証書遺言であれば、公証人によって作成された遺言書の正本又は謄本、自筆証書遺言であれば、その原本のほか、家庭裁判所書記官が作成した検認調書の謄本に添付された遺言書の写しや、自筆証書遺言を保管する法務局の遺言書保管官が発行する遺言書情報証明書を債務者に示すことが考えられる。

（共同相続における権利の承継の対抗要件）

第899の2〔新設〕 相続による権利の承継は、遺産の分割によるものかどうかにかかわらず、次条及び第901条の規定により算定した相続分を超える部分については、登記、登録その他の対抗要件を備えなければ、第三者に対抗することができない。

2 前項の権利が債権である場合において、次条及び第901条の規定により算定した相続分を超えて当該債権を承継した共同相続人が当該債権に係る遺言の内容（遺産の分割により当該債権を承継した場合にあっては、当該債権に係る遺産の分割の内容）を明らかにして債務者にその承継の通知をしたときは、共同相続人の全員が債務者に通知をしたものとみなして、同項の規定を適用する。

2 債務引受

(1) 併存的債務引受の要件・効果

① 改正法の規定

（併存的債務引受の要件及び効果）
第470条〔新設〕 併存的債務引受の引受人は，債務者と連帯して，債務者が債権者に対して負担する債務と同一の内容の債務を負担する。
2 併存的債務引受は，債権者と引受人となる者との契約によってすることができる。
3 併存的債務引受は，債務者と引受人となる者との契約によってもすることができる。この場合において，併存的債務引受は，債権者が引受人となる者に対して承諾をした時に，その効力を生ずる。
4 前項の規定によってする併存的債務引受は，第三者のためにする契約に関する規定に従う。

② 改正内容

民法470条1項は，併存的債務引受の効果について，債務者と引受人の債務は連帯債務の関係になるとの判例法理（最判昭和41年12月20日民集20巻10号2139頁）を明文化したものである。2項は，併存的債務引受が債権者と引受人との間の契約によってもすることができる旨を述べたものであり，債務者の意思に反する併存的債務引受も認めるものである。3項及び4項は，併存的債務引受は引受人と債務者との間の契約ですることができること及びこの場合は第三者のためにする契約である旨を述べたものである。債権者の承諾は，受益の意思表示に相当するものであり，債務引受の効力発生要件である。

③ 家裁実務等への影響

離婚や財産分与の調停で夫婦の債務処理が問題になる場合及び遺産分割調停で被相続人の債務の処理が問題になる場合は，後記(2)③のとおり免責的債務引受が活用されることが多いように思われる。

もっとも，離婚に伴って併存的債務引受の成否が問題となることもある。例えば，妻の父が夫婦の住宅取得を援助するため1000万円を妻に交付し，そ

の後，妻が夫の給与から毎月5万円を支出して妻の父に支払っていたような場合に，妻の父が，夫に対し，上記1000万円は夫に対する貸付けであるとか，夫が妻の借入債務を併存的に引き受けたものであるなどと主張して，その残金を請求することがある。このような事案では，離婚調停等の当事者間で金銭交付の趣旨が争われることも多いが，夫が併存的に債務を引き受けたと認められるようなときには，調停等の進行や内容を検討して，利害関係人として妻の父を調停等の席上に参加させることも少なくない。なお，調停等で併存的債務引受の成否等に関する争いが決着しないときは，別途，民事訴訟において解決が図られることとなる。

(2) 免責的債務引受の要件・効果
① 改正法の規定

> （免責的債務引受の要件及び効果）
> 第472条〔新設〕 免責的債務引受の引受人は債務者が債権者に対して負担する債務と同一の内容の債務を負担し，債務者は自己の債務を免れる。
> 2 免責的債務引受は，債権者と引受人となる者との契約によってすることができる。この場合において，免責的債務引受は，債権者が債務者に対してその契約をした旨を通知した時に，その効力を生ずる。
> 3 免責的債務引受は，債務者と引受人となる者が契約をし，債権者が引受人となる者に対して承諾をすることによってもすることができる。
> （免責的債務引受における引受人の抗弁等）
> 第472条の2〔新設〕 引受人は，免責的債務引受により負担した自己の債務について，その効力が生じた時に債務者が主張することができた抗弁をもって債権者に対抗することができる。
> 2 債務者が債権者に対して取消権又は解除権を有するときは，引受人は，免責的債務引受がなければこれらの権利の行使によって債務者がその債務を免れることができた限度において，債権者に対して債務の履行を拒むことができる。
> （免責的債務引受における引受人の求償権）
> 第472条の3〔新設〕 免責的債務引受の引受人は，債務者に対して求償権を取

得しない。
(免責的債務引受における担保の移転)
第472条の4〔新設〕　債権者は，第472条第1項の規定により債務者が免れる債務の担保として設定された担保権を引受人が負担する債務に移すことができる。ただし，引受人以外の者がこれを設定した場合には，その承諾を得なければならない。
2　前項の規定による担保権の移転は，あらかじめ又は同時に引受人に対してする意思表示によってしなければならない。
3　前二項の規定は，第472条第1項の規定により債務者が免れる債務の保証をした者があるときについて準用する。
4　前項の場合において，同項において準用する第1項の承諾は，書面でしなければ，その効力を生じない。
5　(略)

② 改正内容

　民法472条1項は，免責的債務引受の要件，効果を明らかにするものである。2項は免責的債務引受が引受人と債権者との契約によってすることもできる旨定めるものであるが，債務者が関与しないところで債権関係から離脱することになるのは不当であるから，債権者が債務者に対し契約の成立を通知することが効力発生要件とされた。3項は，免責的債務引受が債務者と引受人との契約によってすることもできる旨定めるものであるが，この場合は，債権者が自己の関与しないところで予期せぬ不利益を被ることを防ぐため，債権者の引受人に対する承諾が，債務引受の効力発生の要件とされた。

　民法472条の2は，引受人が，効力発生時に債務者が主張することができる抗弁を主張できるとの一般的な理解を明文化したものである。

　民法472条の3は，免責的債務引受の引受人は，他人の債務を自己の債務として引き受けた上，それを履行するものであるから，引受人は，債務者に対して求償できない旨を定めたものである。

　民法472条の4第1項本文は，免責的債務引受の場合，債務者が負担する債務の担保として設定されていた担保権を，引受人が負担する債務に移すことができる旨を定めたものであり，ただし書は，担保を供している者が引受

人以外の者（債務者もこれに該当する）である場合は，その者の承諾を得なければならない旨を定めたものである。同条2項は，担保の消滅に関する附従性との抵触を回避するために，担保権の移転は引受と同時又はそれより前にしなければならない旨を定めたものである。3項及び4項は，債務者の債務に付された保証債務を引受人の債務を担保するものとして移すためには，保証人の承諾を要するとするとともに，その承諾は書面をもってされなければならないものとして，保証契約の要式行為性（債権法改正前民法446条2項）と平仄を合わせたものである。

③　家裁実務等への影響

　ア　財産分与

　　(ｱ)　家裁の実務では，夫婦に共有財産（積極財産）がなく，債務だけがある場合，清算的財産分与として，夫婦の一方から他方（当該債務の名義人）への金銭給付を命じることはしていない。また，積極財産と債務の双方が存在する場合であっても，判決や審判では分与対象財産の総額を算定するに際して，夫婦が共同生活を送るためにその一方の名義で負担した債務の金額を控除することもあるが，その債務自体を夫婦の一方に引き受けさせたり，債務の負担割合を定めたりすることはしていない。例えば，離婚に伴って住宅ローンが残存する不動産の処理が問題になることはよくあるが，その場合に住宅ローンの名義人でない者が当該不動産の取得を希望しても，債権者である金融機関の承諾を条件としてその者にローン債務を引き受けさせた上，不動産も取得させるという分与方法を採用することは，ローン債務の名義人の地位を不安定にすることになるから，相当でないと考えられる。

　　(ｲ)　以上に対して，和解や調停では，夫婦の一方が名義人となっている債務を他方が引き受ける旨の合意をすることもある。そして，前記の住宅ローンが残存している事例では，不動産を取得する者が金融機関との間でいわゆる住宅ローンの借換え契約を締結するという方法で処理されることが一般的であるが，既存の住宅ローン契約について，ローン債務者を不動産取得者に交替する旨の合意をする場合もないわけではない。このような債務者の交替は，債務者と引受人との間の契約による免責的債務引受（民法472条3項）に当たるから，住宅ローンの債権者である金融機関が承諾するまで債務引受の効力は発生せず，また，その承諾の効力は引受人と債務者との合意時

に遡らない。したがって，そのような内容の調停等を成立させる前にあらかじめ金融機関と交渉し，その承諾を得ておくことが望ましい。もっとも，離婚成立前には金融機関が債務引受を承諾するか否かについて決定できない場合もあるから，ローン債務者の交替手続について相互に協力する旨定めるにとどめる場合もみられる。なお，住宅ローン債務を担保するため，そのローンに係る不動産に抵当権が設定されていることも多いが，この抵当権を「引受人以外の者」であるローン債務者が設定した場合には，債務者が抵当権移転について承諾する旨の条項も盛り込む必要がある（民法472条の4第1項，2項）。このような債務者の交替について金融機関の承諾が得られる見込みが低い場合は，当事者内部の合意として，不動産の取得者に住宅ローンを実質的に負担させる趣旨で，履行の引受や求償に関する定めを設けることが考えられる。また，夫婦が住宅ローンの連帯債務者となっているとき，その一方のみが不動産を取得するとともに単独でローン債務を負担する旨定める場合も，基本的には同様に考えられるが，和解や調停では，内部的な合意として債務の負担を定めた上で，不動産を取得する当事者が金融機関との間で他方当事者を連帯債務者から外すために交渉するというような条項を入れる例もある。

　イ　遺言による相続分の指定がある場合の債務の承継

　金銭債務その他の可分債務は相続開始と同時に当然に分割され，各共同相続人がその相続分に応じて承継するというのが判例理論である（最判昭和29年4月8日民集8巻4号819頁，最判昭和34年6月19日民集13巻6号757頁）。

　もっとも，被相続人が相続分の指定をして，法定相続分と異なる各共同相続人の承継割合を定めることも少なくない。そこで，このように相続分の指定がされた場合について，相続法の改正により新設された民法902条の2本文では，相続債権者は，各共同相続人に対し，法定相続分に応じてその権利を行使することができることが明確化された。これは，債権者との関係では，遺言者に自らが負担した債務の承継の在り方を決める権限を認めることは相当でないことを根拠とするものであり，基本的には判例の考え方を明文化するものである（最判平成21年3月24日民集63巻3号427頁参照）。これに対し，相続人間の内部的な債務の負担割合については，これを積極財産の承継割合に合わせることに一定の合理性が認められるため，遺言者にその限度で債務

の負担割合を決める権限が認められているが（民法899条，902条），この点は，上記改正法の施行後も変わらない。したがって，法定相続分を下回る相続分を指定された相続人が相続法改正後の民法902条の2の規定によって，相続債権者に対し法定相続分に応じた債務の支払をした場合には，法定相続分を上回る相続分を指定された相続人に対し求償権を行使することができる。

他方で，相続債権者に法定相続分に応じた権利行使しか認めないこととすると，例えば，被相続人が遺言により積極財産の全部又はその大部分を特定の相続人に相続させることとしたような場合に，責任財産が不足し相続債権者が不利益を受けることがあり得る。そこで，相続法改正後の民法902条の2ただし書は，相続債権者が指定相続分に応じた債務の承継を承認した場合には，法定相続分に応じた権利行使はすることができないとして，指定相続分に応じた権利行使を認めることとした。

（遺言による相続分の指定）
第902条　被相続人は，前二条の規定にかかわらず，遺言で，共同相続人の相続分を定め，又はこれを定めることを第三者に委託することができる。（ただし書削除）

3 エクササイズ

夫Aは，妻Bに対して離婚を求めて調停の申立てをした。

Bは離婚には同意をしたものの，離婚に伴う財産分与としてA名義の自宅の取得を希望している。

この自宅は，婚姻後に夫婦がC銀行でAを債務者とする住宅ローンを組んで3000万円で購入したもので，不動産業者は2000万円の価値があると査定しているが，1000万円の住宅ローンが残っている。また，自宅には，債権者をD信用保証株式会社，債務者をAとする保証契約に基づく求償債権を被担保債権とする抵当権が設定されている。

Aは，今後，Bが残ローンを一人で支払っていくのであれば，Bに自宅を

譲ってもよいと考えている。
(1) この夫婦の離婚に伴う財産の処理に関して，どのような解決方法が考えられるか。
(2) 複数の解決方法が考えられる場合，それぞれの方法の利点や短所，当事者の得失にはどのようなものがあるか。前記2(2)③アを参照しながら考えられたい。

論点6　多数当事者の債権・債務関係

多数当事者の債権・債務関係（とりわけ，連帯債務）に関する規定改正が，親族・相続法上の制度・理論にどのような影響を及ぼすか。

1 多数当事者の債権・債務関係

本稿では，多数当事者の債権・債務関係のうち，不可分債権・債務及び連帯債権・債務について取り上げる。

今回の債権法改正では，不可分債権・債務及び連帯債権・債務の成立要件とともに，複数の債権者（債務者）のうちの一人と債務者（債権者）との間に生じた事由（個別事由）の効力が他の債権者（債務者）に及ぶ場合（絶対的効力事由）が整理された（別表参照）。加えて，連帯債務者間の求償に関する規律も見直された。

2 不可分債権・債務及び連帯債権・債務の成立要件

(1)　改正法の規定

（不可分債権）

第428条　次款（連帯債権）の規定（第433条及び第435条の規定を除く。）は，債権の目的がその性質上不可分である場合において，数人の債権者があるときについて準用する。

（不可分債務）

第430条　第4款（連帯債務）の規定（第440条の規定を除く。）は，債務の目的がその性質上不可分である場合において，数人の債務者があるときについて準用する。

2　不可分債権・債務及び連帯債権・債務の成立要件　97

> （連帯債権者による履行の請求等）
> 第432条〔新設〕　債権の目的がその性質上可分である場合において，法令の規定又は当事者の意思表示によって数人が連帯して債権を有するときは，各債権者は，全ての債権者のために全部又は一部の履行を請求することができ，債務者は，全ての債権者のために各債権者に対して履行をすることができる。
> （連帯債務者に対する履行の請求）
> 第436条　<u>債務の目的がその性質上可分である場合において，法令の規定又は当事者の意思表示によって数人が連帯して債務</u>を負担するときは，債権者は，その連帯債務者の一人に対し，又は同時に若しくは順次に<u>全て</u>の連帯債務者に対し，全部又は一部の履行を請求することができる。

(2)　改正内容

債権法改正後の民法は，不可分債権・債務の目的を性質上不可分である場合に，連帯債権・債務の目的を性質上可分である場合に，それぞれ限定するものである。

そして，連帯債権・債務が法令の規定又は当事者の意思表示によって成立することを明記した。

これにより，債権・債務の目的が性質上可分であっても，当事者の意思表示により不可分債権・債務とするこれまでの解釈を認めないことが明確にされた。

したがって，後記(3)①を除き，可分債権の典型例とされる金銭債権・債務が，当事者の意思表示によって不可分債権・債務と理解されることはなくなるとされている。

(3)　家裁実務等への影響

① 　金銭債権・債務と相続等
　ア　判例法理における原則

債権・債務は，一身専属的なものでない限り，被相続人の財産に属した一切の権利義務（民法896条）として，相続の対象となる。

そのうち金銭その他の可分債権・債務は，相続開始と同時に当然分割され，各相続人に法定相続分に応じて帰属するのが原則とされてきた（不法行為に

基づく損害賠償請求権について最判昭和29年4月8日民集8巻4号819頁，預貯金債権について最判平成16年4月20日集民214号13頁〔ただし，後記イの平成28年大法廷決定により変更〕，金銭かつ連帯債務について最判昭和34年6月19日民集13巻6号757頁）。

　これは，可分債権・債務について相続が開始した場合には，民法427条に準じ，当該可分債権・債務は，法定相続分の割合に応じて各相続人に帰属するとの考え方である。

　　イ　金銭債権についての例外
　上記判例法理からは，可分債権の典型例である金銭債権は，相続開始と同時に当然分割され，遺産分割の対象とならないものとするのが論理的帰結である。そうすると，例えば，被相続人死亡時の財産がすべて金銭債権であった場合には，遺産分割の対象となるべき相続財産はないこととなるため，共同相続人のうちの1人が多額の特別受益を得ていても，これを考慮した遺産分割を行うことができず，共同相続人間に不公平が生じることとなる。

　かかる不公平を回避するため，家裁実務においては，共同相続人全員の同意がある場合には，金銭債権を遺産分割の対象とする運用上の工夫がなされてきた。判例上は，定額郵便貯金債権（最判平成22年10月8日民集64巻7号1719頁）や個人向け国債（最判平成26年2月25日民集68巻2号173頁）については，金銭債権であるが相続開始と同時に当然に分割されることはないと判断された。これに加え，最大決平成28年12月19日（民集70巻8号2121頁）により，前記アの平成16年判決が変更され，共同相続された普通預金債権，通常貯金債権及び定期貯金債権は，いずれも，相続開始と同時に当然に相続分に応じて分割されることはなく，遺産分割の対象となると判断され，最判平成29年4月6日（集民255号129頁）により，共同相続された定期預金債権及び定期積金債権についても同様に当然に分割されることはないと判断された。

　以上の判例は，問題となった各債権の発生原因である契約の内容や性質に照らし，これらの債権は，相続によって当然分割されないとするものである。したがって，遺産分割までの間，共同相続人によるこれら債権の個別行使は許されない。

　債権法改正後もこれらの判例法理が維持され，金融機関の預貯金債権は遺産分割の対象となり，共同相続人による個別行使は許されないこととなるが，

他方で，共同相続人において被相続人が負っていた債務を弁済する必要がある，あるいは，被相続人から扶養を受けていた共同相続人の当面の生活費を支出する必要があるなどの事情により，被相続人が有していた預貯金を遺産分割前に払い戻す必要があるにもかかわらず，共同相続人全員の同意を得ることができない場合に不都合が生ずる。このような不都合を回避する方法として，相続法制に関する「民法及び家事事件手続法の一部を改正する法律」（平成30年法律第72号。以下「改正相続法」という。）が施行される2019年7月1日までは，遺産分割審判事件を本案とする保全処分として相続財産中の特定の預貯金債権を当該共同相続人に仮に取得させる仮処分（仮分割の仮処分。家事法200条2項）等を活用することが考えられる。そして、改正相続法施行以降は、同法によって新設された家庭裁判所の判断を経ない遺産分割前の預貯金の払戻制度（相続法改正後の民法909条の2）や、同法によって要件が緩和された相続財産中の預貯金債権についての仮分割の仮処分（相続法改正後の家事法200条3項）等を活用することが考えられる。

　なお，前記大法廷決定の射程は，基本的には金融機関の預貯金債権以外の金銭債権には及ばないものと考えられる。

（遺産の分割前における預貯金債権の行使）
第909条2〔新設〕　各共同相続人は，遺産に属する預貯金債権のうち相続開始の時の債権額の3分の1に第900条及び第901条の規定により算定した当該共同相続人の相続分を乗じた額（標準的な当面の必要生計費，平均的な葬式の費用の額その他の事情を勘案して預貯金債権の債務者ごとに法務省令で定める額を限度とする。）については，単独でその権利を行使することができる。この場合において，当該権利の行使をした預貯金債権については，当該共同相続人が遺産の一部の分割によりこれを取得したものとみなす。

（遺産の分割の審判事件を本案とする保全処分）
家事法第200条　家庭裁判所（第105条第2項の場合にあっては，高等裁判所。次項及び第3項において同じ。）は，遺産の分割の審判又は調停の申立てがあった場合において，財産の管理のため必要があるときは，申立てにより又

> は職権で，担保を立てさせないで，遺産の分割の申立てについての審判が効力を生ずるまでの間，財産の管理者を選任し，又は事件の関係人に対し，財産の管理に関する事項を指示することができる。
> 2 （略）
> 3 前項に規定するもののほか，家庭裁判所は，遺産の分割の審判又は調停の申立てがあった場合において，相続財産に属する債務の弁済，相続人の生活費の支弁その他の事情により遺産に属する預貯金債権（民法第466条の5第1項に規定する預貯金債権をいう。以下この項において同じ。）を当該申立てをした者又は相手方が行使する必要があると認めるときは，その申立てにより，遺産に属する特定の預貯金債権の全部又は一部をその者に仮に取得させることができる。ただし，他の共同相続人の利益を害するときは，この限りでない。
> 4 （略）

ウ 金銭債務についての例外

　金銭債務が共同相続された場合，当該金銭債務は共同帰属状態となり，各共同相続人は，法定相続分の割合に応じて債務を負担することとなるのが原則である。

　もっとも，賃借人が死亡し，複数の相続人が不動産を共同相続して共有になったときの共有物管理費支払債務や，賃借権を共同相続したときの賃料支払債務は，性質上の不可分債務とするのが判例である（前者について大判昭和7年6月8日裁判例6巻179頁，後者について大判大正11年11月24日民集1巻670頁）。これは，上記各債務は，金銭債務ではあるものの，共有物や賃借物件の使用収益といった性質上不可分な債務の対価であると理解されてきたことによる。

　このようにある債務が可分であるか否かについて，当該債務に基づく給付の性質だけでなく，当該債務の対価となる給付の性質も考慮すべきか否かについては，債権法改正後の民法430条所定の「債務の目的がその性質上不可分である場合」の解釈に委ねられている。

　② 連帯債務

　連帯債務は，家裁実務で検討が必要となることが多い。「法令の規定」に

より成立する例としては，夫婦の日常の家事に関する債務の連帯責任（民法761条）のほか，配偶者及びその不貞相手に対する慰謝料請求権（民法719条）や併存的債務引受（民法470条）等がある。また，「当事者の意思表示」により成立する例としては，夫婦が連帯して借り入れた住宅ローン債務が考えられる。これらについては，例えば，夫婦の一方のみが債務者なのか，夫婦が連帯債務者なのかといったことが成立場面で問題となることがある。加えて，連帯債務者の一人が弁済した場合や免除を受けた場合に，他の連帯債務者に与える効力や求償の可否が問題となる。

以下では，連帯債務を中心に，その効力や求償について述べる。

3 連帯債務における個別事由の効力と求償関係

(1) 相対的効力の原則とその例外としての絶対的効力事由の定め

① 改正法の規定

（連帯債務者の一人に対する履行の請求）
旧第434条：削除
（連帯債務者の一人に対する免除）
旧第437条：削除
（連帯債務者の一人についての時効の完成）
旧第439条：削除
（連帯債務者の一人との間の更改）
第438条　連帯債務者の一人と債権者との間に更改があったときは，債権は，全ての連帯債務者の利益のために消滅する。
（連帯債務者の一人による相殺等）
第439条　連帯債務者の一人が債権者に対して債権を有する場合において，その連帯債務者が相殺を援用したときは，債権は，全ての連帯債務者の利益のために消滅する。
2　前項の債権を有する連帯債務者が相殺を援用しない間は，その連帯債務者の負担部分の限度において，他の連帯債務者は，債権者に対して債務の履行を拒むことができる。

(相対的効力の原則)
第441条　第438条，第439条第１項及び前条に規定する場合を除き，連帯債務者の一人について生じた事由は，他の連帯債務者に対してその効力を生じない。ただし，債権者及び他の連帯債務者の一人が別段の意思を表示したときは，当該他の連帯債務者に対する効力は，その意思に従う。
(連帯債務者の一人との間の免除等と求償権)
第445条　連帯債務者の一人に対して債務の免除がされ，又は連帯債務者の一人のために時効が完成した場合においても，他の連帯債務者は，その一人の連帯債務者に対し，第442条第１項の求償権を行使することができる。

② 改正内容
　ア　相対的効力の原則の拡充
　債権法改正後の民法は，連帯債務につき，複数の債務者のうちの一人と債権者との間に生じた個別事由は，他の債務者に対してその効力を生じないものとする「相対的効力の原則」を拡充するため，改正後の民法下で絶対的効力が認められる事由から，(ア)履行の請求，(イ)免除及び時効の完成を除外し，これらは相対的効力の原則に従うこととした。
　上記(ア)の履行の請求が除外されたのは，連帯債務者間に密接な関係がない場合もあるのに連帯債務一般について請求の絶対的効力を認めると，請求を受けていない連帯債務者が知らない間に履行遅滞に陥ったり，消滅時効期間が更新されたりするなどの不利益が大きい点で問題があると考えられたことによる。
　上記(イ)の免除及び時効の完成が除外されたのは，連帯債務における人的担保機能（一人の債務者の無資力の危険を複数の債務者に分散すること）を強化するためであり，連帯債務者の一人に免除及び時効の完成があった場合にも，その連帯債務者に対して他の連帯債務者が求償することができるものとされた。この場合，求償に応じた連帯債務者は，債権者に償還請求することができる事態は生じない。これは，債権者が免除した又は時効が完成した債務について，連帯債務者の損失によって，債権者が利得したという関係にはないからである。

イ　絶対的効力事由が認められる場合

上記アにより，絶対的効力が認められるのは，弁済や代物弁済，供託のほか，これらと同様の効果が認められる更改，相殺，混同に限定されることとなった。

更改及び混同については，条数や字句の改正のみで実質的な改正はなく，債権法改正前民法の規律（更改について民法438条，混同について民法440条）が維持されている。

相殺については，民法439条1項が絶対的効力を定めて債権法改正前民法の規律を維持した上で，同条2項において，他の連帯債務者が反対債権を有している場合，この者の負担部分の限度で，連帯債務の履行を拒絶することができるものとすることを明確化した（履行拒絶権構成）。これは，債権法改正前民法436条2項について，反対債権を有している他の連帯債務者の負担部分の限度で債務が消滅するとの判例（大判昭和12年12月11日民集16巻24号1945頁）を否定し，今日ほぼ異論のない学説の考え方を明文化したものである。

ウ　当事者の合意による相対的効力の原則の変更

もっとも，債権法改正後の民法においても，相対的効力の原則は，当事者の合意により変更することができるものとされた。

そして，合意の当事者となるべき者は，複数の債務者のうちの一人と債権者との間に生じた事由が効力を有するかどうかによって有利にも不利にもなる他の債務者と債権者とされた。例えば，債権者G，連帯債務者A，B，Cがいる場合に，GとBとの間で，「GのAに対する履行の請求は，GがBに対しても履行の請求をしたものとする」旨の合意をした場合，債権法改正後の民法上，履行の請求は相対的効力であるから，その効力はCには及ばないが，合意の当事者であるBには及ぶこととなる。

したがって，例えば，債権管理目的から債権法改正前民法下と同様に絶対的効力を確保したい場合には，その当事者と上記のような合意をすることになると思われる。

(2) 求償関係
① 改正法の規定

(連帯債務者間の求償権)
第442条　連帯債務者の一人が弁済をし、その他自己の財産をもって共同の免責を得たときは、その連帯債務者は、その免責を得た額が自己の負担部分を超えるかどうかにかかわらず、他の連帯債務者に対し、その免責を得るために支出した財産の額（その財産の額が共同の免責を得た額を超える場合にあっては、その免責を得た額）のうち各自の負担部分に応じた額の求償権を有する。
2　（略）

(通知を怠った連帯債務者の求償の制限)
第443条　他の連帯債務者があることを知りながら、連帯債務者の一人が共同の免責を得ることを他の連帯債務者に通知しないで弁済をし、その他自己の財産をもって共同の免責を得た場合において、他の連帯債務者は、債権者に対抗することができる事由を有していたときは、その負担部分について、その事由をもってその免責を得た連帯債務者に対抗することができる。この場合において、相殺をもってその免責を得た連帯債務者に対抗したときは、その連帯債務者は、債権者に対し、相殺によって消滅すべきであった債務の履行を請求することができる。
2　弁済をし、その他自己の財産をもって共同の免責を得た連帯債務者が、他の連帯債務者があることを知りながらその免責を得たことを他の連帯債務者に通知することを怠ったため、他の連帯債務者が善意で弁済その他自己の財産をもって免責を得るための行為をしたときは、当該他の連帯債務者は、その免責を得るための行為を有効であったものとみなすことができる。

(償還をする資力のない者の負担部分の分担)
第444条　連帯債務者の中に償還をする資力のない者があるときは、その償還をすることができない部分は、求償者及び他の資力のある者の間で、各自の負担部分に応じて分割して負担する。
2　前項に規定する場合において、求償者及び他の資力のある者がいずれも負担部分を有しない者であるときは、その償還をすることができない部分は、

> 求償者及び他の資力のある者の間で，等しい割合で分割して負担する。
> 3　前二項の規定にかかわらず，償還を受けることができないことについて求償者に過失があるときは，他の連帯債務者に対して分担を請求することができない。
>
> （連帯の免除と弁済をする資力のない者の負担部分の分担）
> 旧第445条：削除

②　改正内容
　ア　連帯債務者間の求償権
　債権法改正前民法442条1項の文言からは，他の連帯債務者に対する求償権の発生のために自己の負担部分を超える支出をする必要があるかどうかが明確でない。そこで，民法は，真正連帯債務者間の求償に関する判例法理（大判大正6年5月3日民録23輯863頁）を明文化し，連帯債務者間の求償権の発生のために自己の負担部分を超える支出を要しないものとした。
　イ　連帯債務者の通知義務
　民法443条1項は，事前の通知を怠った連帯債務者の求償を制限する債権法改正前民法443条1項の規律を基本的には維持した上で，通知義務発生の要件として，他の連帯債務者があることを知っていることを追加するものである。これは，他の連帯債務者があることを知らないにもかかわらず，通知をしなければ求償の範囲が制限されるのは相当ではないことによる。
　また，あらかじめ通知すべき内容は，債権法改正前民法443条1項のように履行請求を受けたことではなく，弁済等により免責を得たこととするのが妥当であることから，この点も規律を改めている。
　民法443条2項は，事後の通知を怠った連帯債務者の求償を制限する債権法改正前民法443条2項の規律を基本的には維持した上で，通知義務発生の要件として，他の連帯債務者があることを知っていることを追加するものであり，その趣旨は，同条1項と同様である。
　弁済後に通知をしなかった連帯債務者が他の連帯債務者の存在を知らなかった場合には，たとえ他の連帯債務者が善意で弁済をしたとしても，前者の弁済が有効になる。
　なお，債権法改正前の民法下において，事後通知を受けなかった連帯債務

者が自己の弁済等を有効とみなすことができるためには，この者もまた事前の通知をしたものでなければならないとの判例（最判昭和57年12月17日民集36巻12号2399頁）があり，改正後もこの法理が維持されるものと思われる。

　　ウ　負担部分を有する連帯債務者が無資力者である場合の求償関係

　民法444条1項及び3項は，債権法改正前民法444条の規律を維持したものである。その上で，民法444条2項は，負担部分を有する全ての連帯債務者が無資力である場合において，負担部分を有しない複数の連帯債務者のうちの一人が弁済等をしたときは，求償者と他の有資力者との間で平等に負担をすべきであるとする判例法理（大判大正3年10月13日民録20輯751頁）を明文化するものである。

　　エ　連帯の免除をした場合の債権者の負担

　債権法改正前民法445条は，連帯債務者の一人が連帯の免除を得た場合に，他の連帯債務者の中に無資力である者がいるときは，その無資力の者が弁済をすることのできない部分のうち連帯の免除を得た者が負担すべき部分は，債権者が負担すると規定するが，今回の債権法改正は同条を削除した。

　これは，連帯の免除をした債権者の通常の意思は，債権者と連帯を免除された債務者との関係において，その債務者の負担部分に債務を減縮するというものであって，連帯を免除された債務者が他の連帯債務者に対する関係で負担すべき分担額まで引き受けるものではないとの一般的理解によるものである。

　その結果，求償を受ける連帯債務者の中に弁済をする資力のない者が含まれていたときには，無資力者がいる場合の求償の規律である民法444条に従って処理されることになる。

(3)　**不真正連帯債務における個別事由の効力と求償関係**

　債権法改正後の民法は，上記(1)のとおり，真正連帯債務における絶対的効力事由を極めて限定した。これにより，債権法改正後の真正連帯債務と，改正前民法下において絶対的効力事由を限定して解釈されてきた不真正連帯債務とは，個別事由の効力という観点では類似することになった。

　もっとも，求償要件について，債権法改正後の民法は，上記(2)のとおり，真正連帯債務者間で求償権が発生するためには自己の負担部分を超える支出

を必要としないものとした（民法442条1項）が，同条項が，不真正連帯債務における求償権の発生のためには自己の負担部分を超えて支出することを必要とした判例法理（最判昭和63年7月1日民集42巻6号451頁参照）を変更する趣旨のものかどうか明らかではない。そのため，改正後は，不真正連帯債務概念を無用のものとして求償要件については民法442条1項に従う（少なくとも準用又は類推適用）とするのか，不真正連帯債務概念を残すものとして上記判例法理を維持するのか，解釈に委ねられている。

(4) 家裁実務等への影響
① 履行の請求

連帯債務における履行の請求が相対的効力とされたことから，連帯債務を履行遅滞に陥らせたり，連帯債権の消滅時効期間を更新させたりするためには，債権者は，連帯債務者毎に履行を請求する必要がある。

これは，連帯債務に共同相続が生じた場合も同様であり，例えば，連帯債務者A及びBのうちBに相続が生じた場合，連帯債務者Aに履行の請求をしても，Bの相続人にはその効力は及ばないことから，債権者としては，Bの相続人の有無・所在等を調査し，相続人毎に履行を請求することが必要となる。

相続人の存否不明や未確定，相続人はあるがその所在が不明であるなどの場合，時効期間については，相続財産に関する時効完成猶予の規定（民法160条）の適用を受ける場合があろう。より積極的に履行の請求による時効の完成猶予及び更新の規定（民法147条）の適用を受けようとする場合や，連帯債務の不履行に基づく解除権行使の前提として連帯債務を遅滞に陥らせたい場合などには，履行の請求の相手方確保のため，不在者財産管理人（民法25条1項）や，相続財産管理人（民法918条2項，952条），特別代理人（民訴法35条）等の選任申立てが必要となる場合があるであろう。

以上のような時効管理などの債権管理上の問題を回避するため，改正法施行後，例えば，共同不法行為者らが被害者に対して連帯して賠償金を支払う旨の調停や和解を成立させる場合には，一人の共同不法行為者への履行の請求の効力が他の共同不法行為者に及ぶよう絶対的効力事由についても合意しておくことを考えるべきであろう。また，夫婦が連帯債務者となった住宅

ローンなどのように，債権者が金融機関の場合には，当該合意が定型的な契約書（あるいは約款）中に規定されると思われるので，離婚調停・訴訟において残債務の特定や履行遅滞の有無等の確認が必要となった場合には，この点の確認が必要となろう。

② 不真正連帯債務者の一人に対する免除

真正連帯債務の免除に絶対的効力を認めている債権法改正前民法下の判例は，不真正連帯債務の免除に絶対的効力を認めていなかった。すなわち，A及びその不貞相手であるBが，Aの配偶者であるCに対して負担する損害賠償債務は，いわゆる不真正連帯債務であることから，BとCとの間で訴訟上の和解が成立し，BからCに対して請求額の一部につき和解金が支払われるとともに，和解調書中に「Cはその余の請求を放棄する」旨の条項が設けられ，CがBに対し残債務を免除したと解し得るときでも，Aに対して当然に免除の効力が及ぶものではないとした（最判平成6年11月24日集民173号431頁）。

ただし，Cが訴訟上の和解に際し，Aの残債務をも免除する意思を有していると認められるときは，Aに対しても残債務の免除の効力が及ぶ（最判平成10年9月10日民集52巻6号1494頁）。この判例は，上記平成6年判例を変更して不真正連帯債務の免除に絶対的効力を認めたものではなく，CがAの残債務をも免除する意思を有しているときは，Aへの意思表示の到達やAによる追認の有無を問わず，Aに対して免除の効力が及ぶとするものであるとして，意思表示としての免除一般の効果（民法519条）として説明される。

したがって，債権法改正によって，真正連帯債務の免除に絶対的効力が認められなくなったことについては，不真正連帯債務に関する上記各判例法理に影響せず，下記に述べるこれまでの家裁実務等への影響もないものと考えられる。

すなわち，これまでも指摘されてきたところであるが，和解の効力は，原則として当事者間にのみ生じるものであり，それ以外の者に免除の効力が及ぶことが肯定されるのは，その意思を明確に認定することができる例外的な場合に限られる。そうすると，裁判上の和解において不真正連帯債務の免除条項を入れる場合に，和解に至る過程から，その免除が他の不真正連帯債務者の債務も免除する意思であることが明確である場合には，その旨を明記し

ておくことが望まれる。

とはいえ実務上、和解調書に他の不真正連帯債務者を免除する意思が明確にされているという例はほとんど見当たらない。そのため、和解調書にその旨の記載がないからといって、直ちに免除者が他の共同不法行為者に免除の効力を及ぼさせる意思がないと即断することができないことに変わりはないものと思われる。

したがって、債権法改正後の実務でも、和解後の訴訟（債権者から他の連帯債務者への履行請求や、連帯債務者間の求償請求が考えられる）において、先行した和解における免除の効力が争点となる場合には、和解調書の記載の内容にとどまらず、和解に至った経緯等についても審理する必要があることは、これまでと同様であろう。

③　求　償

上記(3)で述べたとおり、真正連帯債務者間の求償に関する規律を定めた債権法改正後の民法の諸規定は、基本的には、不真正連帯債務者間の求償にも適用されると理解されているものの、求償要件については、判例法理（最判昭和63年7月1日民集42巻6号451頁参照）が維持されるのか、これが変更されると民法442条1項に従う（少なくとも準用又は類推適用）のか、なお解釈の余地がある。

したがって、例えば、Cから、その配偶者であるAの不貞相手Bに対する慰謝料請求において300万円の支払を命じる判決が確定し、これに応じてBが100万円だけ一部弁済した場合、便宜的に負担割合を各2分の1とすると、判例法理が維持されるとすれば、弁済額が150万円を超えるまでは求償できないこととなるが、民法442条1項に従うことになると、Bは、Aに対し、負担割合により50万円を求償できることとなる。

債権法改正前の民法下の家裁実務等では、不真正連帯債務の求償請求は必ずしも多くはなかったが、今後、求償要件に関する解釈が定まるまでは、この点に留意する必要があろう。

4 不可分債権における個別事由の効力

(1) 改正法の規定

（不可分債権者の一人との間の更改又は免除）
第429条　不可分債権者の一人と債務者との間に更改又は免除があった場合においても，他の不可分債権者は，債務の全部の履行を請求することができる。この場合においては，その一人の不可分債権者がその権利を失わなければ分与されるべき利益を債務者に償還しなければならない。

(2) 改正内容

　債権法改正後の民法は，不可分債権における絶対的効力事由について，前述した更改，免除，混同を除き，連帯債権と同様とするものである（不可分債権者の一人について生じた更改又は免除を相対的効力と定めた債権法改正前民法429条1項の規律が維持されている）。

　なお，複数債権者間の内部関係についての規律は置かれなかった。弁済を受領した債権者は，他の債権者に対し，内部関係に応じて給付を分配すべきであり，その分配割合は，特別の事情がなければ平等と推定されるという債権法改正前の民法下での解釈が維持されるものと思われる。

(3) 家裁実務等への影響

　改正内容は限定的であり，家裁実務等への影響はほとんどないものと思われる。

5 不可分債務における個別事由の効力と求償関係

(1) 改正法の規定

（不可分債務）
第430条　第4款（連帯債務）の規定（第440条の規定を除く。）は，債務の目的がその性質上不可分である場合において，数人の債務者があるときについ

て準用する。

(2) 改正内容

不可分債務については，債権法改正前の民法下では解釈上，弁済や代物弁済，供託について絶対的効力が認められていたが，債権法改正後の民法は，これらに加えて相殺及び更改について連帯債務と同様の処理をするものとした。その結果，不可分債務と連帯債務とは，絶対的効力において違いがあるのは混同のみとなった。

この違いは，不可分債務は，債務を分割して履行することができないため，債務者が履行すべき全債務の内容と，履行後に他の債務者に求償すべき内容とが異なるため，混同に絶対的効力を認めて求償を回避するという実益がないからである。

なお，不可分債務と連帯債務は，対外的効力についても同様であることから，両者の効力は類似することとなった。

(3) 家裁実務等への影響

債権法改正前の民法下に比べて絶対的効力事由が拡大したものの，その内容は，改正前民法下でも絶対的効力が認められていた弁済やこれと同様の効果を持つものに限られる。また，今回の債権法改正により，不可分債権・債務は，その目的が性質上不可分な場合にしか成立しないものとされたことから，改正規定が家裁実務等に及ぼす影響はそれほどないように思われる。

6 連帯債権における個別事由の効力

(1) 改正法の規定

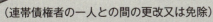

（連帯債権者の一人との間の更改又は免除）
第433条〔新設〕　連帯債権者の一人と債務者との間に更改又は免除があったときは，その連帯債権者がその権利を失わなければ分与されるべき利益に係る部分については，他の連帯債権者は，履行を請求することができない。

> （連帯債権者の一人との間の相殺）
> 第434条〔新設〕 債務者が連帯債権者の一人に対して債権を有する場合において，その債務者が相殺を援用したときは，その相殺は，他の連帯債権者に対しても，その効力を生ずる。
> （連帯債権者の一人との間の混同）
> 第435条〔新設〕 連帯債権者の一人と債務者との間に混同があったときは，債務者は，弁済をしたものとみなす。
> （相対的効力の原則）
> 第435条の2〔新設〕 第432条から前条までに規定する場合を除き，連帯債権者の一人の行為又は一人について生じた事由は，他の連帯債権者に対してその効力を生じない。ただし，他の連帯債権者の一人及び債務者が別段の意思を表示したときは，当該他の連帯債権者に対する効力は，その意思に従う。

(2) 改正内容

① 連帯債権についての規律の新設

連帯債権は，連帯債務の裏返しとして理論上は考えられるが，実例はほとんどないことから，債権法改正前民法には，規定は置かれていなかった。

しかし，裁判例や学説に連帯債権を認めるものがあったほか，金融実務等において有用な概念であるとの指摘があったことから，今回の債権法改正により，規定が整備され，連帯債務と同様の対外的効力が定められるとともに，請求，弁済，相殺，更改，免除，混同について絶対的効力が認められた。

② 相殺の絶対的効力

連帯債権者A，Bの債務者Cに対する連帯債権について，CがAに対する反対債権をもって相殺した場合，相殺の絶対的効力として，BのCに対する連帯債権も消滅することとなる。あとは，AとBとの間の利益分与請求の問題として処理されることとなる。

なお，明文にはないが，AがCに対する連帯債権を自働債権として，CのAに対する反対債権を相殺した場合も，BのCに対する連帯債権は消滅する。

③ 更改，免除，混同の絶対的効力

更改，免除，混同に絶対的効力が認められた点で，これが認められない不可分債権とは異なる。連帯債権は，その目的が性質上可分であるから，連帯

債権者は，債務者に対し，自らに分与されるべき利益を除いて履行を請求することができるからである。

絶対的効力が認められる結果，連帯債権者の一人と債務者との間に更改又は免除があったときは，その連帯債権者が権利を有する部分について，他の連帯債権者は，履行を請求することができないこととなる。

また，連帯債権者の一人と債務者との間で混同があった場合には，債務者は弁済をしたものとみなし，他の連帯債権者との関係でも債務は消滅することになる（連帯債権者間の内部関係として利益の分与関係のみが残る）。

(3) 家裁実務等への影響

連帯債権についての実例としては，民法613条1項に定める賃貸人の転借人に対する賃料請求権と転貸人の転借人に対する賃料請求権との関係について，賃貸人が転借人から賃料を受領し，その賃料請求権が消滅した時点で，転貸人の転借人に対する賃料請求権も消滅することが連帯債権類似の関係にあるとした裁判例があった。このほか，債権の二重譲渡において対抗要件の通知が債務者に同時到達した場合に，債務者が一方の譲受人に弁済すれば，他方の譲受人との関係でも債権が消滅することから，譲受人相互の関係は連帯債権類似の関係であるとする見解もあった。債権法改正後も，これらの例が連帯債権関係とされるか否かは，解釈に委ねられている。

もっとも，家裁実務等において以上の例が問題とされることは少ないものと思われ，債権法改正による家裁実務等への影響は限られたものになると考えられる。

7 その他

債権法改正前民法441条（連帯債務者についての破産手続の開始）が削除された。これは，破産法104条と同趣旨の規定であり，適用場面がなかったことによるものであり，家裁実務等への影響はない。

別表

		債権法改正後民法				債権法改正前民法
		不可分債権	連帯債権	不可分債務	連帯債務	連帯債務
対外的効力		428条 ←準用	432条 (436条と同じ)	430条 ←準用	436条 (債権法改正前民法432条と同じ)	432条
一人について生じた事由	相対的効力	428条 ←準用	435条の2 ただし,別段の意思表示ある場合	430条 ←準用	441条 ただし,別段の意思表示ある場合	相対効 440条
	絶対的効力 弁済 代物弁済 供託	428条 ←準用	絶対効 432条	絶対効	絶対効	絶対効
	請求	428条 ←準用	絶対効 432条			434条
	相殺	428条 ←準用	絶対効 434条	430条 ←準用	絶対効 439条1項	436条
	更改		絶対効 433条	430条 ←準用	絶対効 438条	435条
	免除		絶対効 433条			437条
	混同		絶対効 435条		絶対効 440条	438条
	時効					439条

8 エクササイズ

AとBは、未成年子のない夫婦であり、BとCは不貞関係にあった。これを前提に、以下の事案において和解や調停を進める場合、裁判所又は当事者代理人として、どのような点に留意すべきか。

(1) Aは、Cに対し、不法行為（不貞）による慰謝料300万円の支払を求めて民事訴訟を提起した。Aは、Cが提示した解決金100万円を支払うとの和解案に応じるつもりである。Cは、上記解決金を支払うにあたり、今後、Bから求償されることのないよう確約を要求している。Cの要求を満たすためにはどうすればよいか。

(2) Aは、Bに対し、離婚調停を申し立てたところ、①離婚、②調停の席上、BはAに対し現金300万円を支払う（ただし、支払名目は未定）、③清算条項を内容とする調停が成立する見込みとなった。なお、Aは、調停成立後、Cに対し、不法行為（不貞）による慰謝料300万円の支払を求めて民事訴訟を提起する予定であることを明らかにしている。

116　論点7　担保責任

論点7　担保責任

　担保責任に関する規定改正が，親族・相続法上の制度・理論にどのような影響を及ぼすか。

1　改正法の規定

(1)　改正法の規定一覧

（書面によらない贈与の解除）
第550条　書面によらない贈与は，各当事者が解除をすることができる。ただし，履行の終わった部分については，この限りでない。
（他人の権利の売買における売主の義務）
第561条　他人の権利（権利の一部が他人に属する場合におけるその権利の一部を含む。）を売買の目的としたときは，売主は，その権利を取得して買主に移転する義務を負う。
（買主の追完請求権）
第562条　引き渡された目的物が種類，品質又は数量に関して契約の内容に適合しないものであるときは，買主は，売主に対し，目的物の修補，代替物の引渡し又は不足分の引渡しによる履行の追完を請求することができる。ただし，売主は，買主に不相当な負担を課するものでないときは，買主が請求した方法と異なる方法による履行の追完をすることができる。
2　前項の不適合が買主の責めに帰すべき事由によるものであるときは，買主は，同項の規定による履行の追完の請求をすることができない。
（買主の代金減額請求権）
第563条　前条第1項本文に規定する場合において，買主が相当の期間を定めて履行の追完の催告をし，その期間内に履行の追完がないときは，買主は，その不適合の程度に応じて代金の減額を請求することができる。
2　前項の規定にかかわらず，次に掲げる場合には，買主は，同項の催告をす

ることなく，直ちに代金の減額を請求することができる。
(1) 履行の追完が不能であるとき。
(2) 売主が履行の追完を拒絶する意思を明確に表示したとき。
(3) 契約の性質又は当事者の意思表示により，特定の日時又は一定の期間内に履行をしなければ契約をした目的を達することができない場合において，売主が履行の追完をしないでその時期を経過したとき。
(4) 前3号に掲げる場合のほか，買主が前項の催告をしても履行の追完を受ける見込みがないことが明らかであるとき。
3 第1項の不適合が買主の責めに帰すべき事由によるものであるときは，買主は，前2項の規定による代金の減額の請求をすることができない。

（買主の損害賠償請求及び解除権の行使）
第564条 前2条の規定は，第415条の規定による損害賠償の請求並びに第541条及び第542条の規定による解除権の行使を妨げない。

（移転した権利が契約の内容に適合しない場合における売主の担保責任）
第565条 前3条の規定は，売主が買主に移転した権利が契約の内容に適合しないものである場合（権利の一部が他人に属する場合においてその権利の一部を移転しないときを含む。）について準用する。

（目的物の種類又は品質に関する担保責任の期間の制限）
第566条 売主が種類又は品質に関して契約の内容に適合しない目的物を買主に引き渡した場合において，買主がその不適合を知った時から1年以内にその旨を売主に通知しないときは，買主は，その不適合を理由として，履行の追完の請求，代金の減額の請求，損害賠償の請求及び契約の解除をすることができない。ただし，売主が引渡しの時にその不適合を知り，又は重大な過失によって知らなかったときは，この限りでない。

（目的物の滅失等についての危険の移転）
第567条 売主が買主に目的物（売買の目的として特定したものに限る。以下この条において同じ。）を引き渡した場合において，その引渡しがあった時以後にその目的物が当事者双方の責めに帰することができない事由によって滅失し，又は損傷したときは，買主は，その滅失又は損傷を理由として，履行の追完の請求，代金の減額の請求，損害賠償の請求及び契約の解除をすることができない。この場合において，買主は，代金の支払を拒むことができ

ない。
2　売主が契約の内容に適合する目的物をもって，その引渡しの債務の履行を提供したにもかかわらず，買主がその履行を受けることを拒み，又は受けることができない場合において，その履行の提供があった時以後に当事者双方の責めに帰することができない事由によってその目的物が滅失し，又は損傷したときも，前項と同様とする。
（競売における担保責任等）
第568条　民事執行法その他の法律の規定に基づく競売（以下この条において単に「競売」という。）における買受人は，第541条及び第542条の規定並びに第563条（第565条において準用する場合を含む。）の規定により，債務者に対し，契約の解除をし，又は代金の減額を請求することができる。
2　前項の場合において，債務者が無資力であるときは，買受人は，代金の配当を受けた債権者に対し，その代金の全部又は一部の返還を請求することができる。
3　前2項の場合において，債務者が物若しくは権利の不存在を知りながら申し出なかったとき，又は債権者がこれを知りながら競売を請求したときは，買受人は，これらの者に対し，損害賠償の請求をすることができる。
4　前3項の規定は，競売の目的物の種類又は品質に関する不適合については，適用しない。
（債権の売主の担保責任）
第569条　債権の売主が債務者の資力を担保したときは，契約の時における資力を担保したものと推定する。
2　弁済期に至らない債権の売主が債務者の将来の資力を担保したときは，弁済期における資力を担保したものと推定する。
（抵当権等がある場合の買主による費用の償還請求）
第570条　買い受けた不動産について契約の内容に適合しない先取特権，質権又は抵当権が存していた場合において，買主が費用を支出してその不動産の所有権を保存したときは，買主は，売主に対し，その費用の償還を請求することができる。
第571条　削除

> **(担保責任を負わない旨の特約)**
> 第572条　売主は，第562条第1項本文又は第565条に規定する場合における担保の責任を負わない旨の特約をしたときであっても，知りながら告げなかった事実及び自ら第三者のために設定し又は第三者に譲り渡した権利については，その責任を免れることができない。
>
> **(遺贈義務者の引渡義務)**
> 第998条　遺贈義務者は，遺贈の目的である物又は権利を，相続開始の時（その後に当該物又は権利について遺贈の目的として特定した場合にあっては，その特定した時）の状態で引き渡し，又は移転する義務を負う。ただし，遺言者がその遺言に別段の意思を表示したときは，その意思に従う。

(2) 改正法の概要

今回の債権法改正（さらには，これを受けた相続法改正）において，もっとも大きく規律内容が変動した分野の1つが，担保責任の分野である。

上記2つの改正では，担保責任に関する規律につき，おおよそ，次のような重要な変革がされた。

第1に，売買における担保責任に関して，「目的物の種類，品質又は数量に関して契約の内容に適合」した物を引き渡す義務（民法562条1項参照），「契約の内容に適合」した権利を移転する義務（民法565条参照）が売主に課されることとなった。その結果，売主の担保責任とは，これらの義務に対する違反，すなわち，売主の債務不履行であると捉えられることになった（契約責任説の採用）。あわせて，物の「瑕疵」が「契約不適合」へと改められるとともに，改正前は権利の瑕疵の1類型とされていた数量不足の場合が，物の契約不適合の類型に含まれるものとされ，物の品質の不適合と同列に置かれることとなった（ただし，権利行使期間の制限〔民法566条〕については，数量不足と品質不適合とは異なった扱いを受ける）。

第2に，これを受けて，契約不適合を理由とする売主の責任に関する規律としては，債権総則・契約総則における債務不履行に関する諸規定が適用されることを前提とした上で，その特則に当たるものについてのみ，売買の箇所に規定が設けられることとなった（民法561条~572条）。そして，売買の箇所に置かれた規定も，売主の責任という観点からではなく，不適合な物を引

き渡された買主の権利の観点から体系的に整理された（追完請求権，代金減額請求権，損害賠償請求権，解除権）。

　第3に，契約不適合を理由とする売主の責任が債務不履行責任として整理されたことから，売主の契約不適合責任に関する規律は，民法559条を介して，有償契約である請負にも適用されることとなった。その結果，もともと契約責任説の下で捉えられていた請負の担保責任に関する規律のほとんどが無用のものとして削除されることとなった（債権法改正前民法634条・635条には，もはや請負に特有の規律としてその規律内容を維持する必要性がないという積極的な理由による判断も相まって，このような決断がされた）。

　第4に，売買契約・請負契約において，契約責任説の立場から担保責任を捉える考え方が採用された結果，無償契約である贈与においても，担保責任に関する規律の見直しがされた。もっとも，そこでは，契約不適合という観点から問題を捉える考え方を基礎に据えつつ，贈与の無償性を考慮して，贈与契約の内容の推定という，他に類例のない規定が採用されることとなった（民法551条）。

　第5に，こうした債権法分野での担保責任に関する規律の見直しは，今回の相続法の改正にも影響を及ぼした。特に，相続法制上では贈与と並ぶものとして位置付けられることの少なくない遺贈について，贈与に関する担保責任の規定の全面改正を踏まえ，これとパラレルな観点から，遺贈の担保責任に関する規律の見直しがされた（民法998条の新設。さらに，相続法改正前民法998条・1000条の削除）。

　第6に，遺産分割における共同相続人の担保責任を定めている民法911条は，共同相続人は他の共同相続人に対し，その相続分に応じて売主と同じく担保の責任を負う旨を定めているが，今回の債権法改正があったものの，現行規定のまま維持された。

　以下では，この順序で，今回の債権法・相続法改正により何が変わり，何が変わらなかったのかについて，特に本書のモチーフに直結する第3点から第6点に焦点を当てて解説をする。

2 改正内容

(1) 債権法改正と担保責任制度の変革——売買の場合

　債権法改正前の民法は，目的物の権利又は物に瑕疵があった場合に権利供与義務・引渡義務を課されている者（債務者）が負う責任として，担保責任の制度を用意していた。もっとも，担保責任の内容に関しては，債務者が瑕疵のない権利を供与する義務及び瑕疵のない物を引き渡す義務を負うかどうかをめぐり，これらの義務を肯定することにより担保責任を債務不履行責任の特則とする立場（契約責任説）と，これらの義務を否定し（したがって，債務者の債務不履行を否定し），しかしながら，権利や物に瑕疵がないと信頼をした債権者を保護するために法律が特に債務者に課したのが担保責任であるとする立場（法定責任説）の対立があると捉えるのが，通常の理解であった。

　債権法改正前の民法下で，この対立構造は，主に，売買契約における売主の担保責任を対象として論じられていた。もっとも，権利の瑕疵をめぐる担保責任については，数量不足・物の一部滅失のケースと目的物に用益物権・担保物権の制限がある場合を除き，売主には瑕疵のない権利を供与する義務があるとの考え方（契約責任説）が多数を占めていたため，議論の主戦場となっていたのは，物の瑕疵を理由とする担保責任であった。そして，そこでは，(a)典型的な法定責任説が，①瑕疵担保責任の規律が妥当するのは特定物の売買においてであり，種類売買（不特定物の売買）における物の瑕疵は——判例によれば履行認容事情がある場合を除き——もっぱら債務不履行の規律で処理をすべきこと，②売主には瑕疵のない物を引き渡す義務がないから，買主は売主に対して追完請求権を有しないこと，③目的物の瑕疵を理由とする損害賠償は，信頼利益を内容とするものであること，④目的物の瑕疵を理由とする契約の解除には，催告は不要である半面，契約目的の達成不能が要件となること，⑤瑕疵の判断基準時は契約締結時であること等を説いていたのに対して，(b)典型的な契約責任説は，①瑕疵担保責任は，「瑕疵のない目的物を引き渡す義務」の違反を理由とするものであり，特定物売主にもこの義務が課されるべきことから，この責任の規律は特定物のみならず種類物（不特定物）の売買にも妥当すること，②売主は「瑕疵のない目的物を引き渡す義務」を負うから，買主は売主に対して追完請求権を有すること，③目

的物の瑕疵を理由とする損害賠償は，履行利益を内容とするものであること，④目的物の瑕疵を理由とする契約の解除には，催告は不要である半面，契約目的の達成不能が要件となること，⑤瑕疵の判断基準時は物の引渡時（引渡受領時）であること等を説いていた。なお，請負の担保責任については，これを債務不履行責任の特則とすることに，ほぼ異論のない状況にあった。

　今回の債権法改正では，売買につき，法定責任説の考え方を否定し，契約責任説の立場を採用した。このことは，法制審議会民法〔債権関係〕部会での審議内容から明らかであるばかりか（法制審議会民法〔債権関係〕部会資料75A・11頁），追完請求権の規律（民法562条）を新設したこと，損害賠償・解除に関して債務不履行を理由とする損害賠償・解除を定めた民法415条・541条・542条を民法564条で準用したこと，請負の担保責任に関する規律の多くを削除し，債権総則の規定（特に，履行不能に関する民法412条の2第1項）及び（民法559条を介しての）売買の契約不適合に関する規律に委ねたこと（修補請求権・損害賠償請求権につき，民法〔債権関係〕部会資料81-3・18頁，同部会資料84-3・16頁以下。解除につき，同部会資料72A・6頁）からも明らかである。さらに，今回の債権法改正では，売買において目的物や権利に瑕疵があった場合の買主に与えられる救済を体系的に整理した（追完請求権，代金減額請求権〔民法563条〕，損害賠償請求権〔履行利益賠償を肯定〕，解除権〔売主の帰責事由は不要。また，催告解除も否定せず〕）点が重要である（末尾の表も参照されたい）。

　このように，売買契約の場面（そして，請負契約の場面）では，根本的な変革が加えられた。そして，このこと，とりわけ，担保責任の契約責任化（契約不適合を理由とする売主の責任という観点からの把握）は，他の契約類型にも変革をもたらすこととなった。

(2) 贈与の担保責任
① 債権法改正前の規律

　債権法改正前の民法では，贈与についても贈与者の担保責任の規定を設けていた。そこでは，他人の物を贈与した者がその物の所有権を受贈者に移転することができない場合（権利の瑕疵）や，贈与の目的物に瑕疵がある場合（物の瑕疵）に，担保責任の問題が生じるものとされていた。そして，債権

法改正前の民法は，ここで，贈与者は贈与財産の瑕疵（権利の瑕疵・物の瑕疵）について担保責任を負担しないとの立場を原則としていた（債権法改正前民法551条1項本文）。財産を無償で受贈者に移転する贈与者に担保責任を負担させるのは相当でないと考えられていたのである。したがって，この原則のもとでは，贈与者は，特約がなければ，現状のまま，かつ，現在有している権利のままで贈与財産を移転すれば，自らの財産権移転義務を履行したことになった。ただし，民法は，その上で，贈与者が瑕疵を知っていて，これを受贈者に告げなかった場合には，例外的に，贈与者は権利の瑕疵・物の瑕疵について担保責任を負担するものとしていた（同項ただし書）。

問題は，この改正前民法551条1項の規律と担保責任の性質をめぐる法定責任説・契約責任説の枠組みの関係をどのように解するかにあった。

ここで，担保責任の性質を法定責任と捉える立場からは，債権法改正前の民法551条は，贈与者が権利又は物に瑕疵のない目的物を引き渡す義務を負わないことを基礎に据えた上で，例外的に，瑕疵を知り，かつ，これを受贈者に告げなかった贈与者に対して法律上特別に責任を課したものだという理解をすることになる。これに対して，担保責任の性質を契約責任と捉える立場からは，(a)贈与契約では，原則として，贈与者には目的物をそのままの状態で引き渡すことが義務付けられているが，例外的に，瑕疵を知りつつ，これを受贈者に告げなかった贈与者は，瑕疵のない目的物を引き渡すことまで義務付けられているのだと説明するか，又は，(b)贈与契約の場合には贈与者には権利又は物に瑕疵のない目的物を引き渡す義務があり，瑕疵のある目的物を引き渡した場合には贈与契約の不完全履行となるのだが，贈与者が瑕疵を知りつつ，これを受贈者に告げなかった場合を除いて，贈与者は債務不履行の責任を負わないことを示したものだ（法定の特別の免責事由）と説明するかのいずれかであった。

② 債権法改正後の規律

ア 出発点——契約責任説

今回の債権法改正で，売買において，引渡債務の内容が契約の趣旨に照らして確定されるという立場，すなわち，契約責任説の立場を採用することとなったことを受けて，贈与に関しても，改正前民法551条の規律には，次のように，根本的な変更が加えられることとなった（以下の点については，民法

〔債権関係〕部会資料81B・19頁以下)。

　出発点におかれたのは，贈与のような無償契約においても，贈与の目的物が特定物である場合に，贈与者は単に「この物」(特定物)を引き渡せば引渡義務が履行されたというものではないとの立場である。贈与者は，当該贈与契約の内容に適合した性質の物を引き渡す義務を負う。このように，引渡義務の内容が契約の内容に即して確定される点は，贈与においても，売買ほか有償契約と異ならない。

　　イ　贈与契約の内容の推定
　その上で，債権法改正後の民法は，贈与者が負う引渡義務，広くは，贈与における財産権移転義務の内容に関して，「贈与者は，贈与の目的である物又は権利を，贈与の目的として特定した時の状態で引き渡し，又は移転することを約したものと推定する」との規定を設けている (民法551条1項。なお，同項は，特定物に限定して適用される規定でない点に注意せよ。そもそも，同項は，贈与の目的物が特定物か種類物〔不特定物〕かという点で区別をする立場を基礎に据えていない)。

　これは，(a)贈与の目的物がその種類・品質・数量に関して契約の内容に適合していない場合と，(b)贈与者が受贈者に移転した権利が契約の内容に適合しないものである場合について定めたものであって，次の枠組みを基礎に据えている。

　　(ア)　民法は，贈与者の負う財産権移転義務の内容が贈与契約の趣旨に照らして確定されることを不文の原則としている。したがって，贈与者には贈与契約の内容に適合した物又は権利を移転する義務があるとの基本的立場を採用している。

　　(イ)　その上で，民法は，贈与の無償性に鑑み，贈与者が「贈与の目的である物又は権利を，贈与の目的として特定した時の状態で引き渡し，又は移転することを約したものと推定」している (贈与契約の内容についての推定)。

　　(ウ)　したがって，個別具体的な贈与契約の内容が，例えば，一定の品質の物を贈与することにあったり，贈与の目的物が一定の数量を有することにあったりした場合，あるいは，建物の贈与で敷地利用権が存在していることが個別具体的な贈与契約の内容であった場合には，贈与者はこのよう

な契約の内容に即した目的物の引渡し又は権利の移転をする義務を負う。

　いずれにしても，債権法改正後の民法551条1項は「特定物の贈与にあっては，物の性質は債務の内容を成さない」という考え方を採用しているものではない点に，注意をしなければならない。

　個々具体的な贈与契約の解釈を通じて，贈与者には契約の内容に適合した物又は権利を移転する義務があるとされた場合（すなわち，民法551条1項の推定が覆された場合）——上記(ア)——に，受贈者は，贈与者が贈与契約の内容に適合しない物又は権利を移転したときは，債務不履行に関する一般規定に従い，贈与者に対して追完請求，損害賠償請求をすることができ，また，贈与契約を解除することができる。

　ちなみに，債権法改正後の民法551条は，条見出しも，改正前の「贈与者の担保責任」から「贈与者の引渡義務等」と変更されている点にも注意されたい。

　　ウ　他人物贈与と贈与者の責任

　他人の物が贈与され，贈与者が受贈者にその権利の全部を移転しない場合については，売買における他人物売買に相当する規定がない。債権法改正後の民法551条1項に対応するような推定規定もない。「他人の権利を贈与の目的としたときは，贈与者は，その他人の権利を取得する義務を負わないものと推定する」といったような推定規定は，民法には設けられていない。これは，他人物贈与に関する議論が未成熟である上に，他人物贈与が裁判・実務上で問題となった事例が多くないこと等の理由から，具体的な条文とすることを断念したことの結果である。その結果，他人物贈与の処理に関しては，引き続き解釈に委ねられる（民法〔債権関係〕部会資料81B・20頁）。

　贈与契約において，贈与者は財産権の移転義務を主たる給付義務として負っているのであるから，他人物贈与においても，贈与者には贈与目的物とされた財産についての権利を移転する義務があるというべきである（この点では，他人物売買における民法561条と同様に解すべきである）。そして，贈与者がその権利の全部を移転しない場合は，贈与者は債務不履行を理由とする責任を負うというべきである。この場合に，受贈者は，債務不履行に関する一般規定に従い，履行請求，損害賠償請求をすることができ，また，贈与契約を解除することができる。

(3) 相続法改正と遺贈の担保責任制度の変革

　この後に行われた相続法の改正では，債権法の改正を受けて，遺贈における担保責任についても相応の見直しがされた。それによれば，遺贈が有効であるとき，遺贈義務者は，「相続が開始した時（その後に当該遺贈の目的である物又は権利を遺贈の目的として特定した場合にあっては，その特定した時）の状態」で，その物もしくは権利を引き渡し，又は移転する義務を負う。ただし，遺言者がその遺言に別段の意思を表示したときは，その意思に従う（民法998条）。

　この規定は，同じ無償行為である贈与と平仄を合わせたものであって，遺言者の通常の意思を前提としたものである。それゆえ，遺言者が本文に示した準則と異なる意思を表示していた場合は，遺贈義務者は，その意思に従った履行をすべき義務を負う（民法〔相続関係〕等の改正に関する中間試案の補足説明43頁以下）。

　これにより，特定物の遺贈において，相続開始時に，(a)目的物の品質・数量面での欠点・不足があった場合，(b)目的物上に第三者の権利の負担があった場合，(c)目的物の一部が他人の所有であった場合などの場合に，遺言の内容から遺言者の別段の意思が認められない限り，遺贈義務者には，これらの不完全さを追完したり，不完全に起因して受遺者に生じた損害を賠償したりする義務はない。その結果，上記(a)の場合は，受遺者は，遺贈義務者に対して，目的物の修補・取替え等を請求することができないし，不適合を理由として損害賠償を請求することもできない。(b)の場合は，受遺者は，遺贈義務者に対して，第三者の権利を消滅させるよう請求することができないし，第三者の権利の存在を理由として損害賠償を請求することもできない。(c)の場合も，受遺者は，遺贈義務者に対して，真の所有者から所有権を取得して自己に移転するよう請求することができないし，権利の一部が他人の所有に属することを理由として損害賠償を請求することもできない。

　また，不特定物（種類物）の遺贈では，遺贈義務者は，遺言の内容から遺言者の別段の意思が認められない限り，目的物が特定された時の状態でその特定された物を引き渡し，または権利移転をすれば足りる。

　なお，不特定物の遺贈について遺贈義務者の追完義務を定めていた相続法改正前の民法998条と，第三者の権利の目的となっている財産の遺贈におけ

る受遺者の権利を定めていた改正前民法1000条は，これに伴って削除された（前者につき，民法〔相続関係〕等の改正に関する中間試案の補足説明43頁。後者につき，民法〔相続関係〕部会資料24-2・25頁以下）。

　もとより，受遺者は遺贈を放棄することができるし（民法986条1項），遺贈を承認して目的物を受領したときでも，受遺者には，遺贈の承認を錯誤・詐欺等を理由として取り消す余地は残されている（民法989条2項）。このことは，相続法改正前後において，基本的に変更がない。

(4)　関連問題――遺産分割における相続人の担保責任について

　民法911条では，債権法改正の前から，「各共同相続人は，他の共同相続人に対して，売主と同じく，その相続分に応じて担保の責任を負う」とされている。これを字義通りに読めば，「売主と同じく，…担保の責任を負う」ことから，今回の債権法改正により売主の担保責任（契約不適合責任）が根本的に改正された以上，この条もまた改正の必要が出てくるのではないかということが問題となった。とりわけ，瑕疵のある物を受領した共同相続人が他の相続人に対して追完請求権（民法562条）を有することになるのか，また，代金減額（民法563条）に相当する償金請求権を有することになるのか，履行利益の賠償請求権（民法564条による同法415条の準用）を有するのかという問題を視野に入れて，民法911条も相応の改正が必要なのではないかということが問われることになった。

　もっとも，今回の相続法改正では，このような問題が存在しているとの認識は共有しつつ，民法911条については特段の手当てはしないこととし，相続人が負う具体的な責任の内容については解釈に委ねることとした。その理由は，以下の点にある（民法〔相続関係〕部会資料11・29頁以下）。

　それによれば，民法911条では，「各共同相続人は，他の共同相続人に対して，売主と同じく，その相続分に応じて担保の責任を負う」こととされ，売主の担保責任（契約不適合責任）に関する規定を準用するようにも読めるが，売主の担保責任（契約不適合責任）を定める規定のうちどの規定が実際に準用されるかという点については，学説上も見解が一致していないし，この点を明確に判示した判例もない。また，家庭裁判所が遺産分割の対象財産の範囲を審判において判断した事案について，判例は，遺産分割の対象とされた

財産が後の民事訴訟において遺産に属さないことが確定した場合には，分割の審判もその限度で効力を失う旨判示しているが（最判昭和41年3月2日民集20巻3号360頁），この判例が民法911条との関係をどのように考えているかは必ずしも明らかでない。

他方，仮に民法911条が売主の担保責任を定める規定（民法561条から572条）を準用する趣旨であるとすると，遺産分割の対象財産に瑕疵等があった場合には，それを取得した相続人は，他の相続人に対し，損害賠償請求や遺産分割の解除ができることになるが，遺産分割の対象財産に瑕疵等があったことに気付かなかったことについては，これを取得した相続人も他の相続人と同様の立場にあったと考えられること等を考慮すれば，民法912条，913条と同様に，瑕疵等が存在する財産を取得した相続人が受けた損失（その相続人の具体的相続分額とその相続人が実際に取得した財産の差額）について，各相続人にその相続分に応じた責任を負わせることで足り，その余の損害賠償や解除まで認める必要はない。民法911条において「売主と同じく」と規定したのは，売主の担保責任に関する規定をそのまま準用することまで意図したものではなく，このような趣旨を明らかにしたものにすぎないとも考えられる。

仮に民法911条がこのような趣旨の規定であるとすれば，売主の担保責任に関する規定の見直しがされたとしても，同条の解釈に直接影響を及ぼすものではないことになるから，今回の相続法改正においても特段の手当てはしないこととし，相続人が負う具体的な責任の内容については解釈に委ねることとした。

3 家裁実務等への影響

今回の一連の担保責任に関する規定の改正は，家裁実務，とりわけ，相続の実務に変更をもたらすか。

今回の改正は，理論的・学問的には非常に重要な改正がされている。しかも，改正点は，担保責任・契約不適合責任の本質にもかかわる基本的な事項から細部にまで及ぶ。その意味で，これまで民法の教科書・判例を中心に知見を得てきた実務家にとっては，基本からの学び直しを求められることになる。

このことは，とりわけ，契約法の分野においては重要である。他方で，相続法の分野については，実務家にとっては，実は，この改正で大きく動揺する要素はない。その理由は，①相続の分野で担保責任が実務上で大きな争点となった例，特に，裁判例が少ないこと，②調停においても，遺産を構成する財産についての権利の瑕疵・物の瑕疵が当事者間での調整要因となる場面は，それほど多くないものと思われること，③理論的に見て，相続法における担保責任に関する理論はそれほど成熟したものではないため，実務家の方々は，必要になれば，今回の債権法・相続法改正を受けて，最初の一歩から理論を学べば足りること，あるいは，今後の解釈論の展開を注視し，吸収するのが有益であることにある。

　その意味で，本稿でここまで述べた内容については，実務家に置かれては，担保責任の理論を学び直すための手がかりとして活用されることを，切に望むものである。

[参考] 売買における契約不適合責任に関する整理

		物の種類・品質に関する契約不適合	物の数量に関する契約不適合	権利移転面での契約不適合	権利移転義務の無履行＊
追完請求権（民562,民565）	成否	○[買主に追完内容の選択権]			履行請求権の問題
	売主の免責事由	×			×
	売主からの追完内容の変更	原則は○			
	限界	追完不能（民412の2①参照）			履行不能（民412の2①）
	障害事由	買主の帰責事由			
代金減額請求権（民563,民565）	成否	○			×
	成立要件	・催告後，相当期間経過 ・追完不能 ・明確な追完拒絶 ・定期行為における履行遅滞 ・追完の期待不可能			
	売主の免責事由	×			
	障害事由	買主の帰責事由			
解除（民564→民541以下,民565）	催告解除	○（軽微性の抗弁あり〔ただし，解釈は分かれる〕）			○（軽微性の抗弁あり）
	無催告解除が認められる場合	・定期行為における履行遅滞 ・契約目的達成の期待不可能（一部不能・一部拒絶によるものである場合を含む）			・履行不能 ・明確な履行拒絶 ・定期行為における履行遅滞 ・契約目的達成の期待不可能
	売主の免責事由	×			×
	障害事由	買主の帰責事由			買主の帰責事由

[参考] 売買における契約不適合責任に関する整理

債務不履行を理由とする損害賠償請求権（民564→民415以下, 民565）	成否	○			○
	売主の免責事由	○			○
	追完に代わる損害賠償が認められる場合	・追完不能 ・明確な追完拒絶 ・定期行為における履行遅滞 ・解除権の発生又は解除			・履行不能 ・明確な履行拒絶 ・定期行為における履行遅滞 ・解除権の発生又は解除
不適合を認識した後の不通知による失権（民566）		○	×	×	×

＊債権法改正後の民法のもとでは，この場合は，もっぱら債務不履行の一般的規律によって処理される（売買における特則はない）。

4 エクササイズ

　Pには，妻Wと子X・Yがいた。Pが死亡した。Pの遺品を整理していた家族は，Pの自筆証書遺言を発見した。その中には，「自分が所有している甲土地と自動車（乙）を弟Aに遺贈する。また，丙土地と丁建物をYに相続させる。残りの遺産は，W・X・Yが均等に相続せよ。」と書かれていた。甲土地・丙土地・丁建物の登記名義は，Pの遺言どおりにそれぞれAとYに移され，その余の遺産もW・X・Yの協議で均等に分割された。また，乙は，Aに引き渡された。その後に，甲土地がBの所有であったこと（Bは生前に名義をPに貸していただけであったこと），乙にはブレーキ系統に不具合があったこと，丙土地の地下には大量の産業廃棄物が埋められていることが判明した。また，Pは，死亡する半年前にCに対してその所有する高級一眼レフカメラを贈与していたが，このカメラにはレンズの取り付け部分に不具合のあることが判明した。

　(i)　Bから甲土地の返還と登記名義の移転を求められたAは，これに応じた。Aは，その後，W・X・Yに対して何らかの請求をすることができるか。

　(ii)　ブレーキに不具合のある乙を受け取ったAは，W・X・Yに対して何らかの請求をすることができるか。

　(iii)　レンズの取り付け部分に不具合のあるカメラを受け取ったCは，W・X・Yに対して何らかの請求をすることができるか。

　(iv)　大量の産業廃棄物が埋められている丙土地を取得したYは，W・Xに対して何らかの請求をすることができるか。

　(v)　Pのその余の遺産には，PのDに対する600万円の貸金債権が含まれていたところ，Xが，遺産分割協議の結果として，この貸金債権を取得した。ところが，Dには600万円を支払うだけの資力のないことが判明した。Xは，W・Yに対して何らかの請求をすることができるか。

論点8　委　任

委任規定の改正が，親族・相続法上の理論と実務，特に遺言執行，後見等及び財産管理等にどのような影響を及ぼすか。

1 復受任者の選任等

(1) 改正法の規定

（復受任者の選任等）
第644条の2［新設］　受任者は，委任者の許諾を得たとき，又はやむを得ない事由があるときでなければ，復受任者を選任することができない。
2　代理権を付与する委任において，受任者が代理権を有する復受任者を選任したときは，復受任者は，委任者に対して，その権限の範囲内において，受任者と同一の権利を有し，義務を負う。

(2) 改正内容
　① 概　要
　民法644条の2は，受任者の自己執行が原則であることを前提として復委任が許される要件と，復受任者が委任者に対して負う責任等を定めた新設規定である。
　② 民法644条の2第1項
　本項は，委任者の許諾又はやむを得ない事由があるときに限り復委任が許される旨，民法104条（任意代理人に関する規定）と同趣旨の要件を定める。
　債権法改正前民法の委任の節に復委任の規定はないが，復委任をおよそ認めないとすると，かえって委任者にとって不利益となることから，通説，判例は，受任者に代理権があるときは民法104条により，代理権がないときも同条の類推適用により，復代理と同一の要件で復委任を認めるものとしていた（なお，大判大正10年11月3日民録27巻1894頁参照）。本項はこの見解を明文

化したものであり，実務の変更はないと解される。

なお，本項は委任の内部関係を定めるのに対し，民法104条は，復受任者の行為が本人に帰属するかどうかという委任の外部関係に関する規定として存置される。

③　民法644条の2第2項

本項は，代理権を付与する委任について代理権授与を伴う復受任者を選任した場合の復受任者の権利義務に関し，債権法改正前民法107条2項と同趣旨を定める。

復受任者の権利義務について，委任が代理権授与を伴う場合には，その効果として当然に債権法改正前民法107条2項が適用されることは従来から争いがなく，本項はこれを明文化したものである。このように内部関係の規律が委任の節に移動されたことにより，民法106条2項（債権法改正前民法107条2項と同趣旨）は，第三者との関係及び法定代理に関する規定となる。

代理権授与を伴わない委任にも債権法改正前民法107条2項が類推適用されるかについては，判例は，復委任が受任者と復受任者との間の内部的な委任関係にとどまり，受任者は委任者の名において復委任をするものではないから，同条項は類推適用されないとしていた（最判昭和31年10月12日民集10巻10号1260頁）。債権法改正後の民法は，この見解に基づいて，代理権授与を伴わない委任については規定しておらず，この解釈にも変更はないと解される。

(3)　家裁実務への影響

①　遺言執行者

債権法改正後の民法は，復委任の要件や委任者と復受任者との関係につき従来の実務の解釈を変更するものではない。本条の新設に伴い，遺言執行者に関する民法1012条（委任に関する準用規定）の改正があり，本条は準用されないことが示された。

なお，相続法改正前の民法1015条は「遺言執行者は，相続人の代理人とみなす」と規定し，通説は，遺言執行者を相続人の法定代理人としていた。ところが，相続法改正前の民法1016条は，遺言執行者の復任権を原則認めないとし，やむを得ない事由があるとき又は遺言で認められていた場合は別であ

るとしていた。そして，復任権が例外的に認められる場合には，遺言執行者の相続人に対する責任は債権法改正前の民法105条の規律によるべきものとされていた。

　したがって，遺言執行者は法定代理人であるにもかかわらず，通常の法定代理人と異なり遺言者との信頼関係に基づき選任されることが多いこともあって，任意代理人に近いものと位置づけられていたことになる。

　しかし，相続法改正により，相続法改正前の民法1015条は全面改正されて「遺言執行者がその権限内において遺言執行者であることを示してした行為は，相続人に対して直接にその効力を生ずる」となり，遺言執行者の法的地位が明確化された。あわせて，遺言執行者の復任権の要件及び責任に関する民法1016条も全部改正され（まず，改正債権法において，債権法改正前の民法105条が削除されたことに伴って相続法改正前の民法1016条2項が削除され，さらに相続法改正により，全面改正された。），他の法定代理人と同様の規律（債権法改正後の民法105条）に従うこととなった。これは，遺言執行者も法定代理人であり，一般的な任意代理の場合のように，本人の許諾を得て第三者に任務を行わせることが容易であるとはいえない状況にあることから，任意代理（民法104条）よりも復任の自由を認める必要性が高いことを考慮したものである。

　このような相続法改正により，遺言執行者の第三者への復任はより広く認められるようになる一方で，相続人に対しては，復任による責任を負うことになるが（相続法改正後の民法1016条1項），復任にやむを得ない事由があるときは，その選任及び監督についての責任のみを負うこととなる（同条2項）。なお，遺言者による遺言執行者の選任が可能であるところから，遺言者がその遺言に別段の意思表示をしたときは，その意思に従うことになる（同条1項ただし書）。

　② 家庭裁判所が選任する後見人等，財産管理人（ただし，民法839条による未成年後見人は家庭裁判所の選任を経るものではない）

　　ア 未成年後見人

　未成年後見人は，管理権を有する親権者の遺言による指定（民法839条）によるか，指定がない場合は裁判所が選任する（民法840条）未成年者の法定代理人であり，その注意義務について委任における644条が準用される（民法

869条）にとどまり，家事実務上，本条項の改正による影響は特にないと考えられる。

イ　成年後見人等

成年後見人等（成年後見人，保佐人，補助人）は，いずれも裁判所が後見等開始の審判をするとともに職権で選任する法定代理人（ただし，代理権を有する場合）であり，その事務等について，委任における民法644条，654条及び655条が準用される（民法869条，874条，876条の5，876条の10）にとどまり，家事実務上，本条項の改正による影響は特にないと考えられる。

後見等監督人（民法852条），任意後見監督人（任意後見契約法7条4項）についても同様である。

ウ　財産管理人

不在者の財産の管理人（民法25条1項）のうち，家事事件の対象となるのは，不在者が財産管理契約等により委任した管理人（委任管理人）を置いていない場合に，家庭裁判所が選任する不在者財産管理人（選任管理人）である。後者の意味における不在者財産管理人は，不在者の法定代理人であり，今回改正される条文は準用されておらず（家事法146条6項），その法的地位や職務等の性質上も，家事実務上，本条項の改正による影響は特にないと考えられる。

また，相続財産管理人（民法952条1項）は，相続財産法人の法定代理人として，財産の管理を行う者であり，同様に新法の影響は特に受けないと考えられる（家事法208条，125条6項参照）。

その他の財産管理人等についても同様である。

③　任意後見人

任意後見契約は，本人が，判断能力の低下しないうちに，判断能力が低下したときの身上監護や財産管理を受任者に委任し，その事務について代理権を付与しておくという委任契約である（任意後見契約法2条1号）。任意後見契約は本人の判断能力が低下したときに発効し，任意後見受任者は，任意後見人となって，家庭裁判所の選任する任意後見監督人の監督を受ける（同条3号・4号）。このような意味で，任意後見人は家庭裁判所の監督下にあり，家庭裁判所実務に関わりを有するものである。

なお，実務上，本人の判断能力が低下したときから受任者に後見事務を行

わせる本来の任意後見契約（将来型）のほか，本人の判断能力があるときから通常の委任契約として財産管理等を委任し，判断能力が低下したときには任意後見契約を発効させる契約（移行型）がされる場合がある。

任意後見人は，本人との委任契約における受任者であるから，当然に任意後見契約法のほか本条その他委任に関する民法の規定が適用される。ただし，任意後見契約法においては，任意後見人が事務を行うことができないような急迫の事情がある場合は，任意後見監督人が任意後見人の代理権の範囲内において必要な処分をする旨定められており（任意後見契約法7条1項3号），任意後見契約の発効後には，やむを得ない事由による復委任は通常想定し難い。

2 受任者の報酬，成果等に対する報酬

(1) 改正法の規定

（受任者の報酬）
第648条　（略）
2　（略）
3　受任者は，次に掲げる場合には，既にした履行の割合に応じて報酬を請求することができる。
(1)　委任者の責めに帰することができない事由によって委任事務の履行をすることができなくなったとき。
(2)　委任が履行の中途で終了したとき。
（成果等に対する報酬）
第648条の2　委任事務の履行により得られる成果に対して報酬を支払うことを約した場合において，その成果が引渡しを要するときは，報酬は，その成果の引渡しと同時に，支払わなければならない。
2　第634条の規定は，委任事務の履行により得られる成果に対して報酬を支払うことを約した場合について準用する。

(2) 改正内容
① 概　要
　債権法改正前民法648条2項・3項は，委任の報酬は原則として委任事務の履行後に後払いで支払われ，中途で終了したときは履行の割合に応じて支払われる旨を定める。
　しかし，委任の報酬には，このように事務処理の労務に対して報酬が支払われる場合（履行割合型）のほか，委任事務処理の結果として達成された成果に対して報酬が支払われる場合（成果完成型）もあると考えられる。そこで，民法は，前者（履行割合型）と後者（成果完成型）をわけて，民法648条2項・3項を履行割合型の報酬に関する規定とし，成果完成型の報酬に関する規定としては民法648条の2を新設した。
　また，委任が中途で終了したときの報酬について，従来の通説を踏まえて民法648条3項の規定を改めた。
② 民法648条3項
　本項は，履行割合型の場合に，履行の途中で委任者に帰責できない事由により事務処理が不可能となったとき，又は委任が終了したとき，履行割合に応じた報酬を請求し得る旨定める。債権法改正前民法648条3項は，委任が「受任者の帰責事由によらずに中途で終了した場合」に履行割合に応じた報酬を請求し得る旨規定していたが，報酬請求の原則的な規律としては，現に受任者が委任事務の一部を実施した以上，委任事務の終了の原因によらず，受任者は履行割合に応じた報酬を請求できるとするのが合理的であるため，前記のとおり改正されたものである。
　なお，本項は委任者の帰責事由による場合を定めないが，この場合も他の要件を満たせば，受任者が履行割合に応じた報酬の一部請求をし得るのはもちろんである。債権法改正後の民法が「委任者の責めに帰することができない事由によらずに」との文言を置くのは，委任者の帰責事由により受任者が事務処理を完成することができなくなった場合に，受任者は，債権法改正前民法536条2項前段（危険負担）の法意により報酬の全部請求が認められ得るとの従来の解釈を維持し，これを規定上で排除しない趣旨と解される。
③ 民法648条の2第1項
　成果完成型の委任は請負に類似することから，その報酬に関しては請負と

同様の規定が設けられた。本項は、請負の報酬支払時期に関する民法633条と同趣旨である。

　④　民法648条の2第2項

　本項は、履行の途中で、委任者に帰責できない事由により委任事務処理が不可能となったとき又は委任が終了したときの報酬請求権について、成果完成型の場合は、請負に関する民法643条（新設規定）を準用して、既にした仕事の結果のうち可分な部分の給付により委任者が利益を受けるときは、その部分を仕事の完成とみなし、その利益の割合に応じた報酬を請求し得るとするものである。

(3)　**家裁実務への影響**

　①　遺言執行者

　遺言執行者の報酬は、遺言者が遺言に報酬を定めたときはそれに従い、定めがなければ家庭裁判所が相続財産の状況その他の事情によって定めることができる（民法1018条1項、家事法別表第1の105）。そして、遺言執行者が報酬を受けるについては委任の規定が準用される（民法1018条2項）ところ、今回の債権法改正により、準用される民法648条3項が改正され、新設の民法648条の2が準用すべき条文に加えられた。

　これにより、遺言執行者の報酬も、行うべき職務の内容等により履行割合型として定められる場合と成果完成型として定められる場合とがあり得ることが示された。

　現在の実務において家庭裁判所が遺言執行者の報酬を審判で定める場合、遺言執行者が遺言執行行為を終了する際に報酬付与審判の申立てをすることが多く（具体的には、最終の配分事務等を行う前などに付与の申立てがされ、終了までの事務を考慮して報酬が定められる）、管理した財産の額及び内容や、遺言執行として行った全体の職務内容を勘案して相当額が付与される。

　遺言執行者の職務の性質上、履行割合型とみるか成果完成型とみるかにかかわらず、全執行行為を完了する際に報酬を請求するのが通常は便宜であるとともに、相続財産及び職務行為の全容が確定することが適正な報酬を定めることに資するため、今回の債権法改正によって実務はそれほど変わらないと思われる。

もっとも，遺言における報酬の定め方や必要となる執行事務の内容から一部の遺言執行行為により得られる成果に対して報酬を支払う趣旨と解される場合，例えば執行事務の中に不動産登記手続訴訟等の訴訟提起・追行，墳墓の処理等の祭祀承継に係る事務など，それ自体一定の労力と時間を要する行為を含む場合には，その事務が一段落したときに，民法648条の2に従って当該成果の引渡しの際に報酬の付与をすることも，今後の実務では問題になると思われる。

② 家庭裁判所が選任する後見人等，財産管理人

未成年後見人，成年後見人等，不在者財産管理人，相続財産管理人等について，本条項の改正が実務上特に影響がないと考えられることは，上記1と同様である。

家庭裁判所が選任した後見人・管理人等の報酬は，後見人・管理人等による報酬付与の申立てに基づき，家庭裁判所が，諸般の事情を考慮して，審判をもって，本人等（不在者，被後見人等本人，相続財産）の財産の中から相当な報酬を付与することができるというものであり（民法29条2項，862条，918条3項，953条，任意後見契約法7条4項，家事法別表第1の13，31，50，80，119），委任の規律に従うものではない。

とはいえ，委任における報酬の規律の在り方は，もとより家庭裁判所の報酬付与においても参考とされるべきであり，債権法改正後の民法の規律は実社会における委任報酬の在り方を踏まえて新設されたものであることからすれば，家庭裁判所の実務もこのような民法の理念をくむべきことはもちろんである。

この点，現在の実務は，後見人・管理人等の報酬付与は，委任契約に基づき報酬を得る職種（弁護士等）の報酬の考え方をも踏まえた上で，通常事務を行った期間や内容に加え，特に行った財産処分等の付加的業務を考慮して報酬を定めているところである。また，辞任，解任前の職務に対する報酬についても，その履行割合や一部完成した仕事の可分な成果については考慮しているのが通常である。今回の債権法改正は，このような現在の実務を根拠づけるものといえるだろう。

③ 任意後見人

任意後見契約においては，報酬を含め契約内容は公正証書において定める

必要がある（任意後見契約法3条）が，その余の点では民法の委任の規律に従うことになる。

任意後見事務の労務に対する報酬は，期間に応じた報酬額（月額等）が定められることが多いと思われるが，例えば，遺産分割，不動産の処分等を委任事項として含む場合，契約締結の際に留意し，これらについては別途成果に対する報酬を定めることも有用であろう。

3 委任の解除

(1) 改正法の規定

（委任の解除）
第651条　（略）
2　前項の規定により委任の解除をした者は，次に掲げる場合には，相手方の損害を賠償しなければならない。ただし，やむを得ない事由があったときは，この限りでない。
(1) 相手方に不利な時期に委任を解除したとき。
(2) 委任者が受任者の利益（専ら報酬を得ることによるものを除く。）をも目的とする委任を解除したとき。

(2) 改正内容

本項は，任意解除権（同条1項）により委任の解除をした者の損害賠償責任について定めたものであり，1号は，債権法改正前民法651条2項と同旨の規定である。

2号は，従来の判例法理を踏まえ，委任が受任者の利益をも目的とする場合にも，委任者は民法651条1項により解除することができるとする一方，委任事務を処理することによる受任者の利益を奪う場合には，やむを得ない事由があるときを除き，損害の賠償を要すること（最判昭和56年1月19日民集35巻1号1頁），委任が有償であるというのみでは「受任者の利益をも目的とする」とはいえないこと（最判昭和58年9月20日判タ513号151頁等）を明文化して，新たに加えられた規定である。

(3) 家裁実務への影響
① 遺言執行者
　本項の改正は従来の判例法理を反映したものであるから，基本的に実務への影響はないと考えられる。
　委任の準用規定である民法1012条2項は本条を準用しておらず，この点からも実務への影響はない。なお，遺言執行者がいったん就任すると，利害関係人が家庭裁判所に解任を請求するには，任務の懈怠その他正当な事由が要求され，また，遺言執行者も任意に辞任することはできず，正当な事由があるときに限り，家庭裁判所の許可を得て辞任することができる（民法1019条）。
② 家庭裁判所が選任する後見人等，財産管理人
　未成年後見人，成年後見人等，不在者財産管理人，相続財産管理人等についても，家庭裁判所による解任や，正当な事由がある場合の家庭裁判所の許可による辞任を要するので，本項が準用される場面ではなく，実務への影響はない。
③ 任意後見人
　任意後見契約は，委任契約の特殊類型であり，基本的には委任の規律に従うが，その性質上，当事者（特に委任者である本人）による安易な解除を認めると本来の制度趣旨を損なうおそれがあるため，委任契約の解除につき任意後見契約法9条に特則が設けられており，任意後見監督人選任前（任意後見契約の発効前）には，本人又は任意後見受任者がいつでも契約を解除できるが，公証人の認証を受けた書面の方式が必要とされ，本条1項より要件が厳しくされている。また，任意後見契約の発効後は，本人が要保護状態にあることから，成年後見人等の辞任の場合と同様に正当事由と家庭裁判所の許可が要件とされる。
　解除による損害賠償責任については，本項が適用される。任意後見契約の発効前から財産管理等を委託する内容を含む契約（移行型）については，契約の発効前に解除したとき，通常の委任と同様に，同項による損害賠償責任を生ずる場合がある。これに対し，将来本人の判断能力が低下した時点で初めて任意後見人に後見事務を行わせようとする契約（将来型）においては，契約の発効前には委任関係の実態が生じておらず，本条2項の損害が問題となる場面は通常考え難い。また，契約の発効後には，解除自体が大きく制限されるので，任意後見人の債務不履行責任が問題となる場合を別にすれば，通常は本項ただし書に当たると考えられる。

論点9　保　証

保証に関する規定改正が，親族・相続法上の制度・理論にどのような影響を及ぼすか。

1 保証に関する改正規定の概観

保証に関する一般的規律については，①消滅時効や連帯債務の規定改正に合わせたこと，②これまで判例・学説等で承認されていた保証債務の附従性の内容・態様等に関する見解を明文化したこと，③求償関係の規律が一部見直されたこと，④保証人の利益保護のために新たに情報提供等の義務が設けられたことのほかは，実質的な変更はない。もっとも，後述のとおり，連帯債務の規律（求償権成立の要件，免除の相対効）が変更されたことに伴い，共同保証人間の求償権の規律にも影響が生じることがある。

個人根保証契約については，個人貸金等根保証契約に関する改正前民法の規定の一部を個人根保証契約全般に拡張し，これに伴う規律を整理した。

事業に係る債務についての保証契約に関しては，個人保証の制限を内容とする特則を設けるとともに，いわゆる経営者保証は，同特則の適用除外とした。また，主たる債務者が個人に上記保証を委託する際の情報提供義務の規定を新設した。

2 保証債務（求償関係を除く）

(1) 改正法の規定

（保証人の負担と主たる債務の目的又は態様）
第448条　（略）
2　主たる債務の目的又は態様が保証契約の締結後に加重されたときであっても，保証人の負担は加重されない。

（主たる債務者について生じた事由の効力）
第457条　主たる債務者に対する履行の請求その他の事由による時効の完成猶予及び更新は，保証人に対しても，その効力を生ずる。
2　保証人は，主たる債務者が主張することができる抗弁をもって債権者に対抗することができる。
3　主たる債務者が債権者に対して相殺権，取消権又は解除権を有するときは，これらの権利の行使によって主たる債務者がその債務を免れるべき限度において，保証人は，債権者に対して債務の履行を拒むことができる。
（連帯保証人について生じた事由の効力）
第458条　第438条，第439条第1項，第440条及び第441条の規定は，主たる債務者と連帯して債務を負担する保証人について生じた事由について準用する。
（主たる債務の履行状況に関する情報の提供義務）
第458条の2〔新設〕　保証人が主たる債務者の委託を受けて保証をした場合において，保証人の請求があったときは，債権者は，保証人に対し，遅滞なく，主たる債務の元本及び主たる債務に関する利息，違約金，損害賠償その他その債務に従たる全てのものについての不履行の有無並びにこれらの残額及びそのうち弁済期が到来しているものの額に関する情報を提供しなければならない。
（主たる債務者が期限の利益を喪失した場合における情報の提供義務）
第458条の3〔新設〕　主たる債務者が期限の利益を有する場合において，その利益を喪失したときは，債権者は，保証人に対し，その利益の喪失を知った時から2箇月以内に，その旨を通知しなければならない。
2　前項の期間内に同項の通知をしなかったときは，債権者は，保証人に対し，主たる債務者が期限の利益を喪失した時から同項の通知を現にするまでに生じた遅延損害金（期限の利益を喪失しなかったとしても生ずべきものを除く。）に係る保証債務の履行を請求することができない。
3　前2項の規定は，保証人が法人である場合には，適用しない。

(2)　改正内容
①　保証人の負担（保証債務の附従性）
民法448条は，保証債務の附従性についての規律を1項でそのまま維持し，

2項で，内容に関する附従性について，学説でほぼ異論のなかった準則を明文化した。
　②　主たる債務者について生じた事由の効力
　民法457条は，主たる債務者について生じた事由の保証人に対する効力のうち，消滅時効の中断に関する規律が新法により消滅時効の完成猶予，更新と改められたことに伴って，これを変更し（1項），保証人が債権者に対抗することのできる主たる債務者の抗弁について，改正前民法が相殺に限定していたものを抗弁一般に拡張し（2項），履行拒絶の抗弁に関し，今日ほぼ異論のない学説の準則（履行拒絶の抗弁権構成）を明文化（3項）したものである。なお，2項の関係では，判例は，債権法改正前民法でも，保証人は債権者からの履行請求に対して，主たる債務の消滅ないし効力制限を理由とした抗弁を提出することができるとしていたので（最判昭和40年9月21日民集19巻6号1542頁），この点に関する実務に実質的な変更をもたらすものではない。
　③　連帯保証人について生じた事由の効力
　民法458条は，連帯保証人に生じた事由のうち，債権法改正前民法で絶対的効力事由とされていた履行の請求や免除を，連帯債務と同様に相対的効力事由に改めたものである。
　④　主たる債務の履行状況の情報提供義務
　民法458条の2は，委託を受けた保証人が債権者に対して求めた場合には，債権者は主たる債務の履行状況等の情報を提供する義務を負うとの規定を新設したものである。
　⑤　主たる債務者が期限の利益を喪失した場合における情報提供義務
　民法458条の3は，保証人が個人の場合で，主たる債務者が期限の利益を喪失したときは，債権者はその事実を知ったときから2か月以内に保証人に通知しなければならないとし，通知をしなければ，その間に発生した遅延損害金に対する保証債務の履行を請求することができないとの規定を新たに設けたものである。

(3) 家裁実務等への影響

　上記改正は，いずれも債権者と保証人等との法律関係に関するものであるが，家裁実務では，このような法律関係が争点となることは少なく，また，

458条，458条の2及び3の規律以外は，これまでの実務に実質的な変更を加えるものではないので，与える影響はそれほどないように思われる。

ただ，民法458条の2の情報提供義務に関しては，夫婦関係調整調停事件等の一方当事者が他方当事者の保証人になっているような場合，遺留分侵害額請求調停事件において遺留分額を算定する上で被相続人が保証債務を負担しているような場合などに，債権者である金融機関などに対し，主たる債務の履行状況や保証債務の現在の残高等の情報の提供を求める際に活用されることが考えられる。

また，不在者（相続）財産管理人や成年（未成年）後見人が債権者又は保証人の立場で法律関係の処理をする際には，連帯保証人に生じた事由の主たる債務者に対する効力に関する民法458条や，主たる債務者が期限の利益を喪失した場合の債権者の保証人に対する情報提供義務に関する民法458条の3の各規律に留意する必要があろう。

なお，民法458条で免除が絶対的効力事由から相対的効力事由に改められたこと等に伴い，保証人相互で連帯の特約（保証連帯）をしている場合の保証人相互の求償関係に影響が生じることになるが，この点については後記3(3)②を参照されたい。

3 求償関係

(1) 改正法の規定

① 委託を受けた保証人の事前求償権

> （委託を受けた保証人の事前の求償権）
> 第460条　保証人は，主たる債務者の委託を受けて保証をした場合において，次に掲げるときは，主たる債務者に対して，あらかじめ，求償権を行使することができる。
> (1)・(2)　（略）
> (3)　保証人が過失なく債権者に弁済をすべき旨の裁判の言渡しを受けたとき。

② 事後求償権

（委託を受けた保証人の求償権）
第459条　保証人が主たる債務者の委託を受けて保証をした場合において，主たる債務者に代わって弁済その他自己の財産をもって債務を消滅させる行為（以下「債務の消滅行為」という。）をしたときは，その保証人は，主たる債務者に対し，そのために支出した財産の額（その財産の額がその債務の消滅行為によって消滅した主たる債務の額を超える場合にあっては，その消滅した額）の求償権を有する。
2　（略）

（委託を受けた保証人が弁済期前に弁済等をした場合の求償権）
第459条の2〔新設〕　保証人が主たる債務者の委託を受けて保証をした場合において，主たる債務の弁済期前に債務の消滅行為をしたときは，その保証人は，主たる債務者に対し，主たる債務者がその当時利益を受けた限度において求償権を有する。この場合において，主たる債務者が債務の消滅行為の日以前に相殺の原因を有していたことを主張するときは，保証人は，債権者に対し，その相殺によって消滅すべきであった債務の履行を請求することができる。
2　前項の規定による求償は，主たる債務の弁済期以後の法定利息及びその弁済期以後に債務の消滅行為をしたとしても避けることができなかった費用その他の損害の賠償を包含する。
3　第1項の求償権は，主たる債務の弁済期以後でなければ，これを行使することができない。

（委託を受けない保証人の求償権）
第462条　第459条の2第1項の規定は，主たる債務者の委託を受けないで保証をした者が債務の消滅行為をした場合について準用する。
2　（略）
3　第459条の2第3項の規定は，前2項に規定する保証人が主たる債務の弁済期前に債務の消滅行為をした場合における求償権の行使について準用する。

（通知を怠った保証人の求償の制限等）
第463条　保証人が主たる債務者の委託を受けて保証をした場合において，主

> たる債務者にあらかじめ通知しないで債務の消滅行為をしたときは，主たる債務者は，債権者に対抗することができた事由をもってその保証人に対抗することができる。この場合において，相殺をもってその保証人に対抗したときは，その保証人は，債権者に対し，相殺によって消滅すべきであった債務の履行を請求することができる。
> 2　保証人が主たる債務者の委託を受けて保証をした場合において，主たる債務者が債務の消滅行為をしたことを保証人に通知することを怠ったため，その保証人が善意で債務の消滅行為をしたときは，その保証人は，その債務の消滅行為を有効であったものとみなすことができる。
> 3　保証人が債務の消滅行為をした後に主たる債務者が債務の消滅行為をした場合においては，保証人が主たる債務者の意思に反して保証をしたときのほか，保証人が債務の消滅行為をしたことを主たる債務者に通知することを怠ったため，主たる債務者が善意で債務の消滅行為をしたときも，主たる債務者は，その債務の消滅行為を有効であったものとみなすことができる。

(2) 改正内容

① 委託を受けた保証人の事前求償権

　債権法改正前民法で事前求償権を行使することができる場合として規定されていた「債務の弁済期が不確定で，かつ，その最長期をも確定することができない場合において，保証契約の後十年を経過したとき」（債権法改正前民法460条3号）は，終身定期金債務の保証などが想定されて立法されたものであった。しかし，この要件を満たす場合はそもそも主たる債務の額すら不明であるため，改正法では，ほとんど適用場面がないとして削除された。そして，これに代わって，「保証人が過失なく債権者に弁済をすべき旨の裁判の言渡しを受けたとき」を債権法改正前民法の459条から事前求償権に関する民法の460条に移した。この点は規定の整理をしたにとどまり，その内容に変更はない。

② 委託を受けた保証人の事後求償権

ア 委託を受けた保証人の事後求償権取得要件

　委託を受けた保証人の事後求償権取得要件に関する民法459条は，債権法改正前民法の同条1項と2項の規定を統合したものであり，その内容に変更

はない。

　　イ　委託を受けた保証人による主たる債務の弁済期前の債務の消滅行為
　民法は，委託を受けた保証人が主たる債務の弁済期前に債務の消滅行為をしたときの規定（民法459条の2）を新たに設け，(ｱ)求償権を行使することができるのは，主たる債務の弁済期到来後であり（3項），(ｲ)求償を受けることができる範囲は，主たる債務者が債務の消滅行為当時利益を受けた限度である（なお，主たる債務者から債務の消滅行為の日以前に相殺の原因を有していたと主張された場合は，保証人は，債権者に対し，その相殺によって消滅すべきであった債務の履行を請求することができる。1項）とし，また，(ｳ)求償の範囲には，弁済期以後の法定利息と弁済期以後に債務の消滅行為をしたとしても避けることができなかった費用その他の損害の賠償を含む（2項）とした。これにより，保証人が主たる債務の期限到来後に弁済していれば求償することができなかったものが除外されることになる。

　　ウ　委託を受けた保証人が通知を怠った場合の求償権
　民法463条は，事前及び事後の通知に関する規定であるが，委託を受けた保証人に関しては，債権法改正前民法の規律から変更はない（なお，事前通知の内容は，改正前民法では「債権者から履行の請求を受けたこと」としているが，新法では「債務の消滅行為をしたこと」とした）。

　③　委託を受けない保証人の求償権
　　ア　委託を受けない保証人の求償権
　委託を受けない保証人の求償権に関する民法462条1項は，債権法改正前民法462条1項の規定の内容（主たる債務者が債務の消滅行為当時利益を受けた限度で償還を受けられることなど）に実質的な変更を加えるものではない。

　　イ　委託を受けない保証人が通知を怠った場合の求償権
　委託を受けない保証人は，事前の通知をしたとしても，求償による償還を受けることができる額に上記のとおりの制限が加えられているため，事前の通知を怠った場合の規律を設ける必要がない。このため，民法463条1項は，債権法改正前民法を改めて，委託を受けた保証人に限定した規定とされることになった。なお，民法463条3項は，委託を受けない保証人の場合も債務の消滅行為をしたことを主たる債務者に通知すること（事後の通知）を怠れば，主たる債務者は善意でした債務の消滅行為を有効であったとみなすこと

ができるとする規定であるが，これは，事後の通知に関する債権法改正前民法の規定（債権法改正前民法463条1項が準用する443条2項）から，表現に変更が加えられたもので，内容面に変更はない。

　　ウ　委託を受けない保証人による主たる債務の弁済期前の債務の消滅行為

　委託を受けない保証人が主たる債務の弁済期前に債務の消滅行為をしたときの求償権について，これを行使することができるのは，弁済期到来後であるとして，この限度で委託を受けた保証人と同一の規定（民法462条3項）が設けられた。

　④　主たる債務者の意思に反する保証人の求償権

　債権法改正前民法では，主たる債務者の意思に反する保証人が債務の消滅行為をした後に主たる債務者が善意で弁済した場合，主たる債務者が自己の債務の消滅行為を有効とみなすことができるのは，保証人が事後の通知を怠った場合であるとの規定（債権法改正前民法463条1項，443条2頁）があるところ，民法463条3項は，事後の通知を怠ったか否かにかかわらず，主たる債務者が債務の消滅行為をしていたときは，主たる債務者はその債務の消滅行為を有効とみなすことができると改めた。

　⑤　改正内容の要約

　以上のとおり，求償権に関し，新法において実質的な内容の変更や新設がされたのは，事前求償権行使可能事由の一部削除（上記①），主たる債務の弁済期前に債務の消滅行為をした場合の求償権の範囲（上記②イ），主たる債務者の意思に反する保証人の債務の消滅行為後に主たる債務者が債務の消滅行為をした場合の規律（上記④）など，限定的なものにとどまっている。

(3)　家裁実務等への影響

　①　主たる債務者と保証人間の求償関係が問題となる場面

　家裁実務の中でも，求償関係（主たる債務者と保証人の間の法律関係）が問題となる場面は，少なからず存在する。例えば，以下のような場合である。

　　ア　一方配偶者が他方配偶者の住宅ローン債務や借入金債務等の保証人になっている場合に婚姻関係解消時の清算をする場面（夫婦関係調整調停事件や離婚訴訟）

イ　夫婦関係が破綻した場合又は破綻の危機にある場合で，一方配偶者の親族が他方配偶者の保証人になっている場面（親族関係調整調停事件等）

ウ　遺留分額を算出するために被相続人の遺産の価額や債務額を認定する上で，被相続人の負担する保証債務の金額とともに，これに係る求償権の額を算定する場面（遺留分侵害額請求調停事件）

エ　相続人の保証人であった被相続人が，生前に債務の消滅行為をするとともに，相続人に対する求償権を放棄したとして，他の相続人から特別受益の該当性やその額が争われる場面（遺産分割事件，遺留分侵害額請求調停事件）

これらの場面では，求償権の行使の可否やその額の認定（委託を受けた保証人の債務の消滅行為が主たる債務の弁済期前であった場合に，現在その弁済期が到来しているか，その債務の消滅行為によって主たる債務者が受けた利益の額がどれほどであるか）など，新法の実質的な改正点に留意する必要がある。

②　共同保証人間の求償関係が問題となる場面

ア　共同保証人間の求償権の整理

(ア)　分別の利益がある場合

債権法改正後の民法においては，数人の保証人（共同保証人）がある場合の各保証人の責任に関する規定（民法456条，427条）に変更はなく，一人の共同保証人は，別段の意思表示がない限り，総債務額を人数で割った額の限度でしか保証債務を負担しないことになる（分別の利益）。したがって，この場合は，一人の共同保証人が自己の保証債務を弁済しても，主たる債務者に対して求償し得るだけで，他の共同保証人に対する求償の問題を生じない。

(イ)　分別の利益がない場合

一方，各共同保証人と債権者との間で，主たる債務者と連帯して全額を弁済する旨の特約（連帯保証）がある場合には，分別の利益がないため，各共同保証人は，主たる債務の額と同額の債務を負担することになり，内部で定められた各共同保証人の負担部分（定めがないときには各共同保証人が同等とされる。大判大正8年11月13日民録25輯2005頁参照）を超えて債務の弁済をすることがあるので，この場合には，主たる債務者に対する求償ができるほか，共同保証人相互の間に求償関係が生じることになる。そして，共同保証人の

求償権に関する債権法改正前民法465条は，改正後民法において変更はなく，共同保証人の一人が他の共同保証人に対して求償することができるのは，債務全額又は自己の負担部分を超える額を弁済したときに限られる。

　イ　共同保証人相互の間に連帯の特約（保証連帯）がある場合の諸問題
　　(ア)　求償権の問題

以上に対して，連帯保証の共同保証人相互の間に連帯の特約（保証連帯）があるとき（主たる債務者と連帯する連帯保証と，この保証連帯とが異なることに留意されたい）には，共同保証人相互の間の求償関係は，連帯債務者間の求償関係と同様の関係にあることから，民法442条1項が準用されることになると考えられる（改正内容及びこれと債権法改正前民法との関係等は，論点6「多数当事者の債権・債務関係（とりわけ，連帯債務）に関する規定改正が，親族・相続法上の制度・理論にどのような影響を及ぼすか。」を参照されたい）。

したがって，この場合には，債権法改正後の民法では，共同保証人の一人が弁済して共同の免責を得たときは，その額が自己の負担部分を超えるかどうかにかかわらず，その額のうち他の共同保証人の負担部分に応じた額の求償権を有することになる。

　　(イ)　債務免除があった場合の問題

また，債権法改正前民法では，保証連帯の特約がある場合に，一人の共同保証人が債権者から保証債務の免除を受けたときには，連帯債務者の一人に対する免除と同様に，437条により，免除を受けた保証人の負担部分について共同保証人間で絶対的効力を生じることになり，他の共同保証人は，免除を受けた保証人の負担部分の限度で債務を免れることになる（その結果，免除を受けた一人の共同保証人は，他の共同保証人から求償請求を受けないことになる）。

この点について，債権法改正後の民法では，改正前民法437条が削除され，免除は相対的効力を有するにとどまることになり（以上の点については，上掲論点6も参照されたい），一人の共同保証人に対する免除は，他の共同保証人の債務に影響を及ぼさないことになった。このため，他の共同保証人の一人が債務を弁済すれば，免除を受けた共同保証人に対しても，その負担部分に応じた求償をすることができることになった。

　　(ウ)　主たる債務が，債務者の商行為によって生じた場合

以上のとおり，債権法改正後の民法では，連帯保証をしている共同保証人が保証人相互で保証連帯の特約をしているときには，求償権行使要件（上記㋐）や免除があった場合の求償権（上記㋑）について，改正前民法と異なる規律が適用されることになる。このような関係は，連帯保証の特約や保証人相互の間で保証連帯の特約をしている場合のみならず，主たる債務が債務者の商行為によって生じたものであるとき（営業資金の借入れなど）にも生じる。この場合は，商法511条2項が適用されて，連帯保証及び保証連帯の特約があったときと同様になるからである（大判明治44年5月23日民録17輯320頁参照）。

　　ウ　家裁実務で留意すべき場合
　例えば，夫の債務につき夫の父と妻が共同連帯保証人になり，かつ保証連帯の特約をしている場合又は夫の債務が営業資金の借入等の債務である場合に，夫婦関係調整（離婚）調停において，次のような問題が生じることがあり得る。すなわち，夫婦間で，離婚の条件として，夫が債権者に対し，妻の保証債務の免除を得させるように努める旨の合意をし，実際に妻の保証債務が免除された場合であっても，夫の父が保証債務の弁済をした場合には，その額が自己の負担部分を超えるかどうかにかかわらず，妻に対して負担部分に応じた額の求償をすることができることになる（民法445条参照）。そこで，このようなことになり得ることをあらかじめ認識してもらって合意するか，このようなことが生じないように夫の父に参加してもらい，その求償権を制限するような合意をしておくなどの配慮が必要になると思われる。

4 個人根保証契約

(1)　改正法の規定

> （個人根保証契約の保証人の責任等）
> 第465条の2　一定の範囲に属する不特定の債務を主たる債務とする保証契約（以下「根保証契約」という。）であって保証人が法人でないもの（以下「個人根保証契約」という。）の保証人は，主たる債務の元本，主たる債務に関する利息，違約金，損害賠償その他その債務に従たる全てのもの及びその保

証債務について約定された違約金又は損害賠償の額について,その全部に係る極度額を限度として,その履行をする責任を負う。
2 個人根保証契約は,前項に規定する極度額を定めなければ,その効力を生じない。
3 第446条第2項及び第3項の規定(執筆者注:保証契約を書面等で行うことを要すること)は,個人根保証契約における第1項に規定する極度額の定めについて準用する。

(個人貸金等根保証契約の元本確定期日)
第465条の3 個人根保証契約であってその主たる債務の範囲に金銭の貸渡し又は手形の割引を受けることによって負担する債務(以下「貸金等債務」という。)が含まれるもの(以下「個人貸金等根保証契約」という。)において主たる債務の元本の確定すべき期日(以下「元本確定期日」という。)の定めがある場合において,その元本確定期日がその個人貸金等根保証契約の締結の日から5年を経過する日より後の日と定められているときは,その元本確定期日の定めは,その効力を生じない。
2 個人貸金等根保証契約において元本確定期日の定めがない場合(前項の規定により元本確定期日の定めがその効力を生じない場合を含む。)には,その元本確定期日は,その個人貸金等根保証契約の締結の日から3年を経過する日とする。
3 個人貸金等根保証契約における元本確定期日の変更をする場合において,変更後の元本確定期日がその変更をした日から5年を経過する日より後の日となるときは,その元本確定期日の変更は,その効力を生じない。ただし,元本確定期日の前2か月以内に元本確定期日の変更をする場合において,変更後の元本確定期日が変更前の元本確定期日から5年以内の日となるときは,この限りでない。
4 第446条第2項及び第3項の規定は,個人貸金等根保証契約における元本確定期日の定め及びその変更(その個人貸金等根保証契約の締結の日から3年以内の日を元本確定期日とする旨の定め及び元本確定期日より前の日を変更後の元本確定期日とする変更を除く。)について準用する。

（個人根保証契約の元本の確定事由）
第465条の4　次に掲げる場合には，個人根保証契約における主たる債務の元本は，確定する。ただし，第1号に掲げる場合にあっては，強制執行又は担保権の実行の手続の開始があったときに限る。
(1)　債権者が，保証人の財産について，金銭の支払を目的とする債権についての強制執行又は担保権の実行を申し立てたとき。
(2)　保証人が破産手続開始の決定を受けたとき。
(3)　主たる債務者又は保証人が死亡したとき。
2　前項に規定する場合のほか，個人貸金等根保証契約における主たる債務の元本は，次に掲げる場合にも確定する。ただし，第1号に掲げる場合にあっては，強制執行又は担保権の実行の手続の開始があったときに限る。
(1)　債権者が，主たる債務者の財産について，金銭の支払を目的とする債権についての強制執行又は担保権の実行を申し立てたとき。
(2)　主たる債務者が破産手続開始の決定を受けたとき。

（保証人が法人である根保証契約の求償権）
第465条の5　保証人が法人である根保証契約において，第465条の2第1項に規定する極度額の定めがないときは，その根保証契約の保証人の主たる債務者に対する求償権に係る債務を主たる債務とする保証契約は，その効力を生じない。
2　保証人が法人である根保証契約であってその主たる債務の範囲に貸金等債務が含まれるものにおいて，元本確定期日の定めがないとき，又は元本確定期日の定め若しくはその変更が第465条の3第1項若しくは第3項の規定を適用するとすればその効力を生じないものであるときは，その根保証契約の保証人の主たる債務者に対する求償権に係る債務を主たる債務とする保証契約は，その効力を生じない。主たる債務の範囲にその求償権に係る債務が含まれる根保証契約も，同様とする。
3　前2項の規定は，求償権に係る債務を主たる債務とする保証契約又は主たる債務の範囲に求償権に係る債務が含まれる根保証契約の保証人が法人である場合には，適用しない。

(2) 改正内容

① 債権法改正前民法の規定

債権法改正前民法は，貸金等根保証契約（根保証契約であって，その債務の範囲に貸金等債務が含まれ，保証人が法人でないもの）に関して，(ア)保証人の責任，(イ)極度額の定め（包括根保証の禁止），(ウ)要式行為性（以上，債権法改正前民法465条の2），(エ)元本確定期日（債権法改正前民法465条の3），(オ)元本確定事由（債権法改正前民法465条の4），(カ)保証人が法人である根保証契約の求償債務に係る保証（債権法改正前民法465条の5）等の規律を設けていた。

② 改正法の規定

これに対し，債権法改正後の民法は，上記各規律の内容自体は維持しながら，その適用範囲を変更した。前記(ア)ないし(ウ)については，個人根保証全般（貸金等根保証のほか，賃貸借契約における賃料債務の根保証や継続的売買契約における売買代金債務の根保証などを含む）に拡張した（民法465条の2）のに対し，前記(エ)の元本確定期日については，個人貸金等根保証契約のみについて適用されることとした（民法465条の3）。また，前記(オ)の元本確定事由については，個人貸金等根保証契約に限って認められる元本確定事由（主たる債務者の財産に対する強制執行又は担保権の実行，主たる債務者の破産，民法465条の4第2項）と個人根保証契約全般に係る元本確定事由（保証人の財産に対する強制執行又は担保権の実行，保証人の破産，主たる債務者又は保証人の死亡，民法465条の4第1項）とを切り分け，前記(カ)の求償債務に係る保証については，債権法改正後の民法において前記(イ)の極度額の定めと(エ)の元本確定期日の定めの適用範囲を区別したことに対応して，(a)求償権に係る保証契約の前提となった法人が保証人である根保証契約全般については，極度額の定めがない場合に，その求償権に係る保証契約が効力を生じない旨，(b)法人が保証人である根保証契約のうち主たる債務の範囲に貸金等債務が含まれる根保証契約については，(a)のほか元本確定期日の定めがない等の場合もその求償権に係る保証契約が効力を生じない旨の規律（民法465条の5）を設けたものである。

(3) 家裁実務等への影響
　① 賃料債務の根保証等への包括根保証禁止等の規律の適用
　今回の債権法改正により、個人根保証に関する包括根保証禁止等の規律が貸金等根保証契約のみならず、個人根保証契約全般に及ぶことになり、例えば、一方配偶者の親族が夫婦の居住する賃貸住宅の賃料債務の根保証をしている場合などにも、適用されることになった。
　ただ、債権法改正後の民法の規律は、個人根保証契約当事者間の法律関係に関するものであるところ、このようなケースでの一方配偶者の親族と他方配偶者との紛争は、主たる債務者と保証人との間の紛争であって、個人根保証契約当事者間の紛争ではないので、家裁実務に与える影響は限定的なものにとどまると思われる。
　② 賃料債務の根保証等と相続
　上記①の結果、賃料債務の根保証等においては、主たる債務者又は保証人の死亡が元本確定事由とされる規律の適用を受けることになったことから、保証人の相続人が、保証人の死亡により不特定の債務を対象とするこのような根保証契約を承継することはなく（保証人の死亡当時発生していた債務のみを相続する）、また、保証人が、主たる債務者の死亡後もその相続人のもとで発生する不特定の債務を保証することもないことが明確になった。
　このため、遺留分額を認定するために被相続人の遺産の価額とともに債務額を算出する過程で、被相続人の負担する賃料等に関する個人根保証債務の金額を評価する際には、新法により適用範囲の拡張された個人根保証契約の効力や元本の確定事由についての規律にも留意する必要がある。
　この場合も、債権法改正後の民法の規律が紛争当事者間に直接適用されるものではなく、被相続人と債権者間の法律関係が相続人相互間等の利害関係に反映することがある程度にすぎないので、家裁実務に与える影響は限定的なものにとどまると思われる。

5 事業に係る保証債務についての保証契約の特則

(1) 改正法の規定

（公正証書の作成と保証の効力）

第465条の6〔新設〕 事業のために負担した貸金等債務を主たる債務とする保証契約又は主たる債務の範囲に事業のために負担する貸金等債務が含まれる根保証契約は，その契約の締結に先立ち，その締結の日前1か月以内に作成された公正証書で保証人になろうとする者が保証債務を履行する意思を表示していなければ，その効力を生じない。

2　前項の公正証書を作成するには，次に掲げる方式に従わなければならない。
(1)〜(4)　（略）

3　前2項の規定は，保証人になろうとする者が法人である場合には，適用しない。

（保証に係る公正証書の方式の特則）

第465条の7〔新設〕（略）

（公正証書の作成と求償権についての保証の効力）

第465条の8〔新設〕　第465条の6第1項及び第2項並びに前条の規定は，事業のために負担した貸金等債務を主たる債務とする保証契約又は主たる債務の範囲に事業のために負担する貸金等債務が含まれる根保証契約の保証人の主たる債務者に対する求償権に係る債務を主たる債務とする保証契約について準用する。主たる債務の範囲にその求償権に係る債務が含まれる根保証契約も，同様とする。

2　前項の規定は，保証人になろうとする者が法人である場合には，適用しない。

（公正証書の作成と保証の効力に関する規定の適用除外）

第465条の9〔新設〕　前3条の規定は，保証人になろうとする者が次に掲げる者である保証契約については，適用しない。
(1)　主たる債務者が法人である場合のその理事，取締役，執行役又はこれらに準ずる者
(2)　主たる債務者が法人である場合の次に掲げる者

イ～ニ　（略）
(3)　主たる債務者（法人であるものを除く。以下この号において同じ。）と共同して事業を行う者又は主たる債務者が行う事業に現に従事している主たる債務者の配偶者

（契約締結時の情報の提供義務）
第465条の10〔新設〕　主たる債務者は，事業のために負担する債務を主たる債務とする保証又は主たる債務の範囲に事業のために負担する債務が含まれる根保証の委託をするときは，委託を受ける者に対し，次に掲げる事項に関する情報を提供しなければならない。
(1)　財産及び収支の状況
(2)　主たる債務以外に負担している債務の有無並びにその額及び履行状況
(3)　主たる債務の担保として他に提供し，又は提供しようとするものがあるときは，その旨及びその内容
2　主たる債務者が前項各号に掲げる事項に関して情報を提供せず，又は事実と異なる情報を提供したために委託を受けた者がその事項について誤認をし，それによって保証契約の申込み又はその承諾の意思表示をした場合において，主たる債務者がその事項に関して情報を提供せず又は事実と異なる情報を提供したことを債権者が知り又は知ることができたときは，保証人は，保証契約を取り消すことができる。
3　前2項の規定は，保証をする者が法人である場合には，適用しない。

(2)　改正内容

①　事業に係る債務についての個人保証の原則禁止

今回の債権法改正により新たに設けられた規律である。

債権法改正後の民法は，「事業のために負担した貸金等債務を主たる債務とする保証契約」又は「主たる債務の範囲に事業のために負担する貸金等債務が含まれる根保証契約」について，個人保証を原則として禁止し（民法465条の6），これらの保証契約の「保証人の主たる債務者に対する求償権に係る債務を主たる債務とする保証契約」についても同様に，個人保証を原則として禁止した（民法465条の8）。

そして，民法は，この原則に対して，次の2つの例外を設けた。

ア 公正証書の作成

1つは，保証契約の締結の日前1か月以内に作成された公正証書で，保証人になろうとする者が保証債務を履行する意思を表示していること（民法465条の6第1項）である。そして，民法は，公正証書の方式について詳細な定め（民法465条の6第2項）及び公正証書遺言（民法969条の2）と同様の方式に関する特則（民法465条の7）を設けている。

イ 経営者保証

もう1つの例外は，いわゆる経営者保証の場合である。主たる債務者が法人である場合には，理事，取締役，執行役及びこれらに準じる者並びに主たる債務者の総株主の議決権の過半数を有する者等がこれに当たり，主たる債務者が個人である場合には，主たる債務者と共同して事業を行う者及び主たる債務者の事業に現に従事している配偶者がこれに当たるとされ，これらの者が行う個人保証は禁止されないとの規律（民法465条の9）を設けた。

② 保証委託の際の情報提供義務

債権法改正後の民法は，さらに，事業に係る債務について，主たる債務者が個人に対して（根）保証を委託する場合には，主たる債務者に，財産及び収支の状況等所定の情報を，保証委託を受ける者に対して提供する義務を課する旨の規律（民法465条の10第1項）を設けた。

そして，主たる債務者が情報を提供しなかったり，誤った情報を提供した場合には，これにより委託を受けた者が誤認したこと，誤認に基づき承諾の意思表示をしたこと，債権者において，主たる債務者の情報提供義務違反の事実を知り又は知ることができたことを要件として，保証人による保証契約の取消しを認めている（民法465条の10第2項）。

(3) 家裁実務等への影響

① 親族間で事業に係る債務についての保証債務関係が生じる場合

債権法改正後の民法は，事業に係る債務について，個人保証を原則として禁止しながら，これが例外的に許される場合についての規律を設けたものである。

家裁実務の中で，事業に係る債務についての保証契約の有効性（債権者と保証人との間の法律関係）が問題となるようなケースとしては，一方配偶者

の親族が，他方配偶者の関係する会社のために資金を貸し付け，他方配偶者をその保証人にしている場合の親族間紛争調整調停事件などごく限られた場合しか考えられないが，このようなケースにおいては，個人保証に関する上記規律が存在することに留意する必要がある。

また，現在は保証債務関係が生じていないが，一方当事者が他方当事者との間で事業に係る債務についての保証契約を締結する旨の調停合意が成立した場合には，経営者保証に該当する場合以外は，同保証契約は公正証書を作成しておかないと効力が生じないものであるから，調停調書の記載だけで効力が生じるものではないことに留意する必要がある。

② 被相続人の保証債務が相続人間で問題となる場合

そのほか，遺留分侵害額請求調停事件において，被相続人が第三者の事業に係る債務の保証人になっていて，被相続人の負担する保証債務の額の評価が，遺留分を算定する前提として問題になることは考えられるが，債権法改正後の民法が新設した上記規律に係る各論点（公正証書の方式を満たしているか，経営者保証に当たるか，委託の際の情報提供義務違反により取り消すことができるかなど）について争いがあれば，これらはいずれも，本来は遺留分侵害額請求調停事件の前提として，債権者との間の民事訴訟手続において解決しておくべき問題となる。そのため，この手続を省略して遺留分侵害を当事者間で相対的に解決する場合には，上記規律が適用されればどうなるのかを見込んだ上で，リスクの分担を踏まえ，調整することが必要になると思われる。

6 エクササイズ

Aは，自ら経営する会社Yの資金を債権者Xから借り入れるため，妻B，Aの父Cとともに（委託を受けた）連帯保証人になった。上記借入債務の残額は300万円であり，履行期は到来している。

Aは，Bを相手に夫婦関係調整（離婚）の調停を申し立てた。AB間で離婚自体は合意しているが，上記保証債務の処理などの協議はまとまっていない。

Bは，離婚調停に当たり，調停外で，債権者Xに対し，保証債務の免除を求

めて交渉したところ，Xは，ＡＢ間の離婚が成立することと，Ｂが50万円を弁済することを条件として，残額の債務免除に応じる旨の条件を提示した。

　Ｂは，Ａと調停離婚するに当たり，①上記50万円を弁済した場合には，会社Ｙ並びにＡ及びＣに対する求償権を確保したい，②当該債務の処理において，Ｂが上記50万円以上を負担するような事態は絶対に避けたい，と考えている。Ａは，上記①②はやむを得ないものと考えている。

　このような場合，どのような調停運営をし，協議がまとまった場合，どのような調停条項を作成すべきか。

　ヒント　共同保証人間の求償権の問題として，上記3⑶②などを参考にして検討されたい。

　ＡＢ間の調停であるため，Ｃの意向は手続に反映されていないが，調停を進める上で，Ｃの意向を把握する必要があるか。意向を把握した場合，その結果を調停条項にどのように反映すればよいか。

論点10　使用貸借

使用貸借規定の改正が，親族・相続法上の理論と実務にどのような影響を及ぼすか。

1 使用貸借に関する改正の概観等

　平成29年の債権法改正によって，使用貸借は，原則として諾成契約として規定されるとともに，書面によらない使用貸借については借用物の受取り前の解除権が規定された。また，使用貸借の終了という観点から規定が整備されるとともに，使用貸借終了後の収去義務及び原状回復義務，損害賠償及び費用償還請求権に関しても，法律関係がより明確に規定された。

　もっとも，債権法改正後の使用貸借，特にその家裁実務への影響を考える場合，平成29年の債権法改正以外に，相続法に関する近時の改正，すなわち平成30年7月6日に成立した「民法及び家事事件手続法の一部を改正する法律」（以下，「改正相続法」）との関係についても触れることが避けられないだろう。

　従来，使用貸借が実際に用いられてきた中心的な部分は，相続の場面であったが，相続法改正によって新たに創設された配偶者短期居住権は，従来は判例によって使用貸借の法理を用いて規律されてきた部分と重なるものである。その点で，配偶者短期居住権が，従来の相続における使用貸借を用いた判例法理にどのような影響を与えるのかは，実務上も重要な意味を有するものと考えられるからである。

　以下では，まず，平成29年の債権法改正による使用貸借について説明するとともに，平成30年の相続法改正で導入された配偶者短期居住権について言及することにしよう。

2 使用貸借の成立

(1) 改正法の規定

（使用貸借）
第593条　使用貸借は，当事者の一方がある物を引き渡すことを約し，相手方がその受け取った物について無償で使用及び収益をして契約が終了したときに返還をすることを約することによって，その効力を生ずる。
（借用物受取り前の貸主による使用貸借の解除）
第593条の2〔新設〕　貸主は，借主が借用物を受け取るまで，契約の解除をすることができる。ただし，書面による使用貸借については，この限りでない。

(2) 改正内容

　要物契約として規定されていた使用貸借は，債権法改正により，諾成契約とされ，契約終了時の目的物返還義務が明示的に規定されるとともに，新たに民法593条の2が新設され，借主が借用物を受け取るまでは，貸主の解除を認めるとともに，書面による使用貸借については，この解除権が認められないことが規定された（もっとも，書面による使用貸借の場合であっても，借主の側からの解除はいつでも可能である。民法598条3項）。

　これは，贈与の規定にそろえるような形で，使用貸借の成立を規定するものであると言える。

　債権法改正前の使用貸借は要物契約として規定されていたが，その背景には，無償契約である使用貸借において，貸主の「貸す債務」を観念することが適切ではないとの実質的な判断があったものと考えられる。しかし，使用貸借にも様々な形態があり，目的物の引渡し前であっても合意に拘束力を持たせることが適切な場面は考えられるし，そのような当事者間の法律関係を強行的に否定するほどの根拠もない。そうした点もふまえて，債権法改正により，使用貸借も合意のみによって成立する諾成契約として規定されたものである。

　もっとも，他方で，全面的に諾成的合意に拘束力を与えることは，まさしく無償の法律関係にすぎない使用貸借においては，貸主の負担という点で強

すぎるものだともいえる。そのため，新設された民法593条の2は，書面によらない使用貸借については（書面による贈与については，十分に考慮されたものとして，拘束力が認められる），借用物受取り前の貸主による使用貸借の解除を認めることによって，その拘束力を緩和したものである。

ここでは，結局，贈与と同様に，実質的には，要式契約としての使用貸借（書面による使用貸借）と要物契約としての使用貸借に，契約の拘束力が認められていると理解することができるだろう。

(3) 家裁実務への影響

以上のように，要物契約としての使用貸借が，原則として諾成契約として規定されたことは，それなりに重要な変化だともいえるが，実質的な影響は，それほど大きくはないものと思われる。

まず，使用貸借という法形式が家裁実務において実際に用いられるのは，相続による場面である。すなわち，判例は，「共同相続人の1人が相続開始前から被相続人の許諾を得て遺産である建物において被相続人と同居してきたときは，特段の事情のない限り，被相続人と右同居の相続人との間において，被相続人が死亡し相続が開始した後も，遺産分割により右建物の所有関係が最終的に確定するまでの間は，引き続き右同居の相続人にこれを無償で使用させる旨の合意があったものと推認されるのであって，被相続人が死亡した場合は，この時から少なくとも遺産分割終了までの間は，被相続人の地位を承継した他の相続人等が貸主となり，右同居の相続人を借主とする右建物の使用貸借契約関係が存続する」としており（最判平成8年12月17日民集50巻10号2778頁），これは使用貸借が用いられる最も重要な場面である。しかし，ここでは使用借主たる共同相続人の1人が当該建物にすでに居住していることが前提となっており，上記の債権法改正によって影響を受けるものではない。

また，これ以外にも，親族間で無償で何かを利用するという状況は実際にも少なくないものと思われるが，これらが債権法改正によって受ける影響も大きくないものと思われる。まず，使用貸借自体は，無償の契約といっても，そもそも，そうした「契約関係」があると言えるか自体が多くの場合には不透明であり（単に利用を容認しているような関係等，契約と言えるのか自体が問

題となる。贈与についても同様であるが，使用貸借の場合，権利の移転を伴わないために，一層，この点が不透明である），これは民法の典型契約としての使用貸借の成立がどのように規定されているか以前の問題だと言える。もっとも，親族間の場合を含めて，書面による使用貸借については，法律上の拘束力が認められるという点が明確にされたという点で，従来よりも，この点に関する疑義を避けることが容易になるものと思われる。

3 使用貸借の終了

(1) 改正法の規定

（期間満了等による使用貸借の終了）

第597条　当事者が使用貸借の期間を定めたときは，使用貸借は，その期間が満了することによって終了する。

2　当事者が使用貸借の期間を定めなかった場合において，使用及び収益の目的を定めたときは，使用貸借は，借主がその目的に従い使用及び収益を終えることによって終了する。

3　使用貸借は，借主の死亡によって終了する。

（使用貸借の解除）

第598条〔新設〕　貸主は，前条第2項に規定する場合において，同項の目的に従い借主が使用及び収益をするのに足りる期間を経過したときは，契約の解除をすることができる。

2　当事者が使用貸借の期間並びに使用及び収益の目的を定めなかったときは，貸主は，いつでも契約の解除をすることができる。

3　借主は，いつでも契約の解除をすることができる。

(2) 改正内容

債権法改正前の民法において「借用物の返還の時期」として規定していた内容が，使用貸借の終了という観点から再編され，①期間満了等による使用貸借の終了と②使用貸借の解除とに分けて規定された。

①においては，債権法改正前の民法597条1項，2項本文，599条に規定さ

れた内容を受けている。

②においては，債権法改正前の民法597条2項ただし書，3項を受けたものであり，それを使用貸借の解除として規定するものである。それとともに，借主からの解除については，いつでも可能であることが明示的に規定された。

(3) 家裁実務への影響

以上のとおり，形の上では大きく変わったものの，使用貸借の終了という観点から再編したものであり，実質的な内容の変更を伴うものではない。その点で，家裁実務への影響は大きくはないだろう。

4 使用貸借終了後の収去義務及び原状回復義務

(1) 改正法の規定

> （借主による収去等）
> 第599条〔新設〕 借主は，借用物を受け取った後にこれに附属させた物がある場合において，使用貸借が終了したときは，その附属させた物を収去する義務を負う。ただし，借用物から分離することができない物又は分離するのに過分の費用を要する物については，この限りでない。
> 2 借主は，借用物を受け取った後にこれに附属させた物を収去することができる。
> 3 借主は，借用物を受け取った後にこれに生じた損傷がある場合において，使用貸借が終了したときは，その損傷を原状に復する義務を負う。ただし，その損傷が借主の責めに帰することができない事由によるものであるときは，この限りでない。

(2) 改正内容

債権法改正前の民法においては，借主による原状回復と附属物の収去が可能であることが規定されていたものの（債権法改正前民法598条），使用貸借終了時の借主の義務としては規定されていなかった。しかし，目的物の返還に際しての附属物の収去義務，原状回復義務は，借主の当然の義務であると

理解されてきた。
　改正された民法599条は，こうした附属物の収去義務を明示的に規定するとともに（同1項。ただし，分離が不可能な場合や分離に過分の費用を要する場合は例外とされる），目的物に損傷が生じた場合についての原状回復義務についても規定を置いたものである（同3項）。なお，従前の598条は，599条2項として規定された。
　民法599条1項，2項（附属物の収去義務，収去権）は，賃貸借にも準用されている（民法622条）。
　なお，民法599条3項（原状回復義務）は，賃貸借終了時の原状回復義務を規定する621条に相当する規定であるが，621条の「損傷（通常の使用及び収益によって生じた賃借物の損耗並びに賃借物の経年変化を除く。以下この条において同じ。）」における括弧内の部分は規定されていない。賃貸借では通常損耗等のリスクは賃料に反映させることができるのに対して，対価を伴わない使用貸借では，任意規定としても明文で定めることが適当ではないものとされたことによる。

(3) 家裁実務への影響
　従前の規定が，使用貸借の終了時の附属物の収去義務，原状回復義務を規定していなかったことは上述のとおりであるが，実質的には，特定物に関する債務として，これらが認められることについては異論がなかった。その点で，これらが明示されたことは形式的には大きな変化であるが，家裁実務への影響はあまりないものと思われる。
　なお，原状回復義務における通常損耗，経年変化の扱いについては，改正法において明確に規定されておらず，個別の事案ごとの解釈が必要となることになると思われるが，この点についても，従前の状況と変わらないと言えるだろう。

5 損害賠償及び費用償還の請求権に関する期間制限

(1) 改正法の規定

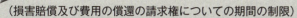
（損害賠償及び費用の償還の請求権についての期間の制限）
第600条　契約の本旨に反する使用又は収益によって生じた損害の賠償及び借主が支出した費用の償還は，貸主が返還を受けた時から1年以内に請求しなければならない。
2　前項の損害賠償の請求権については，貸主が返還を受けた時から1年を経過するまでの間は，時効は，完成しない。

(2) 改正内容

　民法600条1項は，債権法改正前の民法600条と同一である。その上で，同条2項が新設された。

　これは，借主の用法違反によって損害賠償請求権が発生したのちも，使用貸借が継続している場合，消滅時効が完成してしまう場合に備えた規定である。例えば，用法違反による損害賠償請求権が発生して10年間が経過して，なお使用貸借は継続している場合，消滅時効が完成してしまう（この間については，借主の用法違反を知ることを貸主に期待できない），ということが考えられる（民法166条1項2号）。こうした状況に対応するため，貸主が返還を受けた時から1年を経過するまでは消滅時効が完成しないと規定されたものである（時効の完成猶予の特則）。

(3) 家裁実務への影響

　この点についても，家裁実務への影響はそれほど大きくはないものと考えられる。ただし，民法600条2項において時効の完成猶予について規定されたことにより，この点に関する疑義を避けることが可能となったものと言える。

6 平成30年の改正相続法における配偶者短期居住権と使用貸借

　最後に，本書の守備範囲を超えることになるが，改正相続法において導入された配偶者短期居住権と使用貸借との関係について，触れておくことにしよう。

(1) 改正相続法における配偶者短期居住権に関する規定

　改正相続法においては，配偶者短期居住権という制度が新設され，民法1037条以下の規定が用意されている（短期居住権については，以下に示す1037条に続けて，短期居住権の効力，消滅等について，それぞれ詳細な規定が用意されているが，ここでは制度の概略を確認するものとして，その冒頭の規定のみを取り上げる）。

（配偶者短期居住権）

第1037条〔新設〕　配偶者は，被相続人の財産に属した建物に相続開始の時に無償で居住していた場合には，次の各号に掲げる区分に応じてそれぞれ当該各号に定める日までの間，その居住していた建物（以下この節において「居住建物」という。）の所有権を相続又は遺贈により取得した者（以下この節において「居住建物取得者」という。）に対し，居住建物について無償で使用する権利（居住建物の一部のみを無償で使用していた場合にあっては，その部分について無償で使用する権利。以下この節において「配偶者短期居住権」という。）を有する。ただし，配偶者が，相続開始の時において居住建物に係る配偶者居住権を取得したとき，又は第891条の規定に該当し若しくは廃除によってその相続権を失ったときは，この限りでない。

(1) 居住建物について配偶者を含む共同相続人間で遺産の分割をすべき場合　遺産の分割により居住建物の帰属が確定した日又は相続開始の時から6箇月を経過する日のいずれか遅い日

(2) 前号に掲げる場合以外の場合　第3項の申入れの日から6箇月を経過する日

2　前項本文の場合においては，居住建物取得者は，第三者に対する居住建物の譲渡その他の方法により配偶者の居住建物の使用を妨げてはならない。

> 3 居住建物取得者は，第1項第1号に掲げる場合を除くほか，いつでも配偶者短期居住権の消滅の申入れをすることができる。

(2) 配偶者短期居住権の内容

　従来の使用貸借によって解決されてきた問題は，配偶者に関して言えば，この短期居住権によって解決されることが想定されている。

　なお，上記では省略したが，民法1037条に続けて，1038条（配偶者による使用），1039条（配偶者居住権の取得による配偶者短期居住権の消滅），1040条（居住建物の返還等），1041条（使用貸借等の規定の準用）が置かれ，詳細な法律関係が定められている。

(3) 配偶者短期居住権の創設が実務に与える影響

　使用貸借という法形式が実際に用いられる場面として最も重要と思われるのは，相続の場面である。すでに言及したように，判例は，被相続人と同居相続人との間の使用貸借の合意を基礎として，遺産分割までの使用貸借の存続を認めてきた（前掲最判平成8年12月17日）。

　配偶者短期居住権は，被相続人と同居していたのが配偶者の場合に限ったものであるが，実際にも，従来の判例で使用貸借関係が認められてきた中心は配偶者の場合だったと考えられ，この点でも，配偶者短期居住権は，こうした判例によって扱われてきた領域のかなりの部分をカバーすることになるものと思われる。その点で，使用貸借に関する規律の改正よりもはるかに家裁実務に与える影響は大きいだろう。

　もっとも，家裁実務にどのような影響が生じるかという点については，従来の使用貸借による解決と配偶者短期居住権がどのように異なるのか，両者はどのような関係に立つのかをふまえて検討されなければならない。

　① 配偶者以外の共同相続人が被相続人と同居していた場合

　上述のとおり，配偶者短期居住権は，被相続人と同居していた配偶者についてのみの制度であるので，それ以外の共同相続人が被相続人と同居していた場合は対象とならない。

　配偶者短期居住権は，従来の使用貸借を手がかりとして判例によって形成されてきた解決と趣旨が重なるものであり，それを制度化したという側面も

有するが，従来の判例法理を上書きするものではなく，この制度の新設によって従来の判例法理が否定されるものではないと理解されている。

したがって，配偶者以外の共同相続人については，従前どおり，被相続人との使用貸借の合意を基礎として問題が解決されることになる。

なお，配偶者短期居住権について規定された内容が，間接的にも，こうした配偶者以外の共同相続人に関する法律関係に影響を与えないのかという点については，なお不透明である。配偶者以外の共同相続人が配偶者短期居住権の対象とならないことは当然であるが，配偶者短期居住権については，上述のとおり，かなり詳細な規律が用意されている。使用貸借の合意と相続という，法律構成それ自体としてはかなり曖昧な部分を残す法律構成の解釈のレベルにおいて，配偶者短期居住権において示された個別的な規律が参照されるという可能性は完全には否定できないように思われる。

② 配偶者についての配偶者短期居住権と使用貸借

より難しい問題をもたらすのが，配偶者について従来の使用貸借による解決がどのようになるのかという点であろう。配偶者短期居住権の創設が，従来の使用貸借の否定には当然にはつながらないという点は，配偶者以外の共同相続人の場合と同じであるとしても，従来の使用貸借によって解決された事案が完全に配偶者短期居住権によってカバーされるのであれば，配偶者に関しては，使用貸借によって解決する余地は残らないということになる。その点を明らかにするためにも，両者の関係（対象となる範囲，効果の相違）を確認しておく必要がある。

　ア　使用貸借による解決では対応できないが配偶者短期居住権がカバーする部分

上述のとおり，この点で重要なのは，配偶者短期居住権でカバーできないが，使用貸借による解決の対象となる部分があるかという点であるが，ここでは配偶者短期居住権という制度を理解するためにも，それがどのような点で，従来の使用貸借による解決より，配偶者にとって有利なのかという点を最初に確認しておくことにしよう。

まず，配偶者も共同相続人の1人である場合，遺産の分割により居住建物の帰属が確定した日又は相続開始の時から6か月を経過する日のいずれか遅い日までの間の短期居住権を認めているので，遺産分割時を終期とする従来

の判例法理より，配偶者の手当てが厚くなっている（相続開始からすぐに遺産分割がなされた場合など。民法1037条1項1号）。

また，遺言等により居住建物が相続人以外の者の所有に帰する場合や配偶者が相続放棄によって共同相続人に含まれない場合についても，所有者等からの配偶者短期居住権の消滅の申入れから6か月間の短期居住権が認められている（民法1037条1項2号）。これは使用貸借を用いた法律構成では対応が困難な場合を含むものであり（使用貸借を用いた法律構成では，被相続人を当事者とする使用貸借関係が相続人に承継されるということが不可欠である），その点では，配偶者により有利なものとなっている。なお，ここでは，より明確に立ち退き猶予期間として定められており，その範囲で配偶者の保護が図られている。

　イ　配偶者短期居住権がカバーされない部分についての使用貸借による解決の可能性

それに対して，配偶者短期居住権によってカバーされないが，使用貸借による解決が考えられる場面というのは，実際には，それほど多くないものと思われる。

ただし，理論的にはまったくないわけではなく，たとえば，配偶者が相続放棄をした場合，民法1037条1項2号が適用されることになる。この場合，遺産分割前に，共同相続人の全員から短期居住権消滅の申入れ（民法1037条3項）がなされると，配偶者には，そこから6か月間の短期居住権が認められることになる。他方で，判例法理を前提として，共同相続人は使用貸借の当事者たる被相続人の地位を承継し，遺産分割までの使用貸借を認めるということになると（なお，従来の判例法理が，配偶者が共同相続人ではない場合も含むものであるのかについては，若干の議論はある。使用貸借の合意の推認という判例法理からは，このような限定は論理必然的には導かれないものとも思われるが，あくまで共同相続人である場合の解決だとする見解もある），場合によっては，より長い期間の使用貸借が認められる可能性もある。

もっとも，短期居住権の申入れから6か月以前に遺産分割がなされる可能性もあり，一律に使用貸借による解決の方が相続人ではない配偶者に有利だというわけではない。さらに，共同相続人全員で短期居住権消滅の申入れをするような状況では，当該建物についてのみの遺産の一部分割をまずは成立

させるということも考えられるため，この点についての実践的な議論の意義は乏しいかもしれない。

なお使用貸借による解決が考えられる場面がないのかについては，さらに検討が必要とは思われるが，以上のような分析をふまえると，配偶者については，もっぱら短期居住権によって問題が処理されていくことになるものと思われる。

7 エクササイズ

> Aが死亡した。相続人は，Aの配偶者B，Bとの間の子C・Dである。Aの遺産は，土地甲と甲に立つ建物乙，株式，預貯金等である。Aの死亡時に，乙には，Bと未成年のDが同居しており，Cは独立し，別に暮らしていた。
>
> A死亡後の乙の利用について，B・C・Dの間は，どのような法律関係となるか。
>
> AとB・D（あるいは，Bのみ，Dのみ）の間で，「遺産分割までは，B・D（B/C）が甲に関して無償で利用することを認める」という使用貸借の合意が書面でなされていた場合には，この点について何か異なるか。

第3編

参考裁判例

<債権法改正についての概説関連>

裁判例1　最判昭和38年9月5日（民集17巻8号909頁）
代理権の濫用（心裡留保の類推適用と民法107条）

「株式会社の代表取締役が，自己の利益のため表面上会社の代表者として法律行為をなした場合において，相手方が右代表取締役の真意を知りまたは知り得べきものであつたときは，民法93条但書の規定を類推し，右の法律行為はその効力を生じないものと解するのが相当である。」

参　考

（代理権の濫用）
第107条　代理人が自己又は第三者の利益を図る目的で代理権の範囲内の行為をした場合において，相手方がその目的を知り，又は知ることができたときは，その行為は，代理権を有しない者がした行為とみなす。

<改正前民法>
（心裡留保）
第93条　意思表示は，表意者がその真意ではないことを知ってしたときであっても，そのためにその効力を妨げられない。ただし，相手方が表意者の真意を知り，又は知ることができたときは，その意思表示は，無効とする。

裁判例2　最判平成6年5月31日（民集48巻4号1029頁）
条件（判例法理の明文化：民法130条）

「上告人は，単に本件和解条項違反行為の有無を調査ないし確認する範囲を超えてAを介して積極的に被上告人Bを本件和解条項第1項に違反する行為をするよう誘引したものであって，これは，条件の成就によって利益を受ける当事者である上告人が故意に条件を成就させたものというべきであるか

ら，民法130条の類推適用により，被上告人らは，本件和解条項第2項の条件が成就していないものとみなすことができると解するのが相当である。」

参 考

（条件の成就の妨害等）
第130条　条件が成就することによって不利益を受ける当事者が故意にその条件の成就を妨げたときは，相手方は，その条件が成就したものとみなすことができる。
2　条件が成就することによって利益を受ける当事者が不正にその条件を成就させたときは，相手方は，その条件が成就しなかったものとみなすことができる。

裁判例3　大判明治44年3月24日（民録17輯117頁）
詐害行為取消請求の判決の効力が及ぶ範囲（相対的取消説の不採用）

「民法第424条に規定する詐害行為廃罷訴権は債権者を害することを知りて為したる債務者の法律行為を取消し債務者の財産上の地位を其法律行為を為したる以前の現状に復し以て債権者をして其債権の正当なる弁済を受くることを得せしめて其担保権を確保するを目的とするは此訴権の性質上明確一点の疑を容れざる所なり然れども債権者が詐害行為廃罷訴権を行使するに当たり何人を対手人として訴訟を提起すべきやの点に付ては我民法並に民事訴訟法中に何等の規定を存せざるを以て解釈上疑を生ずるを免かれず而して債務者の財産が詐害行為の結果其行為の対手人たる受益者の有に帰し更に転じて第三者の有に帰したる場合に於て廃罷の目的となるべき行為は第424条の明文に従い債務者の行為にして受益者は其行為の相手方として直接之に干与したるものなれば其廃罷を請求する訴訟に於て債務者及び受益者を対手人と為すことを要するは勿論転得者は其法律行為の当事者にあらざるも廃罷の結果一旦其有に帰したる債務者の財産を回復せらるるの地位に立ち直接の利害関係を有するものなれば転得者も亦其訴訟に於て対手人たることを要し結局詐害行為廃罷の訴は此三者の間に於て一の必要的共同訴訟を成すものなりとは

当院従来の判例に依り確認せられたる解釈なり然りと雖も詐害行為の廃罷は民法が「法律行為の取消」なる語を用いたるに拘らず一般法律行為の取消とその性質を異にしその効力は相対的にして何人にも対抗すべき絶対的のものにあらず詳言すれば裁判所が債権者の請求に基づき債務者の法律行為を取消したるときはその法律行為は訴訟の相手方に対しては全然無効に帰すべしと言えどもその訴訟に関与せざる債務者受益者又は転得者に対しては依然として存立することを妨げざると同時に債権者が特定の対手人との関係において法律行為の効力を消滅せしめよってもって直接又は間接に債務者の財産上の地位を現状に復することを得るにおいてはその他の関係人との関係においてその法律行為を成立せしむるもその利害に何らの影響を及ぼすことなしこれをもって債権者が債務者の財産を譲受けたる受益者又は転得者に対して訴えを提起しこれに対する関係において法律行為を取消したる以上はその財産の回復又はこれに代るべき賠償を得ることによってその担保権を確保するに足るをもって特に債務者に対して訴えを提起しその法律行為の取消を求むるの心配なし」

参考

（認容判決の効力が及ぶ者の範囲）
第425条　詐害行為取消請求を認容する確定判決は，債務者及びその全ての債権者に対してもその効力を有する。

＜論点1　錯誤関連＞

裁判例4　最判昭和29年11月26日（民集8巻11号2087頁）
動機の錯誤（改正前民法95条）

「意思表示をなすについての動機は表意者が当該意思表示の内容としてこれを相手方に表示した場合でない限り法律行為の要素とはならないものと解するを相当とする。」

> **参 考**
>
> （錯誤）
> 第95条　意思表示は，次に掲げる錯誤に基づくものであって，その錯誤が法律行為の目的及び取引上の社会通念に照らして重要なものであるときは，取り消すことができる。
> (1) 意思表示に対応する意思を欠く錯誤
> (2) 表意者が法律行為の基礎とした事情についてのその認識が真実に反する錯誤
> 2　前項第二号の規定による意思表示の取消しは，その事情が法律行為の基礎とされていることが表示されていたときに限り，することができる。
> 3　錯誤が表意者の重大な過失によるものであった場合には，次に掲げる場合を除き，第一項の規定による意思表示の取消しをすることができない。
> (1) 相手方が表意者に錯誤があることを知り，又は重大な過失によって知らなかったとき。
> (2) 相手方が表意者と同一の錯誤に陥っていたとき。
> 4　第一項の規定による意思表示の取消しは，善意でかつ過失がない第三者に対抗することができない。
>
> ＜改正前民法＞
> （錯誤）
> 第95条　意思表示は，法律行為の要素に錯誤があったときは，無効とする。ただし，表意者に重大な過失があったときは，表意者は，自らその無効を主張することができない。

■裁判例5　最判平成28年1月12日（民集70巻1号1頁）
動機の錯誤（改正前民法95条）

「本件についてこれをみると，前記事実関係によれば，被上告人及び上告人は，本件各保証契約の締結当時，本件指針等により，反社会的勢力との関係を遮断すべき社会的責任を負っており，本件各保証契約の締結前にａ社が

反社会的勢力であることが判明していた場合には，これらが締結されることはなかったと考えられる。しかし，保証契約は，主債務者がその債務を履行しない場合に保証人が保証債務を履行することを内容とするものであり，主債務者が誰であるかは同契約の内容である保証債務の一要素となるものであるが，主債務者が反社会的勢力でないことはその主債務者に関する事情の一つであって，これが当然に同契約の内容となっているということはできない。そして，被上告人は融資を，上告人は信用保証を行うことをそれぞれ業とする法人であるから，主債務者が反社会的勢力であることが事後的に判明する場合が生じ得ることを想定でき，その場合に上告人が保証債務を履行しないこととするのであれば，その旨をあらかじめ定めるなどの対応を採ることも可能であった。それにもかかわらず，本件基本契約及び本件各保証契約等にその場合の取扱いについての定めが置かれていないことからすると，主債務者が反社会的勢力でないということについては，この点に誤認があったことが事後的に判明した場合に本件各保証契約の効力を否定することまでを被上告人及び上告人の双方が前提としていたとはいえない。また，保証契約が締結され融資が実行された後に初めて主債務者が反社会的勢力であることが判明した場合には，既に上記主債務者が融資金を取得している以上，上記社会的責任の見地から，債権者と保証人において，できる限り上記融資金相当額の回収に努めて反社会的勢力との関係の解消を図るべきであるとはいえても，両者間の保証契約について，主債務者が反社会的勢力でないということがその契約の前提又は内容になっているとして当然にその効力が否定されるべきものともいえない。

　そうすると，ａ社が反社会的勢力でないことという上告人の動機は，それが明示又は黙示に表示されていたとしても，当事者の意思解釈上，これが本件各保証契約の内容となっていたとは認められず，上告人の本件各保証契約の意思表示に要素の錯誤はないというべきである。」

裁判例6　最判昭和40年9月10日（民集19巻6号1512頁）
無効主張者の制限（改正前民法95条）

　「民法95条の律意は瑕疵ある意思表示をした当事者を保護しようとするにあるから，表意者自身において，その意思表示に何らの瑕疵も認めず，錯誤を理由として意思表示の無効を主張する意思がないにもかかわらず，第三者

において錯誤に基づく意思表の無効を主張することは，原則として許されないと解すべきである（後略）。」

裁判例7 大判大正11年2月25日（民集1巻69頁）
身分行為と錯誤（離婚無効への民法総則規定の適用否定）

「婚姻に付，無効の原因を民法748条の特別規定を以て制限したる法意に依りて之を見れば，意思表示の無効に関する民法総則の規定は，婚姻に適用せられざること明にして，従て，之と同一の性質を有する離婚にも適用せられざるものと解釈するを相当とす。」

裁判例8 最判昭和33年6月14日（民集12巻9号1492頁）
訴訟上の和解と錯誤

「しかし，原判決の適法に確定したところによれば，本件和解は，本件請求金額62万9777円50銭の支払義務あるか否かが争の目的であつて，当事者である原告（被控訴人，被上告人），被告（控訴人，上告人）が原判示のごとく互に譲歩をして右争を止めるために仮差押にかかる本件ジヤムを市場で一般に通用している特選金菊印苺ジヤムであることを前提とし，これを一箱当り3000円（一缶平均62円50銭相当）と見込んで控訴人から被控訴人に代物弁済として引渡すことを約したものであるところ，本件ジヤムは，原判示のごとき粗悪品であつたから，本件和解に関与した被控訴会社の訴訟代理人の意思表示にはその重要な部分に錯誤があつたというのであるから，原判決には所論のごとき法令の解釈に誤りがあるとは認められない。」

参考

（和解の効力）
第696条　当事者の一方が和解によって争いの目的である権利を有するものと認められ，又は相手方がこれを有しないものと認められた場合において，

その当事者の一方が従来その権利を有していなかった旨の確証又は相手方がこれを有していた旨の確証が得られたときは，その権利は，和解によってその当事者の一方に移転し，又は消滅したものとする。

裁判例9　最判昭和33年3月5日（民集12巻3号381頁）
裁判上の和解と既判力

「罹災都市借地借家臨時処理法（以下単に処理法という。）は，先般の戦争による罹災又は建物疎開のため甚大な被害を蒙つた都市における罹災者の居住の安定を図ると共に，都市の急速な復興をはかるため制定されたものであつて，罹災者の居住の保護のために，罹災建物の借主に対しその敷地につき優先的に借地権の設定又は譲渡を求める権利を与え，また，疎開跡地について旧借地人又は疎開建物の借主に優先的に借地権の設定を求める権利を与えている。すなわち，同法二条，三条（同法九条で準用する場合を含む）では，罹災建物の借主に，敷地についてその申出により優先的に借地権の設定又は譲渡を受ける権利を認め，土地所有者又は既存の借地権者は正当な事由がなければ，その申出を拒絶することができないものとし，同法一五条，一八条では，この借地権の設定又は譲渡に関する法律関係について争のあるときは，申立により裁判所が非訟事件手続法により，これを定めることができる旨を規定している。（中略）

そして，処理法25条は，同法15条の規定による裁判は裁判上の和解と同一の効力を有する旨規定し，裁判上の和解は確定判決の同一の効力を有し（民訴203条），既判力を有するものと解すべきであり，また，特に所論の如く借地権設定の裁判に限つて既判力を否定しなければならない解釈上の根拠もなく，更に，本件の如く実質的理由によつて賃借権設定申立を却下した裁判も処理法二五条に規定する同法一五条の裁判であることに疑いなく，従つて，これについて既判力を否定すべき理由がなく，この裁判に既判力を認めたからといつて，憲法の保障する裁判所の裁判を受ける権利を奪うことにならないことは多言を要しないところである。」

参　考

（民訴法）
（和解調書等の効力）

第267条　和解又は請求の放棄若しくは認諾を調書に記載したときは、その記載は、確定判決と同一の効力を有する。

〈旧民訴法〉
（和解・放棄・認諾調書等の効力）
第203条　和解又は請求の放棄も若は認諾を調書に記載したるときは其の記載は確定判決と同一の効力を有す。

裁判例10　最判平成元年9月14日（判タ718号75頁）
動機の錯誤による財産分与の無効（改正前民法95条）

「意思表示の動機の錯誤が法律行為の要素の錯誤としてその無効をきたすためには、その動機が相手方に表示されて法律行為の内容となり、もし錯誤がなかったならば表意者がその意思表示をしなかったであろうと認められる場合であることを要するところ（最高裁昭和27年(オ)第938号同29年11月26日第二小法廷判決・民集8巻11号208頁、昭和44年(オ)第829号同45年5月29日第二小法廷判決・裁判集民事99号273頁参照）、右動機が黙示的に表示されているときであっても、これが法律行為の内容となることを妨げるものではない。

本件についてこれをみると、所得税法33条1項にいう「資産の譲渡」とは、有償無償を問わず資産を移転させる一切の行為をいうものであり、夫婦の一方の特有財産である資産を財産分与として他方に譲渡することが右「資産の譲渡」に当たり、譲渡所得を生ずるものであることは、当裁判所の判例（最高裁昭和47年（行ツ）第4号同50年5月27日第三小法廷判決・民集29巻5号641頁、昭和51年（行ツ）第27号同53年2月16日第一小法廷判決・裁判集民事123号71頁）とするところであり、離婚に伴う財産分与として夫婦の一方がその特有財産である不動産を他方に譲渡した場合には、分与者に譲渡所得を生じたものとして課税されることとなる。したがって、前示事実関係からすると、本件財産分与契約の際、少なくとも上告人において右の点を誤解していたものというほかはないが、上告人は、その際、財産分与を受ける被上告人に課税されることを心配してこれを気遣う発言をしたというのであ

り、記録によれば、被上告人も、自己に課税されるものと理解していたことが窺われる。そうとすれば、上告人において、右財産分与に伴う課税の点を重視していたのみならず、他に特段の事情がない限り、自己に課税されないことを当然の前提とし、かつ、その旨を黙示的には表示していたものといわざるをえない。そして、前示のとおり、本件財産分与契約の目的物は上告人らが居住していた本件建物を含む本件不動産の全部であり、これに伴う課税も極めて高額にのぼるから、上告人とすれば、前示の錯誤がなければ本件財産分与契約の意思表示をしなかったものと認める余地が十分にあるというべきである。上告人に課税されることが両者間で話題にならなかったとの事実も、上告人に課税されないことが明示的には表示されなかったとの趣旨に解されるにとどまり、直ちに右判断の妨げになるものではない。」

参 考

（財産分与）
第768条　協議上の離婚をした者の一方は、相手方に対して財産の分与を請求することができる。
2　前項の規定による財産の分与について、当事者間の協議が調わないとき、又は協議をすることができないときは、当事者は、家庭裁判所に対して協議に代わる処分を請求することができる。ただし、離婚の時から二年を経過したときは、この限りではない。
3　前項の場合には、家庭裁判所は、当事者双方がその協力によって得た財産の額その他一切の事情を考慮して、分与をさせるべきかどうか並びに分与の額及び方法を定める。

裁判例11　最判平成5年12月16日（判タ842号124頁）
要素の錯誤と遺産分割協議

「相続人が遺産分割協議の意思決定をする場合において、遺言で分割の方法が定められているときは、その趣旨は遺産分割の協議及び審判を通じて可能な限り尊重されるべきものであり、相続人もその趣旨を尊重しようとするのが通常であるから、相続人の意思決定に与える影響力は格段に大きいとい

うことができる。ところで，甲遺言は，本件土地につきおおよその面積と位置を示して三分割した上，それぞれを被上告人，上告人乙及び同丙の三名に相続させる趣旨のものであり，本件土地についての分割の方法をかなり明瞭に定めているということができるから，上告人乙及び同丙は，甲遺言の存在を知っていれば，特段の事情のない限り，本件土地を丁が単独で相続する旨の本件遺産分割協議の意思表示をしなかった蓋然性が極めて高いものというべきである。右上告人らは，それぞれ法定の相続分を有することを知りながら，甲から生前本件土地をもらったと信じ込んでいる丁の意思を尊重しようとしたこと，丁の単独所有にしても近い将来自分たちが相続することになるとの見通しを持っていたという事情があったとしても，遺言で定められた分割の方法が相続人の意思決定に与える影響力の大きさなどを考慮すると，これをもって右特段の事情があるということはできない。」

参 考

（遺産の分割の協議又は審判等）
第907条　共同相続人は，次条の規定により被相続人が遺言で禁じた場合を除き，いつでも，その協議で，遺産の全部または一部の分割をすることができる。
2　（以降略）

〈改正前民法〉
第907条　共同相続人は，次条の規定により被相続人が遺言で禁じた場合を除き，いつでも，その協議で，遺産の分割をすることができる。
2　（以降略）

裁判例12　最判昭和29年12月24日（民集8巻12号2310頁）
相続放棄申述受理と既判力（民法938条）

「家庭裁判所が相続放棄の申述を受理するには，その要件を審査した上で受理すべきものであるということはいうまでもないが，相続の放棄に法律上無効原因の存する場合には後日訴訟においてこれを主張することを妨げな

い。」

> **参 考**
>
> （相続の放棄の方式）
> 第938条　相続の放棄をしようとする者は，その旨を家庭裁判所に申述しなければならない。

裁判例13　最判昭和30年9月30日（民集9巻10号1491頁）
相続放棄の申述と錯誤（改正前民法95条の適用を否定した事例）

「本件相続放棄の結果，被上告人の相続税が上告人等の予期に反して多額に上つた等所論の事項は，本件相続放棄の申述の内容となるものでなく，単なる動機に関するものに過ぎないことは，原判示のとおりであるから，かかる場合に民法九五条の規定は適用のないものとした原判決は正当であつて，論旨は理由がない。」

裁判例14　最判昭和40年5月27日（判タ179号121頁）
相続放棄の申述と錯誤（改正前民法95条の適用を否定した事例）

「相続放棄は家庭裁判所がその申述を受理することによりその効力を生ずるものであるが，その性質は私法上の財産法上の法律行為であるから，これにつき民法九五条の規定の適用があることは当然であり（昭和27年(オ)743号・同30年9月30日第二小法廷判決・裁判集民事19号731頁参照），従つて，これに反する見解を主張する論旨は理由がなく，また，原審確定の事実関係に照らせば，被上告人甲を除くその余の被上告人らの本件相続放棄に関する錯誤は単なる縁由に関するものにすぎなかつた旨の原審の判断は，是認するに足りる。」

＜論点3　債権の消滅時効関連＞

裁判例15　最判昭和45年9月10日（民集24巻10号1389頁）
裁判上の催告（判例法理の明文化：民法147条柱書括弧書き）

「右のような事実関係のもとにおいては，被上告人の先代が破産手続においてした右権利行使の意思の表示は，破産の申立が申立の適法要件として申述された債権につき消滅時効の中断事由となるのと同様に，一種の裁判上の請求として，当該権利の消滅時効の進行を中断する効力を有するものというべきであり，かつ，破産の申立がのちに取り下げられた場合でも，破産手続上権利行使の意思が表示されていたことにより継続してなされていたものと見るべき催告としての効力は消滅せず，取下後六ヶ月内に他の強力な中断事由に訴えることにより，消滅時効を確定的に中断することができるものと解するのを相当とする。それゆえ，破産申立の取下前にされた本訴の提起をもつて，時効完成前にされたものと認めた原審の判断は結局正当であり，論旨は，これと異なる独自の見解に立つて原判決の違法をいうものにすぎず，採用することができない。」

参　考

（裁判上の請求等による時効の完成猶予及び更新）
第147条　次に掲げる事由がある場合には，その事由が終了する（確定判決又は確定判決と同一の効力を有するものによって権利が確定することなくその事由が終了した場合にあっては，その終了の時から六箇月を経過する）までの間は，時効は，完成しない。
(1) 裁判上の請求
(2) 支払督促
(3) 民事訴訟法第275条第1項の和解又は民事調停法（昭和26年法律第222号）若しくは家事事件手続法（平成23年法律第52号）による調停
(4) 破産手続参加，再生手続参加又は更生手続参加
2　前項の場合において，確定判決又は確定判決と同一の効力を有するものによって権利が確定したときは，時効は，同項各号に掲げる事由が終了した時から新たにその進行を始める。

裁判例16　大判大正 8 年 6 月30日（民録25輯1200頁）
催告による時効の完成猶予（判例法理の明文化：民法150条 2 項）

「仍て按ずるに裁判外の請求即ち催促は 6 か月内に裁判上の請求和解の為めにする呼出若くは任意出頭破産手続参加差押仮差押又は仮処分を為すに非ざれば時効中断の効力を生ぜざること民法第153条に規定する所なれば債権者が単に催告を為したる事実あればとて直に時効が中断せらるるものと為す可からず」

参　考

（催告による時効の完成猶予）
第150条　催告があったときは，その時から六箇月を経過するまでの間は，時効は，完成しない。
2　催告によって時効の完成が猶予されている間にされた再度の催告は，前項の規定による時効の完成猶予の効力を有しない。

裁判例17　最判平成元年12月21日（民集43巻12号2209頁）
損害賠償請求権の消滅時効（除斥期間ではなく消滅時効に：民法724条）

「民法724条後段の規定は，不法行為によって発生した損害賠償請求権の除斥期間を定めたものと解するのが相当である。けだし，同条がその前段で 3 年の短期の時効について規定し，更に同条後段で20年の長期の時効を規定していると解することは，不法行為をめぐる法律関係の速やかな確定を意図する同条の趣旨に沿わず，むしろ同条前段の 3 年の時効は損害及び加害者の認識という被害者側の主観的な主張によってその完成が左右されるが，同条後段の20年の期間は被害者側の認識のいかんを問わず一定の時の経過によって法律関係を確定させるため請求権の存続期間を画一的に定めたものと解するのが相当であるからである。

これを本件についてみるに，被上告人らは，本件事故発生の日である昭和24年2月14日から20年以上経過した後の昭和52年12月17日に本訴を提起して損害賠償を求めたものであるところ，被上告人らの本件請求権は，すでに本訴提起前の右20年の除斥期間が経過した時点で法律上当然に消滅したことになる。そして，このような場合には，裁判所は，除斥期間の性質にかんがみ，本件請求権が除斥期間の経過により消滅した旨の主張がなくても，右期間の経過により本件請求権が消滅したものと判断すべきでありしたがって，被上告人ら主張に係る信義則違反又は権利濫用の主張は，主張自体失当であって採用の限りではない。」

参　考

（不法行為による損害賠償請求権の消滅時効）
第724条　不法行為による損害賠償の請求権は，次に掲げる場合には，時効によって消滅する。
(1)　被害者又はその法定代理人が損害及び加害者を知った時から3年間行使しないとき。
(2)　不法行為の時から20年間行使しないとき。

＜論点4　責任財産保全制度関連＞

裁判例18　最判昭和49年9月20日（民集28巻6号1202頁）
詐害行為取消しの対象（相続放棄と詐害取消行為）

「相続の放棄のような身分行為については，民法424条の詐害行為取消権行使の対象とならないと解するのが相当である。なんとなれば，右取消権行使の対象となる行為は，積極的に債務者の財産を減少させる行為であることを要し，消極的にその増加を妨げるにすぎないものを包含しないものと解するところ，相続の放棄は，相続人の意思からいっても，また法律上の効果からいっても，これを既得財産を積極的に減少させる行為というよりはむしろ消極的にその増加を妨げる行為にすぎないとみるのが，妥当である。また，相

続の放棄のような身分行為については、他人の意思によってこれを強制すべきでないと解するところ、もし相続の放棄を詐害行為として取り消しうるものとすれば、相続人に対し相続の承認を強制することと同じ結果となり、その不当であることは明らかである。」

裁判例19　最判平成13年11月22日（民集55巻6号1033頁）
債権者代位の目的（遺留分減殺請求権と債権者代位）

「2　遺留分減殺請求権は、遺留分権利者が、これを第三者に譲渡するなど、権利行使の確定的意思を有することを外部に表明したと認められる特段の事情がある場合を除き、債権者代位の目的とすることができないと解するのが相当である。その理由は次のとおりである。

遺留分制度は、被相続人の財産処分の自由と身分関係を背景とした相続人の諸利益との調整を図るものである。民法は、被相続人の財産処分の自由を尊重して、遺留分を侵害する遺言について、いったんその意思どおりの効果を生じさせるものとした上、これを覆して侵害された遺留分を回復するかどうかを、専ら遺留分権利者の自律的決定にゆだねたものということができる（1031条、1043条参照）。そうすると、遺留分減殺請求権は、前記特段の事情がある場合を除き、行使上の一身専属性を有すると解するのが相当であり、民法423条1項ただし書にいう「債務者ノ一身ニ専属スル権利」に当たるというべきであって、遺留分権利者以外の者が、遺留分権利者の減殺請求権行使の意思決定に介入することは許されないと解するのが相当である。民法1031条が、遺留分権利者の承継人にも遺留分減殺請求権を認めていることは、この権利がいわゆる帰属上の一身専属性を有しないことを示すものにすぎず、上記のように解する妨げとはならない。」

参考

＜改正前民法＞
（遺贈又は贈与の減殺請求）
第1031条　遺留分権利者及びその承継人は、遺留分を保全するのに必要な限度で、遺贈及び前条に規定する贈与の減殺を請求することができる。

裁判例20　最判昭和30年12月26日（民集9巻14号2082頁）
　　　　　　　代位行使の範囲（被相続人の権利の代位行使）

　「民法423条による債権者代位権は，債権者がその債権を保全するため債務者の権利を行使し得る権利であり，それは，ひっきょう債権の一種の効力に外ならないのである。しかるに被上告人は，単に上告人甲の推定相続人たる期待権を有するだけであって，なんら同上告人に対し債権を有するものでないから，被上告人は当然にはなんら代位権を行使し得べきいわれはない。」

裁判例21　最判昭和55年7月11日（民集34巻4号628頁）
　　　　　　　代位行使の範囲（財産分与請求権を保全するための債権者代位権の行使）

　「離婚によって生ずることあるべき財産分与請求権は，一個の私権たる性格を有するものではあるが，協議あるいは審判等によって具体的内容が形成されるまでは，その範囲及び内容が不確定・不明確であるから，かかる財産分与請求権を保全するために債権者代位権を行使することはできないものと解するのが相当である。」

裁判例22　最判昭和44年6月24日（民集23巻7号1079頁）
　　　　　　　代位行使の範囲・効果（判例・通説の法理の明文化：民法423条の2）

　「債権者代位権は，債権者の債権を保全するために認められた制度であるから，これを行使しうる範囲は，右債権の保全に必要な限度に限られるべきものであって，債権者が債務者に対する金銭債権に基づいて債務者の第三債務者に対する金銭債権を代位行使する場合においては，債権者は自己の債権額の範囲においてのみ債務者の債権を行使しうるものと解すべきである。」

> **参　考**
>
> （代位行使の範囲）
> 第423条の2　債権者は，被代位権利を行使する場合において，被代位権利の目的が可分であるときは，自己の債権の額の限度においてのみ，被代位権利を行使することができる。

裁判例23　最判昭和29年9月24日（民集8巻9号1658頁）
代位行使の範囲・効果（判例・通説の法理の明文化：民法423条の3）

「建物の賃借人が，その賃借権を保全するため賃貸人たる建物所有者に代位して建物の不法占拠者に対しその明渡を請求する場合においては，直接自己に対してその明渡をなすべきことを請求することができるものと解するのを相当とする（大審院昭和7年6月21日言渡判決，民集11巻1198頁，同昭和10年3月12日言渡判決，集14巻482頁各参照）。」

> **参　考**
>
> （債権者への支払又は引渡し）
> 第423条の3　債権者は，被代位権利を行使する場合において，被代位権利が金銭の支払又は動産の引渡しを目的とするものであるときは，相手方に対し，その支払又は引渡しを自己に対してすることを求めることができる。この場合において，相手方が債権者に対してその支払又は引渡しをしたときは，被代位権利は，これによって消滅する。

裁判例24　最判昭和48年4月24日（民集27巻3号596頁）
債権者代位権の行使と債務者の処分権限（債権法改正前の判例法理）

〔要旨〕
債権者が代位権を行使して第三債務者に対し訴を提起した場合，債務者が独立当事者参加をして第三債務者に対しこれと訴訟物を同じくする訴えを提起することは，重複起訴禁止に触れるものではないが，審理の結果，債権者の代位権行使が適法であること，すなわち，債権者が代位の目的となった権利につき訴訟追行権を有していることが判明したときは，債務者は訴訟追行権を有せず，当事者適格を欠くものとして，その訴は不適法となる。

「債権者が民法423条1項の規定により代位権を行使して第三債務者に対し訴を提起した場合であって，債務者が民訴法71条により右代位訴訟に参加し第三債務者に対し右代位訴訟と訴訟物を同じくする訴を提起することは，民訴法231条の重複起訴禁止にふれるものではないと解するのが相当である。〈中略〉もっとも，債権者が適法に代位権行使に着手した場合において，債務者に対しその事実を通知するかまたは債務者がこれを了知したときは，債務者は代位の目的となった権利につき債権者の代位権行使を妨げるような処分をする権能を失い，したがって，右処分行為と目される訴を提起することができなくなる（大審院昭和13年(オ)第1901号同14年5月16日判決・民集18巻9号557頁参照）のであって，この理は，債務者の訴提起が前記参加による場合であっても異なるものではない。したがって，審理の結果債権者の代位権行使が適法であること，すなわち，債権者が代位の目的となった権利につき訴訟追行権を有していることが判明したときは，債務者は右権利につき訴訟追行権を有せず，当事者適格を欠くものとして，その訴は不適法といわざるをえない反面，債権者が右訴訟追行権を有しないことが判明したときは，債務者はその訴訟追行権を失っていないものとして，その訴は適法ということができる。」

参考

（債務者の取立てその他の処分の権限等）
第423条の5　債権者が被代位権利を行使した場合であっても，債務者は，被

代位権利について，自ら取立てその他の処分をすることを妨げられない。この場合においては，相手方も，被代位権利について，債務者に対して履行をすることを妨げられない。

裁判例25　最判昭和58年12月19日（民集37巻10号1532頁）
詐害行為取消しの対象（離婚に伴う財産分与）

「分与者が既に債務超過の状態にあって当該財産分与によって一般債権者に対する共同担保を減少させる結果になるとしても，それが民法768条3項の規定の趣旨に反して不相当に過大であり，財産分与に仮託してされた財産処分であると認めるに足りるような特段の事情のない限り，詐害行為として，債権者による取消の対象となりえないものと解するのが相当である。」

裁判例26　最判平成12年3月9日（民集54巻3号1013頁）
詐害行為取消しの対象（離婚に伴う財産分与・慰謝料支払合意）

「2　離婚に伴う財産分与は，民法768条3項の規定の趣旨に反して不相当に過大であり，財産分与に仮託してされた財産処分であると認めるに足りるような特段の事情のない限り，詐害行為とならない（最高裁昭和57年(オ)第798号同58年12月19日第二小法廷判決・民集37巻10号1532頁）。このことは，財産分与として金銭の定期給与をする旨の合意をする場合であっても，同様と解される。
そして，離婚に伴う財産分与として金銭の給付をする旨の合意がされた場合において，右特段の事情があるときは，不相当に過大な部分について，その限度において詐害行為として取り消されるべきものと解するのが相当である。
3　離婚に伴う慰謝料を支払う旨の合意は，配偶者の一方が，その有責行為及びこれによって離婚のやむなきに至ったことを理由として発生した損害賠償債務の存在を確認し，賠償額を確定してその支払を約する行為であっ

て，新たに創設的に債務を負担するものとはいえないから，詐害行為とはならない。しかしながら，<u>当該配偶者が負担すべき損害賠償債務の額を超えた金額の慰謝料を支払う旨の合意がされたときは，その合意のうち右損害賠償債務の額を超えた部分については，慰謝料支払の名を借りた金銭の贈与契約ないし対価を欠いた新たな債務負担行為というべきであるから，詐欺行為取消権行使の対象となり得るものと解するのが相当である。</u>」

参 考

（詐害行為取消請求）
第424条　債権者は，債務者が債権者を害することを知ってした行為の取消しを裁判所に請求することができる。ただし，その行為によって利益を受けた者（以下この款において「受益者」という。）がその行為の時において債権者を害することを知らなかったときは，この限りでない。
2　前項の規定は，財産権を目的としない行為については，適用しない。
3　債権者は，その債権が第一項に規定する行為の前の原因に基づいて生じたものである場合に限り，同項の規定による請求（以下「詐害行為取消請求」という。）をすることができる。
4　債権者は，その債権が強制執行により実現することのできないものであるときは，詐害行為取消請求をすることができない。

（財産分与）
第768条　協議上の離婚をした者の一方は，相手方に対して財産の分与を請求することができる。
2　前項の規定による財産の分与について，当事者間に協議が調わないとき，又は協議をすることができないときは，当事者は，家庭裁判所に対して協議に代わる処分を請求することができる。ただし，離婚の時から二年を経過したときは，この限りでない。
3　前項の場合には，家庭裁判所は，当事者双方がその協力によって得た財産の額その他一切の事情を考慮して，分与をさせるべきかどうか並びに分与の額及び方法を定める。

裁判例27　最判平成11年6月11日（民集53巻5号898頁）
詐害行為取消しの対象（遺産分割協議）

「二　共同相続人の間で成立した遺産分割協議は，詐害行為取消権行使の対象となり得るものと解するのが相当である。けだし，遺産分割協議は，相続の開始によって共同相続人の共有となった相続財産について，その全部又は一部を，各相続人の単独所有とし，又は新たな共有関係に移行させることによって，相続財産の帰属を確定させるものであり，その性質上，財産権を目的とする法律行為であるということができるからである。」

裁判例28　大判大正6年1月22日（民録23輯8頁）
詐害行為と被保全債権の発生時期の先後（民法424条）

「債務者の財産は一般債権者の為に共同担保たるの効力を有するものにして而て詐害行為取消権は債権者が債務者の財産に対して予期したる此担保の利益を阻害せらるるを防止するを目的とするものなるを以て<u>詐害行為取消権を行使する債権者の債権は其行為以前に発生したるものなることを要し其行為以後に発生したる債権は以て詐害の目的たることを得ざるものとす</u>。」

裁判例29　大判大正9年12月27日（民録26輯2096頁）
詐害行為と被保全債権の発生時期の先後（民法424条）

「詐害行為のありたる後に発生たる債権は詐害の目的となることを得ざること当院判例の認むるところにして（大正5年㋔第685號大正6年1月22日当院判決参照）いまだこれを変更するの理由あるをみざるをもって大正5年8月10日成立したる前示消費貸借の債権は本件不動産の購買行為により詐害せられたるものというをえず，ゆえに被上告人興作はその債権に基づき本件購買行為の取消を求むることを得ざるなり。」

参 考

<改正前民法>
(詐害行為取消権)
第424条 債権者は，債務者が債権者を害することを知ってした法律行為の取消しを裁判所に請求することができる。ただし，その行為によって利益を受けた者又は転得者がその行為又は転得の時において債権者を害すべき事実を知らなかったときは，この限りでない。
2 前項の規定は，財産権を目的としない法律行為については，適用しない。

裁判例30　最判昭和35年4月26日（民集14巻6号1046頁）
被保全債権の発生時期（詐害行為後に発生した遅延損害金）

〔要旨〕
詐害行為取消権によって保全される債権の額には，詐害行為後に発生した遅延損害金も含まれるものと解するのが相当である。

「本件は，債務者訴外乙が昭和29年7月8日原判示（甲）不動産につき上告人のためになした抵当権の設定が詐害行為であると主張されているものであるところ，原判決の確定した事実によれば，右不動産については，その後抵当権の実行による競売の申立がなされ，〈中略〉。本件抵当債権の配当分は先順位抵当債権額を控除した結果104万7425円となつたというのであるから，本件抵当権の設定が取り消されるときは，被上告人はその債権元本45万円及びこれに対する遅延損害金を右配当分から総債権者の利益のために弁済をうけうるのであり，〈中略〉（訴外人に）抵当債権を譲渡した上告人に対してもまた利得に代る賠償として右債権額の限度内の金員の支払を求めることができるものといわなければならない。」

裁判例31　最判昭和46年9月21日（民集25巻6号823頁）
被保全債権の範囲（婚姻費用分担債権）

「将来の婚姻費用の支払に関する債権であっても、いったん調停によってその支払が決定されたものである以上、詐害行為取消権行使の許否にあたっては、それが婚姻費用であることから、直ちに、債権としてはいまだ発生していないものとすることはできない。すなわち、一般に、婚姻費用の分担は、婚姻関係の存続を前提とし、その時の夫婦の資産、収入、その他一切の事情を考慮してその額が決せられるものであつて、〈中略〉いったん家庭裁判所が審判または調停によってこれを決定した以上、他の機関において、これを否定し、あるいはその内容を変更しうべきものではなく、家庭裁判所が、事情の変動によりその分担額を変更しないかぎり、債権者たる配偶者は、右審判または調停によって決定された各支払期日に、その決定された額の金員を支払うべきものといわなければならない。その意味においては、この債権もすでに発生した債権というを妨げないのである。〈中略〉

もっとも、婚姻費用の分担に関する債権は、前記のとおり婚姻関係の存続を前提とするものであるから、婚姻関係の終了によって以後の分は消滅すべきものであ（るが）、〈中略〉少なくとも、当事者間の婚姻関係その他の事情から、右調停または審判の前提たる事実関係の存続がかなりの蓋然性をもつて予測される限度においては、これを被保全債権として詐害行為の成否を判断することが許されるものというべきである。」

裁判例32　最判昭和42年2月14日（金商52号12頁）
詐害の意思（民法424条1項本文）

〔要旨〕
　実質的には婚姻関係解消の意思なく単に医療扶助を受ける目的だけのために協議離婚がなされたとの事実を認定した上、協議離婚直後になされた元夫から元妻に対する不動産の贈与につき債権者を害することを知って行なわれたものと認められるとした原審の判断が是認された事例。

裁判例33　最判昭和49年12月12日（金法743号31頁）
　　　　　　　転得者の善意・悪意（債権法改正前の判例法理）

　「民法424条所定の詐害行為の受益者又は転得者の善意，悪意は，その者の認識したところによって決すべきであって，その前者の善意，悪意を承継するものではないと解すべきであり，また，受益者又は転得者から転得した者が悪意であるときは，たとえその前者が善意であっても同条に基づく債権者の追及を免れることができないというべきである。」

参　考

（転得者に対する詐害行為取消請求）
第424条の5　債権者は，受益者に対して詐害行為取消請求をすることができる場合において，受益者に移転した財産を転得した者があるときは，次の各号に掲げる区分に応じ，それぞれ当該各号に定める場合に限り，その転得者に対しても，詐害行為取消請求をすることができる。
(1)　その転得者が受益者から転得した者である場合　その転得者が，転得の当時，債務者がした行為が債権者を害することを知っていたとき。
(2)　その転得者が他の転得者から転得した者である場合　その転得者及びその前に転得した全ての転得者が，それぞれの転得の当時，債務者がした行為が債権者を害することを知っていたとき。

＜論点5　債権の譲渡・債務引受関連＞

裁判例34　最判昭和48年7月19日（民集27巻7号823頁）
　　　　　　　債権の譲渡性とその制限（判例法理の明文化：466条3項）

　「ところで，民法466条2項は債権の譲渡を禁止する特約は善意の第三者に対抗することができない旨規定し，その文言上は第三者の過失の有無を問わないかのようであるが，重大な過失は悪意と同様に取り扱うべきものであるから，譲渡禁止の特約の存在を知らずに債権を譲り受けた場合であつても，

これにつき譲受人に重大な過失があるときは，悪意の譲受人と同様，譲渡によつてその債権を取得しえないものと解するのを相当とする。そして，銀行を債務者とする各種の預金債権については一般に譲渡禁止の特約が付されて預金証書等にその旨が記載されており，また預金の種類によつては，明示の特約がなくとも，その性質上黙示の特約があるものと解されていることは，ひろく知られているところであつて，このことは少なくとも銀行取引につき経験のある者にとつては周知の事柄に属するというべきである。」

参　考

（債権の譲渡性）
第466条
　3　前項に規定する場合には，譲渡制限の意思表示がされたことを知り，又は重大な過失によつて知らなかつた譲受人その他の第三者に対しては，債務者は，その債務の履行を拒むことができ，かつ，譲渡人に対する弁済その他の債務を消滅させる事由をもつてその第三者に対抗することができる。

裁判例35　最判昭和49年4月26日（民集28巻3号540頁）
指名債権の遺贈と債務者対抗要件（債権の特定遺贈：466条以下の規定の適用）

「特定債権が遺贈された場合，債務者に対する通知又は債務者の承諾がなければ，受遺者は，遺贈による債権の取得を債務者に対抗することができない。そして，右債務者に対する通知は，遺贈義務者からすべきであつて，受遺者が遺贈により債権を取得したことを債務者に通知したのみでは，受遺者はこれを債務者に対抗することができないというべきである。原審の確定したところによれば，本件貸金債権の遺贈については，受遺者である上告人から債務者である被上告人らに対し本件訴状送達により通知されたというのみで，適法な債務者に対する通知又は債務者の承諾がなかつたというのであるから，上告人は遺贈によつて取得した本件貸金債権をもつて被上告人らに対抗することができないとした原審の判断は，正当である。」

> **参 考**
>
> （債権の譲渡の対抗要件）
> 第467条　債権の譲渡（現に発生していない債権の譲渡を含む。）は，譲渡人が債務者に通知をし，又は債務者が承諾をしなければ，債務者その他の第三者に対抗することができない。
> 2　（略）

裁判例36　最判昭和52年9月19日（家月30巻2号110頁）
代償財産と遺産分割

「共同相続人が全員の合意によつて遺産分割前に遺産を構成する特定不動産を第三者に売却したときは，その不動産は遺産分割の対象から逸出し，各相続人は第三者に対し持分に応じた代金債権を取得し，これを個々に請求することができるものと解すべきところ，原審の適法に確定した事実関係によれば，上告人，被上告人らの被相続人訴外阿部豊の遺産に属する本件土地につき，上告人は，共同相続人全員の合意に基づき，自己の持分については本人として，その他の共同相続人の持分については委任による代理人として，これを訴外財団法人岡山県開発公社に売却し，遺産分割前に同訴外公社から売却代金を受領したというのであるから，被上告人は右売却により持分に応じた代金債権を取得し，委任に基づき同代金を受領した上告人に対し民法646条1項前段に従いその引渡を請求しうるものとした原審の見解は，正当として是認することができる。」

裁判例37　最判昭和54年2月22日（家月32巻1号149頁）
代償財産と遺産分割②

「しかし，原審が適法に確定した事実関係によれば，被上告人らは右各土地売却の時に共同相続人の一員としてそれぞれ共有持分権を有し，かつ，共有者の一員として右売買に加わつており，それらの権利についてなんらの侵

害を受けていなかつたことが，明らかである。また，共有持分権を有する共同相続人全員によつて他に売却された右各土地は遺産分割の対象たる相続財産から逸出するとともに，その売却代金は，これを一括して共同相続人の一人に保管させて遺産分割の対象に含める合意をするなどの特別の事情のない限り，相続財産には加えられず，共同相続人が各持分に応じて個々にこれを分割取得すべきものであるところ（最高裁昭和52年(オ)第5号同年9月19日第二小法廷判決・裁判集民事121号247頁参照），前記各土地を売却した際本件共同相続人の一部は上告人に代金受領を委任せずに自らこれを受領し，また，上告人に代金受領を委任した共同相続人もその一部は上告人から代金の交付を受けているなど，原審の適法に確定した事実関係のもとでは，右特別の事情もないことが明らかであるから，被上告人らは，代金債権を相続財産としてでなく固有の権利として取得したものというべきであり，したがつて，同債権について相続権侵害ということは考えられない。これを要するに，被上告人らの土地相続持分権，ないしその売却代金債権が相続財産に加えられるものとして同債権が侵害されたことを前提とする所論は，その前提を欠いて失当である。論旨は，採用することができない。」

裁判例38　最判平成12年2月24日（民集54巻2号523頁）
具体的相続分の実体法上の権利性

「民法903条1項は，共同相続人中に，被相続人から，遺贈を受け，又は婚姻，養子縁組のため若しくは生計の資本としての贈与を受けた者があるときは，被相続人が相続開始の時において有した財産の価額にその贈与の価額を加えたものを相続財産とみなし，法定相続分又は指定相続分の中からその遺贈又は贈与の価額を控除し，その残額をもって右共同相続人の相続分（以下「具体的相続分」という。）とする旨を規定している。具体的相続分は，このように遺産分割手続における分配の前提となるべき計算上の価額又はその価額の遺産の総額に対する割合を意味するものであって，それ自体を実体法上の権利関係であるということはできず，遺産分割審判事件における遺産の分割や遺留分減殺請求に関する訴訟事件における遺留分の確定等のための前提問題として審理判断される事項であり，右のような事件を離れて，これのみを別個独立に判決によって確認することが紛争の直接かつ抜本的解決のため

適切かつ必要であるということはできない。

　したがって，共同相続人間において具体的相続分についてその価額又は割合の確認を求める訴えは，確認の利益を欠くものとして不適法であると解すべきである。」

裁判例39　最判平成11年1月29日（民集53巻1号151頁）
将来債権の譲渡性（判例法理の明文化：466条の6第1項）

「1　将来発生すべき債権を目的とする債権譲渡契約の有効性については，次のように解すべきものと考える。

　（一）　債権譲渡契約にあっては，譲渡の目的とされる債権がその発生原因や譲渡に係る額等をもって特定される必要があることはいうまでもなく，将来の一定期間内に発生し，又は弁済期が到来すべき幾つかの債権を譲渡の目的とする場合には，適宜の方法により右期間の始期と終期を明確にするなどして譲渡の目的とされる債権が特定されるべきである。

　ところで，原判決は，将来発生すべき診療報酬債権を目的とする債権譲渡契約について，一定額以上が安定して発生することが確実に期待されるそれほど遠い将来のものではないものを目的とする限りにおいて有効とすべきものとしている。しかしながら，将来発生すべき債権を目的とする債権譲渡契約にあっては，契約当事者は，譲渡の目的とされる債権の発生の基礎を成す事情をしんしゃくし，右事情の下における債権発生の可能性の程度を考慮した上，右債権が見込みどおり発生しなかった場合に譲受人に生ずる不利益については譲渡人の契約上の責任の追及により清算することとして，契約を締結するものと見るべきであるから，右契約の締結時において右債権発生の可能性が低かったことは，右契約の効力を当然に左右するものではないと解するのが相当である。

　（二）　もっとも，契約締結時における譲渡人の資産状況，右当時における譲渡人の営業等の推移に関する見込み，契約内容，契約が締結された経緯等を総合的に考慮し，将来の一定期間内に発生すべき債権を目的とする債権譲渡契約について，右期間の長さ等の契約内容が譲渡人の営業活動等に対して社会通念に照らし相当とされる範囲を著しく逸脱する制限を加え，又は他の

債権者に不当な不利益を与えるものであると見られるなどの特段の事情の認められる場合には，右契約は公序良俗に反するなどとして，その効力の全部又は一部が否定されることがあるものというべきである。」

参　考

（将来債権の譲渡性）
第466条の6　債権の譲渡は，その意思表示の時に債権が現に発生していることを要しない。
2　（以降略）

裁判例40　最判平成13年11月22日（民集55巻6号1056頁）
将来債権の譲渡性（判例法理の具体化：466条の6第2項）

「(1)　甲が乙に対する金銭債務の担保として，発生原因となる取引の種類，発生期間等で特定される甲の丙に対する既に生じ，又は将来生ずべき債権を一括して乙に譲渡することとし，乙が丙に対し担保権実行として取立ての通知をするまでは，譲渡債権の取立てを甲に許諾し，甲が取り立てた金銭について乙への引渡しを要しないこととした甲，乙間の債権譲渡契約は，いわゆる集合債権を対象とした譲渡担保契約といわれるものの一つと解される。この場合は，既に生じ，又は将来生ずべき債権は，甲から乙に確定的に譲渡されており，ただ，甲，乙間において，乙に帰属した債権の一部について，甲に取立権限を付与し，取り立てた金銭の乙への引渡しを要しないとの合意が付加されているものと解すべきである。したがって，上記債権譲渡について第三者対抗要件を具備するためには，指名債権譲渡の対抗要件（民法467条2項）の方法によることができるのであり，その際に，丙に対し，甲に付与された取立権限の行使への協力を依頼したとしても，第三者対抗要件の効果を妨げるものではない。」

裁判例41　最判平成19年2月15日（民集61巻1号243頁）
将来債権の譲渡性（判例法理の具体化：466条の6第2項）

「(1) 将来発生すべき債権を目的とする債権譲渡契約は，譲渡の目的とされる債権が特定されている限り，原則として有効なものである（最高裁平成9年(オ)第219号同11年1月29日第三小法廷判決・民集53巻1号151頁参照）。また，将来発生すべき債権を目的とする譲渡担保契約が締結された場合には，債権譲渡の効果の発生を留保する特段の付款のない限り，譲渡担保の目的とされた債権は譲渡担保契約によって譲渡担保設定者から譲渡担保権者に確定的に譲渡されているのであり，この場合において，譲渡担保の目的とされた債権が将来発生したときには，譲渡担保権者は，譲渡担保設定者の特段の行為を要することなく当然に，当該債権を担保の目的で取得することができるものである。そして，前記の場合において，譲渡担保契約に係る債権の譲渡については，指名債権譲渡の対抗要件（民法467条2項）の方法により第三者に対する対抗要件を具備することができるのである（最高裁平成12年(受)第194号同13年11月22日第一小法廷判決・民集55巻6号1056頁参照）。」

参　考

（将来債権の譲渡性）
第466条の6　（略）
2　債権が譲渡された場合において，その意思表示の時に債権が現に発生していないときは，譲受人は，発生した債権を当然に取得する。
3　前項に規定する場合において，譲渡人が次条の規定による通知をし，又は債務者が同条の規定による承諾をした時（以下「対抗要件具備時」という。）までに譲渡制限の意思表示がされたときは，譲受人その他の第三者がそのことを知っていたものとみなして，第466条第3項（譲渡制限の意思表示がされた債権が預貯金債権の場合にあっては，前条第1項）の規定を適用する。

裁判例42　最判昭和30年5月31日（民集9巻6号793頁）
遺産分割の分割方法

「相続財産中に金銭その他の可分債権があるときは，その債権は法律上当然分割され，各共同相続人がその相続分に応じて権利を承継するとした新法についての当裁判所の判例（昭和27年(オ)1119号同29年4月8日第一小法廷判決，集8巻819頁）及び旧法についての大審院の同趣旨の判例（大正9年12月22日判決，録26輯2062頁）は，いずれもこの解釈を前提とするものというべきである。それ故に，遺産の共有及び分割に関しては，共有に関する民法256条以下の規定が第一次的に適用せられ，遺産の分割は現物分割を原則とし，分割によつて著しくその価格を損する虞があるときは，その競売を命じて価格分割を行うことになるのであつて，民法906条は，その場合にとるべき方針を明らかにしたものに外ならない。」

裁判例43　最決平成12年9月7日（家月54巻6号66頁）
代償分割と支払能力

「一　家庭裁判所は，特別の事由があると認めるときは，遺産の分割の方法として，共同相続人の一人又は数人に他の共同相続人に対し債務を負担させて，現物をもってする分割に代えることができるが（家事審判規則109条），右の特別の事由がある場合であるとして共同相続人の一人又は数人に金銭債務を負担させるためには，当該相続人にその支払能力があることを要すると解すべきである。」

裁判例44　最判平成10年1月30日（民集52巻1号1頁）
賃料債権の差押えと物上代位

「1　民法372条において準用する304条1項ただし書が抵当権者が物上代位権を行使するには払渡し又は引渡しの前に差押えをすることを要するとし

た趣旨目的は，主として，抵当権の効力が物上代位の目的となる債権にも及ぶことから，右債権の債務者（以下「第三債務者」という。）は，右債権の債権者である抵当不動産の所有者（以下「抵当権設定者」という。）に弁済をしても弁済による目的債権の消滅の効果を抵当権者に対抗できないという不安定な地位に置かれる可能性があるため，差押えを物上代位権行使の要件とし，第三債務者は，差押命令の送達を受ける前には抵当権設定者に弁済をすれば足り，右弁済による目的債権消滅の効果を抵当権者にも対抗することができることにして，二重弁済を強いられる危険から第三債務者を保護するという点にあると解される。

2　右のような民法304条1項の趣旨目的に照らすと，同項の「払渡又ハ引渡」には債権譲渡は含まれず，抵当権者は，物上代位の目的債権が譲渡され第三者に対する対抗要件が備えられた後においても，自ら目的債権を差し押さえて物上代位権を行使することができるものと解するのが相当である。

けだし，(一)　民法304条1項の「払渡又ハ引渡」という言葉は当然には債権譲渡を含むものとは解されないし，物上代位の目的債権が譲渡されたことから必然的に抵当権の効力が右目的債権に及ばなくなるものと解すべき理由もないところ，(二)　物上代位の目的債権が譲渡された後に抵当権者が物上代位権に基づき目的債権の差押えをした場合において，第三債務者は，差押命令の送達を受ける前に債権譲受人に弁済した債権についてはその消滅を抵当権者に対抗することができ，弁済をしていない債権についてはこれを供託すれば免責されるのであるから，抵当権者に目的債権の譲渡後における物上代位権の行使を認めても第三債務者の利益が害されることとはならず，(三)　抵当権の効力が物上代位の目的債権についても及ぶことは抵当権設定登記により公示されているとみることができ，(四)　対抗要件を備えた債権譲渡が物上代位に優先するものと解するならば，抵当権設定者は，抵当権者からの差押えの前に債権譲渡をすることによって容易に物上代位権の行使を免れることができるが，このことは抵当権者の利益を不当に害するものというべきだからである。

そして，以上の理は，物上代位による差押えの時点において債権譲渡に係る目的債権の弁済期が到来しているかどうかにかかわりなく，当てはまるものというべきである。」

> **参 考**
>
> （物上代位）
> 第304条　先取特権は，その目的物の売却，賃貸，滅失又は損傷によって債務者が受けるべき金銭その他の物に対しても，行使することができる。ただし，先取特権者は，その払渡し又は引渡しの前に差押えをしなければならない。
> 2　（略）

裁判例45　最判平成14年6月10日（家月55巻1号77頁）
「相続させる」趣旨の遺言による不動産取得と対抗要件の要否

「2　特定の遺産を特定の相続人に「相続させる」趣旨の遺言は，特段の事情のない限り，何らの行為を要せずに，被相続人の死亡の時に直ちに当該遺産が当該相続人に相続により承継される（最高裁平成元年㈹第174号同3年4月19日第二小法廷判決・民集45巻4号477頁参照）。このように，「相続させる」趣旨の遺言による権利の移転は，法定相続分又は指定相続分の相続の場合と本質において異なるところはない。そして，法定相続分又は指定相続分の相続による不動産の権利の取得については，登記なくしてその権利を第三者に対抗することができる（最高裁昭和35年㈹第1197号同38年2月22日第二小法廷判決・民集17巻1号235頁，最高裁平成元年㈹第714号同5年7月19日第二小法廷判決・裁判集民事169号243頁参照）。したがって，本件において，被上告人は，本件遺言によって取得した不動産又は共有持分権を，登記なくして上告人らに対抗することができる。」

> **参 考**
>
> （共同相続における権利の承継の対抗要件）
> 第899条の2　相続による権利の承継は，遺産の分割によるものかどうかにかかわらず，次条及び第901条の規定により算定した相続分を超える部分については，登記，登録その他の対抗要件を備えなければ，第三者に対抗する

ことができない。
2 前項の権利が債権である場合において，次条及び第901条の規定により算定した相続分を超えて当該債権を承継した共同相続人が当該債権に係る遺言の内容（遺産の分割により当該債権を承継した場合にあっては，当該債権に係る遺産の分割の内容）を明らかにして債務者にその承継の通知をしたときは，共同相続人の全員が債務者に通知をしたものとみなして，同項の規定を適用する。

裁判例46　最判昭和41年12月20日（民集20巻10号2139頁）
併存的債務引受の効果（判例法理の明文化：470条1項）

「重畳的債務引受がなされた場合には，反対に解すべき特段の事情のないかぎり，原債務者と引受人との関係について連帯債務関係が生ずるものと解するのを相当とする。」

参考

（併存的債務引受の要件及び効果）
第470条　併存的債務引受の引受人は，債務者と連帯して，債務者が債権者に対して負担する債務と同一の内容の債務を負担する。
2　併存的債務引受は，債権者と引受人となる者との契約によってすることができる。
3　併存的債務引受は，債務者と引受人となる者との契約によってもすることができる。この場合において，併存的債務引受は，債権者が引受人となる者に対して承諾をした時に，その効力を生ずる。
4　前項の規定によってする併存的債務引受は，第三者のためにする契約に関する規定に従う。

＜論点6　多数当事者の債権・債務関係関連＞

裁判例47　最判昭和29年4月8日（民集8巻4号819頁）
可分債務の承継

「相続人数人ある場合において，その相続財産中に金銭その他の可分債権あるときは，その債権は法律上当然分割され各共同相続人がその相続分に応じて権利を承継するものと解するを相当とするから，所論は採用できない。」

裁判例48　最判昭和34年6月19日（民集13巻6号757頁）
可分債務の承継

「連帯債務は，数人の債務者が同一内容の給付につき各独立に全部の給付をなすべき債務を負担しているのであり，各債務は債権の確保及び満足という共同の目的を達する手段として相互に関連結合しているが，なお，可分なること通常の金銭債務と同様である。ところで，債務者が死亡し，相続人が数人ある場合に，被相続人の金銭債務その他の可分債務は，法律上当然分割され，各共同相続人がその相続分に応じてこれを承継するものと解すべきであるから（大審院昭和5年(ク)第1236号，同年12月4日決定，民集9巻1118頁，最高裁昭和27年(オ)第1119号，同29年4月8日第一小法廷判決，民集8巻819頁参照），連帯債務者の一人が死亡した場合においても，その相続人らは，被相続人の債務の分割されたものを承継し，各自その承継した範囲において，本来の債務者とともに連帯債務者となると解するのが相当である。」

裁判例49　最判平成21年3月24日（民集63巻3号427頁）
相続分の指定がある場合の債務の承継　（判例法理の明文化：902条の2）

「3(1)　本件のように，相続人のうちの1人に対して財産全部を相続させる旨の遺言により相続分の全部が当該相続人に指定された場合，遺言の趣旨等から相続債務については当該相続人にすべてを相続させる意思のないこと

が明らかであるなどの特段の事情のない限り，当該相続人に相続債務もすべて相続させる旨の意思が表示されたものと解すべきであり，これにより，相続人間においては，当該相続人が指定相続分の割合に応じて相続債務をすべて承継することになると解するのが相当である。もっとも，上記遺言による相続債務についての相続分の指定は，相続債務の債権者（以下「相続債権者」という。）の関与なくされたものであるから，相続債権者に対してはその効力が及ばないものと解するのが相当であり，各相続人は，相続債権者から法定相続分に従った相続債務の履行を求められたときには，これに応じなければならず，指定相続分に応じて相続債務を承継したことを主張することはできないが，相続債権者の方から相続債務についての相続分の指定の効力を承認し，各相続人に対し，指定相続分に応じた相続債務の履行を請求することは妨げられないというべきである。」

参 考

（相続分の指定がある場合の債権者の権利の行使）
第902条の2　被相続人が相続開始の時において有した債務の債権者は，前条の規定による相続分の指定がされた場合であっても，各共同相続人に対し，第900条及び第901条の規定により算定した相続分に応じてその権利を行使することができる。ただし，その債権者が共同相続人の一人に対してその指定された相続分に応じた債務の承継を承認したときは，この限りでない。

裁判例50　最判昭和29年4月8日（民集8巻4号819頁）
金銭その他の可分債権・債務と相続（不法行為に基づく損害賠償請求権）

「相続人数人ある場合において，その相続財産中に金銭その他の可分債権あるときは，その債権は法律上当然分割され各共同相続人がその相続分に応じて権利を承継するものと解するを相当とするから，所論は採用できない。」

> **参 考**
>
> (相続の一般的効力)
> 第896条 相続人は，相続開始の時から，被相続人の財産に属した一切の権利義務を承継する。ただし，被相続人の一身に専属したものは，この限りでない。

裁判例51 　最判平成16年4月20日（集民214号13頁）
金銭その他の可分債権・債務と相続（預貯金債権）

「相続財産中に可分債権があるときは，その債権は，相続開始と同時に当然に相続分に応じて分割されて各共同相続人の分割単独債権となり，共有関係に立つものではないと解される（最高裁昭和27年(オ)第1119号同29年4月8日第一小法廷判決・民集8巻4号819頁，前掲大法廷判決〔最高裁昭和48年(オ)第854号同53年12月20日大法廷判決・民集32巻9号1674頁〕参照）。したがって，共同相続人の1人が，相続財産中の可分債権につき，法律上の権限なく自己の債権となった分以外の債権を行使した場合には，当該権利行使は，当該債権を取得した他の共同相続人の財産に対する侵害となるから，その侵害を受けた共同相続人は，その侵害をした共同相続人に対して不法行為に基づく損害賠償又は不当利得の返還を求めることができるものというべきである。」

裁判例52 　最判昭和34年6月19日（民集13巻6号757頁）
金銭その他の可分債権・債務と相続（金銭連帯債務）

「連帯債務は，数人の債務者が同一内容の給付につき各独立に全部の給付をなすべき債務を負担しているのであり，各債務は債権の確保及び満足という共同の目的を達する手段として相互に関連結合しているが，なお，可分なること通常の金銭債務と同様である。ところで，債務者が死亡し，相続人が数人ある場合に，被相続人の金銭債務その他の可分債務は，法律上当然分割

され，各共同相続人がその相続分に応じてこれを承継するものと解すべきであるから（大審院昭和5年(ク)第1236号，同年12月4日決定，民集9巻1118頁，最高裁昭和27年(オ)第1119号，同29年4月8日第一小法廷判決，民集8巻819頁参照），連帯債務者の一人が死亡した場合においても，その相続人らは，被相続人の債務の分割されたものを承継し，各自その承継した範囲において，本来の債務者とともに連帯債務者となると解するのが相当である。」

裁判例53　最判平成22年10月8日（民集64巻7号1719頁）
遺産分割の対象性（定額郵便貯金債権）

「4(1)　郵便貯金法は，定額郵便貯金につき，一定の据置期間を定め，分割払戻しをしないとの条件で一定の金額を一時に預入するものと定め（7条1項3号），預入金額も一定の金額に限定している（同条2項，郵便貯金規則83条の11）。同法が定額郵便貯金を上記のような制限の下に預け入れられる貯金として定める趣旨は，多数の預金者を対象とした大量の事務処理を迅速かつ画一的に処理する必要上，預入金額を一定額に限定し，貯金の管理を容易にして，定額郵便貯金に係る事務の定型化，簡素化を図ることにある。ところが，定額郵便貯金債権が相続により分割されると解すると，それに応じた利子を含めた債権額の計算が必要になる事態を生じかねず，定額郵便貯金に係る事務の定型化，簡素化を図るという趣旨に反する。他方，同債権が相続により分割されると解したとしても，同債権には上記条件が付されている以上，共同相続人は共同して全額の払戻しを求めざるを得ず，単独でこれを行使する余地はないのであるから，そのように解する意義は乏しい。これらの点にかんがみれば，同法は同債権の分割を許容するものではなく，同債権は，その預金者が死亡したからといって，相続開始と同時に当然に相続分に応じて分割されることはないものというべきである。そうであれば，同債権の最終的な帰属は，遺産分割の手続において決せられるべきことになるのであるから，遺産分割の前提問題として，民事訴訟の手続において，同債権が遺産に属するか否かを決する必要性も認められるというべきである。

そうすると，共同相続人間において，定額郵便貯金債権が現に被相続人の遺産に属することの確認を求める訴えについては，その帰属に争いがある限り，確認の利益があるというべきである。」

裁判例54　最判平成26年2月25日（民集68巻2号173頁）
遺産分割の対象性（個人向け国債）

「本件国債は，個人向け国債の発行等に関する省令2条に規定する個人向け国債であるところ，個人向け国債の額面金額の最低額は1万円とされ，その権利の帰属を定めることとなる社債，株式等の振替に関する法律の規定による振替口座簿の記載又は記録は，上記最低額の整数倍の金額によるものとされており（同令3条），取扱機関の買取りにより行われる個人向け国債の中途換金（同令6条）も，上記金額を基準として行われるものと解される。そうすると，個人向け国債は，法令上，一定額をもって権利の単位が定められ，1単位未満での権利行使が予定されていないものというべきであり，このような個人向け国債の内容及び性質に照らせば，<u>共同相続された個人向け国債は，相続開始と同時に当然に相続分に応じて分割されることはないものというべきである。</u>」

裁判例55　最決平成28年12月19日（民集70巻8号2121頁）
遺産分割の対象性（普通預貯金債権，通常貯金債権及び定期貯金債権）

「(1)　相続人が数人ある場合，各共同相続人は，相続開始の時から被相続人の権利義務を承継するが，相続開始とともに共同相続人の共有に属することとなる相続財産については，相続分に応じた共有関係の解消をする手続を経ることとなる（民法896条，898条，899条）。そして，この場合の共有が基本的には同法249条以下に規定する共有と性質を異にするものでないとはいえ（最高裁昭和28年(オ)第163号同30年5月31日第三小法廷判決・民集9巻6号793頁参照），この共有関係を協議によらずに解消するには，通常の共有物分割訴訟ではなく，遺産全体の価値を総合的に把握し，各共同相続人の事情を考慮して行うべく特別に設けられた裁判手続である遺産分割審判（同法906条，907条2項）によるべきものとされており（最高裁昭和47年(オ)第121号同50年11月7日第二小法廷判決・民集29巻10号1525頁参照），また，その手続において基準となる相続分は，特別受益等を考慮して定められる具体的

相続分である（同法903条から904条の2まで）。このように，遺産分割の仕組みは，被相続人の権利義務の承継に当たり共同相続人間の実質的公平を図ることを旨とするものであることから，一般的には，遺産分割においては被相続人の財産をできる限り幅広く対象とすることが望ましく，また，遺産分割手続を行う実務上の観点からは，現金のように，評価についての不確定要素が少なく，具体的な遺産分割の方法を定めるに当たっての調整に資する財産を遺産分割の対象とすることに対する要請も広く存在することがうかがわれる。

ところで，具体的な遺産分割の方法を定めるに当たっての調整に資する財産であるという点においては，本件で問題とされている預貯金が現金に近いものとして想起される。預貯金契約は，消費寄託の性質を有するものであるが，預貯金契約に基づいて金融機関の処理すべき事務には，預貯金の返還だけでなく，振込入金の受入れ，各種料金の自動支払，定期預金の自動継続処理等，委任事務ないし準委任事務の性質を有するものも多く含まれている（最高裁平成19年（受）第1919号同21年1月22日第一小法廷判決・民集63巻1号228頁参照）。そして，これを前提として，普通預金口座等が賃金や各種年金給付等の受領のために一般的に利用されるほか，公共料金やクレジットカード等の支払のための口座振替が広く利用され，定期預金等についても総合口座取引において当座貸越の担保とされるなど，預貯金は決済手段としての性格を強めてきている。また，一般的な預貯金については，預金保険等によって一定額の元本及びこれに対応する利息の支払が担保されている上（預金保険法第3章第3節等），その払戻手続は簡易であって，金融機関が預金者に対して預貯金口座の取引経過を開示すべき義務を負うこと（前掲最高裁平成21年1月22日第一小法廷判決参照）などから預貯金債権の存否及びその額が争われる事態は多くなく，預貯金債権を細分化してもこれによりその価値が低下することはないと考えられる。このようなことから，預貯金は，預金者においても，確実かつ簡易に換価することができるという点で現金との差をそれほど意識させない財産であると受け止められているといえる。

共同相続の場合において，一般の可分債権が相続開始と同時に当然に相続分に応じて分割されるという理解を前提としながら，遺産分割手続の当事者の同意を得て預貯金債権を遺産分割の対象とするという運用が実務上広く行われてきているが，これも，以上のような事情を背景とするものであると解される。

(2) そこで，以上のような観点を踏まえて，改めて本件預貯金の内容及び

性質を子細にみつつ，相続人全員の合意の有無にかかわらずこれを遺産分割の対象とすることができるか否かにつき検討する。

　ア　まず，別紙預貯金目録記載1から3まで，5及び6の各預貯金債権について検討する。

　普通預金契約及び通常貯金契約は，一旦契約を締結して口座を開設すると，以後預金者がいつでも自由に預入れや払戻しをすることができる継続的取引契約であり，口座に入金が行われるたびにその額についての消費寄託契約が成立するが，その結果発生した預貯金債権は，口座の既存の預貯金債権と合算され，1個の預貯金債権として扱われるものである。また，普通預金契約及び通常貯金契約は預貯金残高が零になっても存続し，その後に入金が行われれば入金額相当の預貯金債権が発生する。このように，普通預金債権及び通常貯金債権は，いずれも，1個の債権として同一性を保持しながら，常にその残高が変動し得るものである。そして，この理は，預金者が死亡した場合においても異ならないというべきである。すなわち，預金者が死亡することにより，普通預金債権及び通常貯金債権は共同相続人全員に帰属するに至るところ，その帰属の態様について検討すると，上記各債権は，口座において管理されており，預貯金契約上の地位を準共有する共同相続人が全員で預貯金契約を解約しない限り，同一性を保持しながら常にその残高が変動し得るものとして存在し，各共同相続人に確定額の債権として分割されることはないと解される。そして，相続開始時における各共同相続人の法定相続分相当額を算定することはできるが，預貯金契約が終了していない以上，その額は観念的なものにすぎないというべきである。預貯金債権が相続開始時の残高に基づいて当然に相続分に応じて分割され，その後口座に入金が行われるたびに，各共同相続人に分割されて帰属した既存の残高に，入金額を相続分に応じて分割した額を合算した預貯金債権が成立すると解することは，預貯金契約の当事者に煩雑な計算を強いるものであり，その合理的意思にも反するとすらいえよう。

　イ　次に，別紙預貯金目録記載4の定期貯金債権について検討する。

　定期貯金の前身である定期郵便貯金につき，郵便貯金法は，一定の預入期間を定め，その期間内には払戻しをしない条件で一定の金額を一時に預入するものと定め（7条1項4号），原則として預入期間が経過した後でなければ貯金を払い戻すことができず，例外的に預入期間内に貯金を払い戻すことができる場合には一部払戻しの取扱いをしないものと定めている（59条，45条1項，2項）。同法が定期郵便貯金について上記のようにその分割払戻し

を制限する趣旨は，定額郵便貯金や銀行等民間金融機関で取り扱われている定期預金と同様に，多数の預金者を対象とした大量の事務処理を迅速かつ画一的に処理する必要上，貯金の管理を容易にして，定期郵便貯金に係る事務の定型化，簡素化を図ることにあるものと解される。

郵政民営化法の施行により，日本郵政公社は解散し，その行っていた銀行業務は株式会社ゆうちょ銀行に承継された。ゆうちょ銀行は，通常貯金，定額貯金等のほかに定期貯金を受け入れているところ，その基本的内容が定期郵便貯金と異なるものであることはうかがわれないから，定期貯金についても，定期郵便貯金と同様の趣旨で，契約上その分割払戻しが制限されているものと解される。そして，定期貯金の利率が通常貯金のそれよりも高いことは公知の事実であるところ，上記の制限は，預入期間内には払戻しをしないという条件と共に定期貯金の利率が高いことの前提となっており，単なる特約ではなく定期貯金契約の要素というべきである。しかるに，定期貯金債権が相続により分割されると解すると，それに応じた利子を含めた債権額の計算が必要になる事態を生じかねず，定期貯金に係る事務の定型化，簡素化を図るという趣旨に反する。他方，仮に同債権が相続により分割されると解したとしても，同債権には上記の制限がある以上，共同相続人は共同して全額の払戻しを求めざるを得ず，単独でこれを行使する余地はないのであるから，そのように解する意義は乏しい。

　ウ　前記(1)に示された預貯金一般の性格等を踏まえつつ以上のような各種預貯金債権の内容及び性質をみると，共同相続された普通預金債権，通常貯金債権及び定期貯金債権は，いずれも，相続開始と同時に当然に相続分に応じて分割されることはなく，遺産分割の対象となるものと解するのが相当である。」

裁判例56　最判平成29年4月6日（集民255号129頁）
遺産分割の対象性（定期預金債権，定期積金債権）

「(1)　共同相続された普通預金債権は，相続開始と同時に当然に相続分に応じて分割されることはないものというべきである（最高裁平成27年(許)第11号同28年12月19日大法廷決定・民集70巻8号登載予定）。

(2)　定期預金については，預入れ1口ごとに1個の預金契約が成立し，預

金者は解約をしない限り払戻しをすることができないのであり，契約上その分割払戻しが制限されているものといえる。そして，定期預金の利率が普通預金のそれよりも高いことは公知の事実であるところ，上記の制限は，一定期間内には払戻しをしないという条件と共に定期預金の利率が高いことの前提となっており，単なる特約ではなく定期預金契約の要素というべきである。他方，仮に定期預金債権が相続により分割されると解したとしても，同債権には上記の制限がある以上，共同相続人は共同して払戻しを求めざるを得ず，単独でこれを行使する余地はないのであるから，そのように解する意義は乏しい（前掲最高裁平成28年12月19日大法廷決定参照）。この理は，積金者が解約をしない限り給付金の支払を受けることができない定期積金についても異ならないと解される。

したがって，共同相続された定期預金債権及び定期積金債権は，いずれも，相続開始と同時に当然に相続分に応じて分割されることはないものというべきである。」

裁判例57　大判昭和7年6月8日（裁判例6巻179頁）
共同相続と共有物管理費支払債務の不可分性

「本件の山林につき，共同して上告人との間に監守契約を締結したるものなれば，反対の特約又は慣習の主張なき本件においては，被上告人等の負担する監守料支払の債務は内部の関係においてはいかように定めあるとも，上告人に対する関係においては性質上不可分債務に属するものといわざるべからず。」

裁判例58　大判大正11年11月24日（民集1巻670頁）
共同相続と賃料支払債務の不可分性

「而して数人が共同して賃借人たる地位に在る場合には，賃料の債務は反対の事情が認められざる限り，性質上之を不可分債務と認めざるべからず。何者賃借人相互の間に於ける内部の関係は如何にもあれ，賃貸人との関係に

於ては各賃借人は目的物の全部に対する使用収益を為し得るの地位に存ればなり。」

裁判例59　大判昭和12年12月11日（民集16巻1945頁）
連帯債務の絶対的効力（改正により否定された改正前民法436条2項に関する判例）

「同一債権が消滅し，他面に於て残存する矛盾を生ず民法第436条に依る相殺の対抗は，単に之を援用する債務者を連帯関係より離脱せしむるに非ずして，総債務者に対し基本たる債権の消滅を来すにある事は，同条第一項の法意に照し明瞭なるが故に，斯る異論を挿ましむるものに非ず。」

参　考

（連帯債務者の一人による相殺等）
第439条　（略）
2　前項の債権を有する連帯債務者が相殺を援用しない間は，その連帯債務者の負担部分の限度において，他の連帯債務者は，債権者に対して債務の履行を拒むことができる。

＜改正前民法＞
（連帯債務者に対する履行の請求）
第436条2項　前項の債権を有する連帯債務者が相殺を援用しない間は，その連帯債務者の負担部分についてのみ他の連帯債務者が相殺を援用することができる。

裁判例60　大判大正6年5月3日（民録23輯863頁）
連帯債務者間の求償権（判例法理の明文化：民法442条）

「然れども，上告人及び被上告人の3名は連帯して株式会社甲銀行に対し，2口合計11,266円47銭の債務を負い居たるものにして，各自の負担部分が平等の割合なること当事者間争なかりし所なれば，各自の負担部分は3分の1，即ち3,755円49銭なること言を俟たざるも，其負担部分は何れの部分と限れるものに非ずして，債務額の全部に通じて存するものなれば，債務額の一部中にも各自の負担に属する部分の存するは当然なり。抑も被上告人は，金5,457円の価格ある物件に現金130円を加えたる合計金5,587円より其単独債務額2,367円を控除したる残額3,220円を出捐して，本訴の債務額中5,600円の部分に付，上告人等と共同の免責を得たるものなること原審の確定せる事実なれば，其共同免責の為めにせる出捐額3,220円中に上告人及び被上告人等各自の負担に属する部分あること前説明の如くなるを以て，被上告人は民法第442条に依り，上告人等各自の負担部分1,073円余に付，求償を為すを得ること泂に明白なり。」

参考

（連帯債務者間の求償権）
第442条　連帯債務者の一人が弁済をし，その他自己の財産をもって共同の免責を得たときは，その連帯債務者は，その免責を得た額が自己の負担部分を超えるかどうかにかかわらず，他の連帯債務者に対し，その免責を得るために支出した財産の額（その財産の額が共同の免責を得た額を超える場合にあっては，その免責を得た額）のうち各自の負担部分に応じた額の求償権を有する。
2　前項の規定による求償は，弁済その他免責があった日以後の法定利息及び避けることができなかった費用その他の損害の賠償を包含する。

裁判例61　最判昭和57年12月17日（民集36巻12号2399頁）
連帯債務者の事前通知義務

「連帯債務者の一人が弁済その他の免責の行為をするに先立ち，他の連帯債務者に通知することを怠つた場合は，既に弁済しその他共同の免責を得ていた他の連帯債務者に対し，民法443条2項の規定により自己の免責行為を有効であるとみなすことはできないものと解するのが相当である。けだし，同項の規定は，同条一項の規定を前提とするものであつて，同条1項の事前の通知につき過失のある連帯債務者までを保護する趣旨ではないと解すべきであるからである（大審院昭和6年(オ)第3137号同7年9月30日判決・民集11巻20号2008頁参照）。」

参　考

（通知を怠った連帯債務者の求償の制限）
第443条　他の連帯債務者があることを知りながら，連帯債務者の一人が共同の免責を得ることを他の連帯債務者に通知しないで弁済をし，その他自己の財産をもって共同の免責を得た場合において，他の連帯債務者は，債権者に対抗することができる事由を有していたときは，その負担部分について，その事由をもってその免責を得た連帯債務者に対抗することができる。この場合において，相殺をもってその免責を得た連帯債務者に対抗したときは，その連帯債務者は，債権者に対し，相殺によって消滅すべきであった債務の履行を請求することができる。
2　弁済をし，その他自己の財産をもって共同の免責を得た連帯債務者が，他の連帯債務者があることを知りながらその免責を得たことを他の連帯債務者に通知することを怠ったため，他の連帯債務者が善意で弁済その他自己の財産をもって免責を得るための行為をしたときは，当該他の連帯債務者は，その免責を得るための行為を有効であったものとみなすことができる。

裁判例62　大判大正3年10月13日（民録20輯751頁）
　　　　　　無資力の連帯債務者の負担部分の分担（判例法理の明文化：民法444条1項・3項）

「然れども，民法第444条には，連帯債務者中に償還を為す資力なき者あるときは，其償還すること能わざる部分は，求償者及び他の資力ある者の間に其各自の負担部分に応じて之を分割すとありて，求償者及び他の資力ある者に全く負担部分なき場合に付て明言せずと雖も，負担部分ある者に其各自の負担部分を超えて損失を分担せしむる同条の規定は，畢竟，公平を旨としたるものに外ならずして，其精神より推して考うれば，求償者及び他の資力ある者に全く負担部分なき場合に於ては，又其公平の観念に基き此等の者をして無資力者の償還すること能わざる部分を平等に分担せしむるの法意なりと解すべきものとす。」

参　考

（償還をする資力のない者の負担部分の分担）
第444条　連帯債務者の中に償還をする資力のない者があるときは，その償還をすることができない部分は，求償者及び他の資力のある者の間で，各自の負担部分に応じて分割して負担する。
2　前項に規定する場合において，求償者及び他の資力のある者がいずれも負担部分を有しない者であるときは，その償還をすることができない部分は，求償者及び他の資力のある者の間で，等しい割合で分割して負担する。
3　前二項の規定にかかわらず，償還を受けることができないことについて求償者に過失があるときは，他の連帯債務者に対して分担を請求することができない。

裁判例63　最判昭和63年7月1日（民集42巻6号451頁）
　　　　　　不真正連帯債務における求償権

「被用者がその使用者の事業の執行につき第三者との共同の不法行為によ

り他人に損害を加えた場合において，右第三者が自己と被用者との過失割合に従つて定められるべき自己の負担部分を超えて被害者に損害を賠償したときは，右第三者は，被用者の負担部分について使用者に対し求償することができるものと解するのが相当である。けだし，使用者の損害賠償責任を定める民法七一五条一項の規定は，主として，使用者が被用者の活動によつて利益をあげる関係にあることに着目し，利益の存するところに損失をも帰せしめるとの見地から，被用者が使用者の事業活動を行うにつき他人に損害を加えた場合には，使用者も被用者と同じ内容の責任を負うべきものとしたものであつて，このような規定の趣旨に照らせば，被用者が使用者の事業の執行につき第三者との共同の不法行為により他人に損害を加えた場合には，使用者と被用者とは一体をなすものとみて，右第三者との関係においても，使用者は被用者と同じ内容の責任を負うべきものと解すべきであるからである。」

参 考

（連帯債務者間の求償権）
第442条　連帯債務者の一人が弁済をし，その他自己の財産をもって共同の免責を得たときは，その連帯債務者は，その免責を得た額が自己の負担部分を超えるかどうかにかかわらず，他の連帯債務者に対し，その免責を得るために支出した財産の額（その財産の額が共同の免責を得た額を超える場合にあっては，その免責を得た額）のうち各自の負担部分に応じた額の求償権を有する。
2　前項の規定による求償は，弁済その他免責があった日以後の法定利息及び避けることができなかった費用その他の損害の賠償を包含する。

（使用者等の責任）
第715条　ある事業のために他人を使用する者は，被用者がその事業の執行について第三者に加えた損害を賠償する責任を負う。ただし，使用者が被用者の選任及びその事業の監督について相当の注意をしたとき，又は相当の注意をしても損害が生ずべきであったときは，この限りでない。
2　使用者に代わって事業を監督する者も，前項の責任を負う。
3　前二項の規定は，使用者又は監督者から被用者に対する求償権の行使を妨げない。

裁判例64 　最判平成6年11月24日（集民173号431頁）
不真正連帯債務と訴訟上の和解における免除の効力

「民法719条所定の共同不法行為者が負担する損害賠償債務は，いわゆる不真正連帯債務であって連帯債務ではないから，その損害賠償債務については連帯債務に関する同法437条の規定は適用されないものと解するのが相当である（最高裁昭和43年(オ)第431号同48年2月16日第二小法廷判決・民集27巻1号99頁参照）。

原審の確定した事実関係によれば，上告人と甲との間においては，平成元年6月27日本件調停が成立し，その条項において，両名間の子の親権者を上告人とし，甲の上告人に対する養育費の支払，財産の分与などが約されたほか，本件条項が定められたものであるところ，右各条項からは，上告人が被上告人に対しても前記免除の効力を及ぼす意思であったことは何らうかがわれないのみならず，記録によれば，上告人は本件調停成立後四箇月を経過しない間の平成元年10月24日に被上告人に対して本件訴訟を提起したことが明らかである。右事実関係の下では，<u>上告人は，本件調停において，本件不法行為に基づく損害賠償債務のうち甲の債務のみを免除したにすぎず，被上告人に対する関係では，後日その全額の賠償を請求する意思であったものというべきであり，本件調停による債務の免除は，被上告人に対してその債務を免除する意思を含むものではないから，被上告人に対する関係では何らの効力を有しないものというべきである。</u>」

参　考

（共同不法行為者の責任）
第719条　数人が共同の不法行為によって他人に損害を加えたときは，各自が連帯してその損害を賠償する責任を負う。共同行為者のうちいずれの者がその損害を加えたかを知ることができないときも，同様とする。
2　行為者を教唆した者及び幇ほう助した者は，共同行為者とみなして，前項の規定を適用する。

裁判例65　最判平成10年9月10日（民集52巻6号1494頁）
不真正連帯債務と訴訟上の和解における免除の効力

「1　甲と乙が共同の不法行為により他人に損害を加えた場合において，甲が乙との責任割合に従って定められるべき自己の負担部分を超えて被害者に損害を賠償したときは，甲は，乙の負担部分について求償することができる（最高裁昭和60年㈠第1145号同63年7月1日第二小法廷判決・民集42巻6号451頁，最高裁昭和63年㈠第1383号，平成3年㈠第1377号同年10月25日第二小法廷判決・民集45巻7号1173頁参照）。

2　この場合，甲と乙が負担する損害賠償債務は，いわゆる不真正連帯債務であるから，甲と被害者との間で訴訟上の和解が成立し，請求額の一部につき和解金が支払われるとともに，和解調書中に「被害者はその余の請求を放棄する」旨の条項が設けられ，被害者が甲に対し残債務を免除したと解し得るときでも，連帯債務における免除の絶対的効力を定めた民法437条の規定は適用されず，乙に対して当然に免除の効力が及ぶものではない（最高裁昭和43年㈠第431号同48年2月16日第二小法廷判決・民集27巻1号99頁，最高裁平成4年㈠第1814号同6年11月24日第一小法廷判決・裁判集民事173号431頁参照）。

しかし，被害者が，右訴訟上の和解に際し，乙の残債務をも免除する意思を有していると認められるときは，乙に対しても残債務の免除の効力が及ぶものというべきである。そして，この場合には，乙はもはや被害者から残債務を訴求される可能性はないのであるから，甲の乙に対する求償金額は，確定した損害額である右訴訟上の和解における甲の支払額を基準とし，双方の責任割合に従いその負担部分を定めて，これを算定するのが相当であると解される。」

参考

（連帯債務者の一人についての法律行為の無効等）
第437条　連帯債務者の一人について法律行為の無効又は取消しの原因があっても，他の連帯債務者の債務は，その効力を妨げられない。

＜改正前民法＞

> (連帯債務者の一人に対する免除)
> 第437条　連帯債務者の一人に対してした債務の免除は，その連帯債務者の負担部分についてのみ，他の連帯債務者の利益のためにも，その効力を生ずる。

＜論点8　委任関連＞

裁判例66　大判大正10年11月3日（民録27輯1894頁）
復委任と代理（民法104条の類推適用）

「前収入役たりし上告人は其職印を押捺したる領収書用紙を当時の村長乙に交付し之に指令番号補助額等其他必要なる記入を為し以て該領収証を完成すること並に之に基く該金員の受付方を乙に委任し乙は其委任に基き該領収証を完成したる上之を青森県庁に提出し同庁より上告人名義の下に右金員の支払を受けたる事実にして係争金員は乙が上告人の委任に基き上告人の名義を以て上告人の為めに之を受領し上告人が其受領者なれば上告人より被上告村に対し之が引渡を為すべき義務あるものにして乙に於て該金員を擅に費消し上告人は現実之が交付を受けざるの故を以て被上告人の本訴請求〔編注・前収入役である上告人に対する上記未入金引継の請求〕を拒むことを得ざるは論を俟たず。」

参　考

> (復受任者の選任等)
> 第644条の2　受任者は，委任者の許諾を得たとき，又はやむを得ない事由があるときでなければ，復受任者を選任することができない。
> 2　(略)

> (任意代理人による復代理人の選任)
> 第104条　委任による代理人は，本人の許諾を得たとき，又はやむを得ない事由があるときでなければ，復代理人を選任することができない。

（復代理人を選任した代理人の責任）
第105条　代理人は，前条の規定により復代理人を選任したときは，その選任及び監督について，本人に対してその責任を負う。
2　代理人は，本人の指名に従って復代理人を選任したときは，前項の責任を負わない。ただし，その代理人が，復代理人が不適任又は不誠実であることを知りながら，その旨を本人に通知し又は復代理人を解任することを怠ったときは，この限りでない。

※改正前民法
（法定代理人による復代理人の選任）
第105条　法定代理人は，自己の責任で復代理人を選任することができる。この場合において，やむを得ない事由があるときは，本人に対してその選任及び監督についての責任のみを負う。

裁判例67　最判昭和31年10月12日（民集10巻10号1260頁）
代理権授与を伴わない委任の復委任（改正前民法107条2項の類推適用）

「しかしながら，問屋と委託者との法律関係はその本質は委任であり商法552条2項が両者の間に委任及び代理に関する規定を準用すると定めているのは，委任の規定を適用し，代理の規定を準用する趣旨であり，そして代理に関する規定中民法107条2項は，その本質が単なる委任であつて代理権を伴わない問屋の性質に照らし再委託の場合にはこれを準用すべきでないと解するを相当とする。」

参考

（復受任者の選任等）
第644条の2　（略）
2　代理権を付与する委任において，受任者が代理権を有する復受任者を選任したときは，復受任者は，委任者に対して，その権限の範囲内において，受任者と同一の権利を有し，義務を負う。

（復代理人の権限等）
第106条　復代理人は，その権限内の行為について，本人を代表する。
2　復代理人は，本人及び第三者に対して，その権限の範囲内において，代理人と同一の権利を有し，義務を負う。

＜改正前民法＞
（復代理人の権限等）
第107条　復代理人は，その権限内の行為について，本人を代表する。
2　復代理人は，本人及び第三者に対して，代理人と同一の権利を有し，義務を負う。

裁判例68　最判昭和56年1月19日（民集35巻1号1頁）
委任の任意解除（判例法理の明文化：民法651条2項2号）

「ところで，本件管理契約は，委任契約の範ちゅうに属するものと解すべきところ，本件管理契約の如く単に委任者の利益のみならず受任者の利益のためにも委任がなされた場合であつても，委任契約が当事者間の信頼関係を基礎とする契約であることに徴すれば，受任者が著しく不誠実な行動に出る等やむをえない事由があるときは，委任者において委任契約を解除することができるものと解すべきことはもちろんであるが（最高裁昭和39年(オ)第98号同40年12月17日第二小法廷判決・裁判集81号561頁，最高裁昭和42年(オ)第219号同43年9月20日第二小法廷判決・裁判集92号329頁参照），さらに，かかるやむをえない事由がない場合であつても，委任者が委任契約の解除権自体を放棄したものとは解されない事情があるときは，該委任契約が受任者の利益のためにもなされていることを理由として，委任者の意思に反して事務処理を継続させることは，委任者の利益を阻害し委任契約の本旨に反することになるから，委任者は，民法651条に則り委任契約を解除することができ，ただ，受任者がこれによつて不利益を受けるときは，委任者から損害の賠償を受けることによつて，その不利益を填補されれば足りるものと解するのが相当である。」

裁判例69　最判昭和43年9月3日（集民92号169頁）
　　　　　　委任の任意解除（判例法理の明文化：民法651条2項2号）

「ところで，その委任事務の処理が委任者のためばかりでなく受任者の利益をも目的とするときは，民法651条1項の規定による解除権の行使は認められないが，本件仲介契約は受任者である上告人の利益をも目的とした準委任契約とはいえない（単に報酬の特約があるだけでは，受任者の利益を目的とした受任契約とはいえず，他に受任者の利益を目的としていることの主張立証はない。）から，委任者である被上告人は，民法651条1項の規定に基づいて，本件仲介契約を，いつでも，すなわち昭和35年12月末日の期限前でも解除しうるものということができる。」

裁判例70　最判昭和58年9月20日（判タ513号151頁）
　　　　　　委任の任意解除（判例法理の明文化：民法651条2項2号）

「ところで，委任契約は，一般に当事者間の強い信頼関係を基礎として成立し存続するものであるから，当該委任契約が受任者の利益をも目的として締結された場合でない限り，委任者は，民法651条1項に基づきいつでも委任契約を解除することができ，かつ，解除にあたつては，受任者に対しその理由を告知することを要しないものというべきであり，この理は，委任契約たる税理士顧問契約についてもなんら異なるところはないものと解するのが相当である。
　所論は，税理士顧問契約においては，税理士が受任事務を処理するにあたつては税理士法により諸種の規制を受けており，これによつて委任者の民法651条1項に基づく解除権は制限されていると主張する。しかしながら，税理士法による規制は，税理士顧問契約の委任契約としての性質をなんら変更するものでないから，同法による規制があるといつて，委任者の契約解除権が制限されると解することはできない。論旨は，独自の見解であつて，採用することができない。

所論は，さらに本件税理士顧問契約は，顧問料を支払う旨の特約があるから，受任者の利益をも目的として締結された契約であると主張する。しかしながら，委任契約において委任事務処理に対する報酬を支払う旨の特約があるだけでは，受任者の利益をも目的とするものといえないことは，当裁判所の判例とするところであり（最高裁昭和42年(オ)第1384号同43年9月3日第三小法廷判決・裁判集民事92号169頁），また，税理士顧問契約における受任事務は，一般に，契約が長期間継続することがその的確な処理に資する性質を有し，当事者も，通常は，相当期間継続することを予定して税理士顧問契約を締結するものであり，本件税理士顧問契約において，依頼者たる被上告会社から継続的，定期的に支払われていた顧問料が上告人の事務所経営の安定の資となつていた等の原判決判示の事由も，これをもつて受任者の利益に該当するものということはできない。」

> **参　考**
>
> （委任の解除）
> 第651条　委任は，各当事者がいつでもその解除をすることができる。
> 2　前項の規定により委任の解除をした者は，次に掲げる場合には，相手方の損害を賠償しなければならない。ただし，やむを得ない事由があったときは，この限りでない。
> (1)　相手方に不利な時期に委任を解除したとき。
> (2)　委任者が受任者の利益（専ら報酬を得ることによるものを除く。）をも目的とする委任を解除したとき。

＜論点9　保証関連＞

裁判例71　**最判昭和40年9月21日（民集19巻6号1542頁）**
　　　　　　主たる債務者について生じた事由の効力（民法457条）

「ところで，貸金債務の支払確保のため債務者が債権者に対し手形を振り出した場合には，債権者が右手形を第三者に譲渡したときにおいても，右手形金額が支払われるか，または，債権者が裏書人としての償還義務を免れる

までは，貸金債務は消滅しないと同時に，債務者は，債権者からの貸金請求に対しては，二重払の危険を防止するため，右手形の返還と引換えにのみこれに応ずべき旨の抗弁をなしうるものと解されるが（昭和39年(オ)第371号事件，昭和40年8月24日当小法廷判決参照），この場合においては，右貸金債務につき連帯保証をした保証人もまた，前示のごとき保証債務の性質にかんがみ，債権者からの保証債務の履行の請求に対し，前示手形と引換えにのみこれに応ずる旨の抗弁をなしうるものと解するのが相当である。」

参 考

（主たる債務者について生じた事由の効力）
第457条　主たる債務者に対する履行の請求その他の事由による時効の完成猶予及び更新は，保証人に対しても，その効力を生ずる。
2　保証人は，主たる債務者が主張することができる抗弁をもって債権者に対抗することができる。
3　主たる債務者が債権者に対して相殺権，取消権又は解除権を有するときは，これらの権利の行使によって主たる債務者がその債務を免れるべき限度において，保証人は，債権者に対して債務の履行を拒むことができる。

＜改正前民法＞
（主たる債務者について生じた事由の効力）
第457条　主たる債務者に対する履行の請求その他の事由による時効の中断は，保証人に対しても，その効力を生ずる。
2　保証人は，主たる債務者の債権による相殺をもって債権者に対抗することができる。

裁判例72　大判明治44年5月23日（民録17輯320頁）
共同保証人相互の間の連帯の特約（保証連帯）
——主たる債務が債務者の商行為によって生じた場合

「然れども，商法第273条第1項は，債務者のみにて二人以上の場合同第二項は債務者と保証人を合して二人以上の場合に関する規定たることは勿論，

同第2項には，単に「保証人ある場合に於ては云云」とありて，保証人の一人なる場合のみと限らざるが故に，数人ある場合をも包含せるものと為すべきは当然なり。従て，「保証人ある場合に於て債務が主たる債務者の商行為に因りて生じたるとき又は保証が商行為なるときは，主たる債務者及び保証人が各別の行為を以て債務を負担したるときと雖も，其債務は各自連帯して之を負担す。」との規定は数人の保証人ある場合に於て，債務が主たる債務者の商行為に因りて生じたるとき又は保証自体が商行為なるときは，各保証人をして主たる債務者と連帯すると同時に，保証人相互の間にも連帯して債務を負担せしむるの趣旨を含むものと解せざるべからず。」

参 考

(多数当事者間の債務の連帯)
第511条　数人の者がその一人又は全員のために商行為となる行為によって債務を負担したときは，その債務は，各自が連帯して負担する。
2　保証人がある場合において，債務が主たる債務者の商行為によって生じたものであるとき，又は保証が商行為であるときは，主たる債務者及び保証人が各別の行為によって債務を負担したときであっても，その債務は，各自が連帯して負担する。

(連帯債務者間の求償権)
第442条　連帯債務者の一人が弁済をし，その他自己の財産をもって共同の免責を得たときは，その連帯債務者は，その免責を得た額が自己の負担部分を超えるかどうかにかかわらず，他の連帯債務者に対し，その免責を得るために支出した財産の額（その財産の額が共同の免責を得た額を超える場合にあっては，その免責を得た額）のうち各自の負担部分に応じた額の求償権を有する。
2　前項の規定による求償は，弁済その他免責があった日以後の法定利息及び避けることができなかった費用その他の損害の賠償を包含する。

(連帯債務者の一人についての法律行為の無効等)
第437条　連帯債務者の一人について法律行為の無効又は取消しの原因があっても，他の連帯債務者の債務は，その効力を妨げられない。

> ＜改正前民法＞
> （連帯債務者の一人に対する免除）
> 第437条　連帯債務者の一人に対してした債務の免除は，その連帯債務者の負担部分についてのみ，他の連帯債務者の利益のためにも，その効力を生ずる。

＜論点10　使用貸借関連＞

裁判例73　最判平成8年12月17日（民集50巻10号2778頁）
被相続人と同居していた建物の無償使用と使用貸借

「共同相続人の一人が相続開始前から被相続人の許諾を得て遺産である建物において被相続人と同居してきたときは，特段の事情のない限り，被相続人と右同居の相続人との間において，被相続人が死亡し相続が開始した後も，遺産分割により右建物の所有関係が最終的に確定するまでの間は，引き続き右同居の相続人にこれを無償で使用させる旨の合意があったものと推認されるのであって，被相続人が死亡した場合は，この時から少なくとも遺産分割終了までの間は，被相続人の地位を承継した他の相続人等が貸主となり，右同居の相続人を借主とする右建物の使用貸借契約関係が存続する」

【参考】民法及び家事事件手続法の一部を改正する法律（相続法改正）の概要

　　　　　　　　　　　　　　法務省民事局民事法制管理官　　堂薗幹一郎

第1　はじめに

　相続法制に関する「民法及び家事事件手続法の一部を改正する法律」（平成30年法律第72号。以下「改正法」という。）及び「法務局における遺言書の保管等に関する法律」（平成30年法律第73号。以下「遺言書保管法」という。）は，平成30年7月6日に成立し，同月13日に公布された。

　本稿は改正法の概要を解説するものであり，筆者は，法務省において立案事務を担当した者であるが，本稿中意見にわたる部分は筆者の個人的な見解であることを予めお断りしたい。なお，本稿において引用する条文番号は，特に断りのない限り，改正法及び「民法の一部を改正する法律」（平成29年法律44号。いわゆる債権法改正）による改正後の民法の条文を指す。

第2　改正の経緯

　相続法制については，昭和55年に配偶者の法定相続分の引上げや寄与分制度の新設等の見直しがされて以来，ほとんど実質的な見直しはされていない状況にあったが，その間にも，社会の少子高齢化が進展するなど，社会経済情勢にも大きな変化が見られた。このように高齢化が進展したことに伴い，相続の場面でも，相続開始時における配偶者の年齢が相対的に高くなって，その生活の保護を図る必要性が高まる一方で，子については経済的に独立している場合も多く，また，少子化により相続人である子の人数が相対的に減ることから，遺産分割における1人の子の取得割合も相対的に増加することになるなどの変化が生じている。このように，配偶者と子が相続人になる典型的な場合を想定すると，相対的には，配偶者の保護を図るべき必要性が高まっていると考えられ，このような社会経済情勢の変化に対応する観点から，相続法制を見直す必要があるとの指摘もされていた。

　また，平成25年9月4日には，最高裁判所大法廷において，嫡出でない子の相続分を嫡出子の2分の1としていた当時の民法の規定が法の下の平等を定める憲法14条1項に違反するとの判断が示されたことから，政府は，違憲状態を早急に解消するため，この規定を削除する内容の法律案を同年の臨時国会（第185回国会）に提出したが，その過程で，民法の改正が及ぼす社会的影響について懸念が示されたほか，配偶者保護の観点から相続法制を見直す必要があるのではないかといった問題提起がされた。

　法務省では，これらの状況を踏まえ，平成26年1月に省内に相続法制検討ワーキングチームを設置し，約1年をかけて，相続法制の見直しに向けた検討を行い，平成27年1月に報告書をとりまとめた。これを踏まえ，平成27年2月には，法務大臣から法制審議会に対し，相続法制の見直しについて諮問がされた（諮問第100号）。このため，それ以降は，法制審議会の専門の部会である民法（相続関係）部会（部会長：大村敦志東京大学大学院法学政治学研究科教授）において，相続法の見直し

に関する調査審議が行われた。

そして，約3年間にわたる調査・審議を経て，平成30年1月16日に，同部会において全会一致で要綱案が取りまとめられ，同年2月16日には，法制審議会総会において，要綱案どおりの内容で答申をすることが了承された。これを受けて，法制審議会は，同日，法務大臣に対し，「民法（相続関係）等の改正に関する要綱」を答申した。

改正法案及び遺言書保管法案は，いずれも上記要綱に基づいて立案されたものであるが，平成30年3月13日の閣議決定に基づき，同日第196回国会（常会）に提出され，衆議院及び参議院の各法務委員会における審議等を経て，同年7月6日の参議院本会議において可決・成立し，同月13日に公布された。

第3　改正法の概要
1　配偶者の居住の権利を保護するための方策
(1)　配偶者居住権
ア　改正の趣旨
相続人である配偶者は，被相続人の死亡後も従前の居住環境での生活を継続したいという希望を有している場合も多いと考えられるが，現行法の下で，これを実現する方法としては，遺産分割において配偶者が居住建物の所有権を取得すること等が考えられる。もっとも，このような方法によると，居住建物の評価額が高額となり，配偶者がそれ以外の遺産を十分に取得することができなくなるおそれがある。

配偶者居住権の制度は，原則として，配偶者には居住建物の使用権限のみを認め，これを処分したり，自由に賃貸したりすることができない権利を創設することにより，遺産分割の際に，配偶者が居住建物の所有権を取得する場合よりも低廉な価額で居住権を確保することを可能にする目的で創設したものである。

イ　改正の概要
(ア)　成立要件
配偶者居住権の成立要件は，①配偶者が相続開始時に被相続人所有の建物に居住していたこと，②その建物について配偶者に配偶者居住権を取得させる旨の遺産分割，遺贈又は死因贈与がされたことである（1028条1項，554条）。

配偶者居住権は，配偶者の居住権を保護するために認められた法定の権利であるため，その発生原因となる法律行為についても法定することとし，これを遺産分割，遺贈又は死因贈与の3つに限定している。

配偶者が遺産分割により配偶者居住権を取得する場合には，他の遺産を取得する場合と同様，自らの具体的相続分の中からこれを取得することになる。また，被相続人が遺言によって配偶者に配偶者居住権を与えるためには，遺贈によることを要し，特定財産承継遺言（いわゆる相続させる旨の遺言。1014条2項参照）によることはできないこととしている。これは，仮に特定財産承継遺言による取得を認めることとすると，配偶者が配偶者居住権の取得を希望しない場合にも，配偶者居住権の取得のみを拒絶することができずに，相続放棄をするほかないこととなり，かえって配偶者の利益を害するおそれがあること等を考慮したものである。

(イ) 権利の内容等

配偶者居住権は，無償で居住建物の使用及び収益をすることができる権利である。もっとも，配偶者は，使用貸借契約の借主等と同様に，居住建物の所有者の承諾を得なければ，第三者に居住建物を使用又は収益させることはできないこととしているから（1032条3項），実際には居住建物の使用権限を有するに過ぎず，配偶者の意思のみで居住建物の収益をすることができる場合はほとんど想定することができない。

配偶者は，使用貸借契約における借主と同様，居住建物の所有者に対し，用法遵守義務や善管注意義務を負い（1032条1項），居住建物の通常の必要費を負担することとしている（1034条1項）。

また，配偶者は，配偶者居住権の設定登記を備えれば，配偶者居住権を第三者に対抗することができる（1031条2項において準用する605条）。居住建物の所有者は，配偶者に対し，配偶者居住権の登記を備えさせる義務を負っているため（1031条1項），居住建物の所有者が登記の申請に協力しない場合には，配偶者は，居住建物の所有者に対して登記の申請を求める訴えを提起することができ，これを認容する判決が確定すれば，その判決に基づき，単独で登記の申請をすることができる（不動産登記法63条1項）。

(2) 配偶者短期居住権

ア 改正の趣旨

配偶者が被相続人所有の建物に居住していた場合に，被相続人の死亡により，配偶者が直ちに住み慣れた居住建物を退去しなければならないとすると，精神的にも肉体的にも大きな負担となり，とりわけ配偶者が高齢者である場合にはその負担が大きいと考えられる。この点に関し，判例（最判平成8年12月17日民集50巻10号2778頁）は，相続人の1人が被相続人の許諾を得て被相続人所有の建物に同居していた場合には，特段の事情のない限り，被相続人とその相続人との間で，相続開始時を始期とし，遺産分割時を終期とする使用貸借契約が成立していたものと推認されるとしている。このため，相続人である配偶者は，この要件に該当する限り，相続の開始により新たに占有権原を取得し，遺産分割が終了するまでの間は，被相続人の建物に無償で居住することができることとなる。しかし，上記判例による保護は，あくまでも当事者の合理的意思解釈に基づくものであるため，被相続人が明確にこれとは異なる意思を表示していた場合等には，配偶者の居住の権利は，短期的にも保護されないことになる。

そこで，改正法では，上記判例では保護されない場合を含め，被相続人の意思にかかわらず配偶者の短期的な居住の権利を保護するため，配偶者短期居住権という新たな権利を創設することとしたものである。

イ 改正の概要

配偶者短期居住権は，相続開始後の短期間，配偶者に従前の居住環境での生活を保障しようとするものであり，配偶者が「被相続人の財産に属した建物に相続開始の時に無償で居住していた」ことを成立要件（保護要件）としている。

配偶者短期居住権の存続期間は，①居住建物について配偶者を含む共同相続人間

で遺産分割をすべき場合と、②それ以外の場合とで異なる期間が設けられている。

まず、①の場合、すなわち、配偶者が居住建物について遺産共有持分を有している場合には、遺産分割により居住建物の帰属が確定した日又は相続開始の時から6か月を経過する日のいずれか遅い日まで存続する（1037条1項1号）。

これに対し、②の場合、すなわち、配偶者が居住建物について遺産共有持分を有しない場合には、配偶者短期居住権は、居住建物取得者による配偶者短期居住権の消滅の申入れの日から6か月経過する日まで存続する（1037条1項2号）。

配偶者短期居住権については、居住建物の使用権限のみを認め、収益権限は認めないこととしている（1037条1項本文）。また、配偶者短期居住権についても、配偶者は、使用貸借契約における借主と同様、居住建物の所有者に対し、用法遵守義務や善管注意義務を負い（1038条1項）、居住建物の通常の必要費を負担することとしている（1041条において準用する1034条1項）。

2　遺産分割に関する見直し
(1)　持戻し免除の意思表示の推定規定の創設
　　ア　改正の趣旨

現行法の下では、相続人に対する遺贈や贈与がされた場合には、原則として特別受益として取り扱われ、その目的財産を相続財産とみなした上で、当該相続人がいわば「遺産の先渡し」を受けたものとみて、当該相続人の相続分からその目的財産の価額を控除することとされている（903条1項）。このため、相続人が被相続人から遺贈や贈与を受けた場合にも、原則として当該相続人が被相続人から受け取る財産の総額は変わらないことになる。

もっとも、現行法の下でも、被相続人が相続人に対して遺贈又は贈与をした場合に、これを特別受益として取り扱うことを要しない旨の意思を表示したときは、これを尊重し、被相続人の意思に従った計算をすることが認められている。これを一般に「持戻し免除の意思表示」と呼んでいるが、このような意思表示は、被相続人による遺贈や贈与が「遺産の先渡し」の趣旨ではなく、受遺者や受贈者である相続人をより優遇する趣旨でされた場合、具体的には、その相続人の被相続人に対する貢献に報いる趣旨でされた場合や、その相続人の生活保障を図る趣旨でされた場合等に行われるものと考えられる。

現行法の下でも、903条4項の要件を満たす場合、すなわち、婚姻期間が20年を超える夫婦の一方が他方に対して居住用不動産について遺贈又は贈与をした場合には、通常、それまでの長年の貢献に報いるとともに、その老後の生活を保障する趣旨で行われ、遺産分割における配偶者の具体的相続分を算定するに当たり、その価額を控除してその分遺産分割における取得額を減少させる意図は有していない場合が多いものと考えられる。

また、現行法上、配偶者に対する贈与に対して特別な配慮をしているものとして相続税法上の贈与税の特例という制度がある（相続税法21条の6）。これは、婚姻期間が20年以上の夫婦間で、居住用不動産等の贈与が行われた場合に、基礎控除に加え最高2000万円の控除を認めるという税制上の特例を認めるものであり、配偶者

の死亡により残された他方配偶者の生活について配慮するものであるが，民法上も，居住用不動産の贈与等がされた場合について，同様の観点から一定の優遇措置を講ずることは，贈与税の特例とあいまって配偶者の生活保障をより厚くするものといえる。

903条4項では，これらの点を考慮し，上記要件を満たす場合には，持戻し免除の意思表示があったものと推定することとしている。

　　イ　改正の概要

　この規定の適用を受けるためには，婚姻期間が20年以上の夫婦であることを要する。これは，相続税法21条の6と同様の要件を設けるものであり，通常，長期間婚姻関係にある夫婦については一方配偶者の財産形成における他方配偶者の貢献・協力の度合いが高く，そのような関係にある夫婦が行った贈与等は類型的に相手方配偶者の長年の貢献に報いる趣旨で行われる場合が多いと考えられること等を考慮したものである。

　また，903条4項が適用されるのは，贈与等の目的物が居住用不動産である場合に限られる。居住用不動産は生活の本拠となるもので，老後の生活保障という観点から特に重要なものであり，その贈与等は，類型的に相手方配偶者の老後の生活保障を考慮して行われる場合が多いと考えられること等を考慮したものである。

　903条4項の要件を満たす贈与等が行われた場合には，被相続人が，当該贈与等について903条1項の規定を適用しない旨の意思表示，すなわち持戻し免除の意思表示があったものと推定される。これにより，遺産分割において当該遺贈又は贈与を特別受益として扱わずに計算をすることができ，配偶者の遺産分割における取得額が増えることとなる。

(2)　遺産分割前の預貯金の払戻し制度の創設等

　　ア　改正の趣旨

　最高裁判所は，平成28年12月19日に従前の判例を変更し，被相続人が有していた預貯金債権は遺産分割の対象に含まれるとの判断を示した（最大決平成28年12月19日民集70巻8号2121頁，本誌9号6頁）。被相続人が有していた預貯金債権については，この決定前は，相続開始と同時に各共同相続人の相続分に従って当然に分割され，これにより，各共同相続人は自己に帰属した債権を単独で行使することができることとされていたが，この判例変更により，遺産分割までの間は，共同相続人全員の同意を得なければ預貯金の払戻しをすることができないこととなり，葬儀費用や相続債務の支払をしたい場合など，被相続人が有していた預貯金を遺産分割前に払い戻す必要がある場合に支障が生ずることとなった。

　そこで，改正法では，共同相続人の各種の資金需要に迅速に対応することを可能とするため，各共同相続人が，遺産分割前に，裁判所の判断を経ることなく，一定の範囲で遺産に属する預貯金債権を行使することができる制度を設けるとともに，預貯金債権については仮分割の仮処分の要件を緩和することとしている（909条の2，家事事件手続法200条3項）。

　　イ　改正の概要

　(ア)　家庭裁判所の判断を経ないで，預貯金の払戻しを認める方策

909条の2では，各共同相続人は，原則として，遺産に属する預貯金債権のうち，その相続開始時の債権額の3分の1に，当該払戻しを求める共同相続人の法定相続分を乗じた額については，単独でその権利を行使することができることとしている。また，同条では，上記の割合による限定のほか，一つの金融機関から払戻しを受けることができる額についても法務省令で上限を設けることとしているが，この金額については150万円とされた。

同条前段の規定に基づき預貯金の払戻しがされた場合には，その預貯金債権については，その権利行使をした共同相続人が遺産の一部分割によりこれを取得したものとみなされる（同条後段）。

　(イ)　家事事件手続法の保全処分の要件緩和

家事事件手続法200条3項の規定に基づく申立ては，遺産分割の調停又は審判の申立てをした申立人又は相手方（共同相続人の一人又は数人）がすることができる。

また，預貯金債権については，相続財産に属する債務の弁済，相続人の生活費の支弁など相続人が遺産に属する預貯金債権を行使する必要があると認められる場合には，家庭裁判所は，他の共同相続人の利益を害しない限り，仮分割の仮処分をすることができることとし，同法200条2項の要件を緩和している。

預貯金債権について仮分割の仮処分がされた場合でも，遺産分割の本案事件においては，改めて仮分割された預貯金債権を含めて遺産分割の調停又は審判をすべきことになるものと考えられる（最判昭和54年4月17日民集33巻3号366頁参照）。

(3)　一部分割

遺産分割事件を早期に解決するためには，争いのない遺産について先行して一部分割を行うことが有益な場合があり，また，現在の実務上も，一定の要件の下で一部分割が許されるとする見解が一般的であるが，法文上，一部分割が許容されているか否かは必ずしも明確でないとの指摘もされている。そこで，改正法では，いかなる場合に一部分割をすることができるのかについて，明文の規定を設けることとしている。

まず，改正法では，共同相続人は，その協議により遺産の一部の分割をすることができることを明文化するとともに（907条1項），共同相続人間の協議が調わない場合には，家庭裁判所に対し，遺産の一部の分割を求めることができることを明らかにしている（同条条2項本文）。

その上で，遺産の一部分割をすることにより他の共同相続人の利益を害するおそれがある場合には，一部分割の請求を認めないこととしている（907条2項ただし書）。これは，一次的には，一部分割を認めるか否かについて当事者に処分権を認めつつも，それによって適正な遺産分割が実現できない場合には，家庭裁判所の後見的な役割を優先させ，共同相続人間の公平が図られるようにしたものである。

(4)　遺産分割前に遺産に属する財産の処分がされた場合の取扱い

　ア　改正の趣旨

共同相続人が遺産分割前にその対象財産を処分する場合としては，共同相続人がその遺産共有持分を第三者に譲渡した場合のように，その処分自体が適法な場合と，共同相続人の1人が相続開始後に他の共同相続人に無断で預貯金の払戻しをした場

合のように，その処分自体が違法な場合とがあり得るが，現行法の下では，そのいずれについても，その処分をした共同相続人の最終的な取得額が，処分がなかった場合によりも増える場合があり得るのではないかとの指摘がされている。
　まず，処分が適法な場合については，例えば，当該処分をした共同相続人に多額の特別受益があるために，本来は遺産分割における具体的相続分がない場合であっても，現行法上は，その処分によって取得した財産又はその価値を返還するという規律は設けられていないために，結果的に，処分がなかった場合よりもその分最終的な取得額が増える場合があり得ることになる。
　また，処分自体が違法な場合については，現行法の下では，不法行為に基づく損害賠償請求や不当利得返還請求によって解決することが考えられる。その場合に，当該処分がなかった場合の具体的相続分を前提として，損害額や損失額の算定がされるのであれば，処分者の最終的な取得額に差異は生じないことになるが，具体的相続分には実体法上の権利性がないという判例（最判平成12年2月24日民集54巻2号523頁）があるため，具体的相続分を前提として損害額等を算定することはできず，法定相続分を前提とした算定にならざるを得ないのではないかとの指摘がされている。
　そこで，改正法では，遺産分割前に遺産に属する特定の財産を共同相続人の一人が処分した場合に，処分をしなかった場合と比べて利得をすることがないようにするため，遺産分割の中でその調整をすることを容易にする規律を設けることとしている。
　　イ　改正の概要
　改正法では，まず，906条の2第1項において，共同相続人は，その全員の同意により，当該処分された財産が遺産の分割時に遺産として存在するものとみなすことができることとしている。これは，現行法の下で，遺産分割前に共同相続人の一人が遺産に属する財産を処分したことにより，上記のような不公平が生ずることを避けるために，実務上の工夫として行われている取扱いを明文化したものである。
　その上で，同条第2項において，共同相続人の一人が遺産分割前に遺産に属する財産を処分した場合には，当該共同相続人の同意を得ることを要しないこととし，これにより，上記のような処分がされた場合にも，遺産分割における調整が容易になるようにしている。

3　遺言制度に関する見直し
(1)　自筆証書遺言の方式緩和
　　現行法の下では，自筆証書遺言は，その全文を自書しなければならないものとされているが（968条1項），このような厳格な方式が遺言者の負担となって自筆証書遺言の利用が阻害されているとの指摘がされている。
　　他方で，遺産目録は対象財産を特定するだけの形式的な事項であるため，この部分については，自書を要求する必要性が必ずしも高くないと考えられる。
　　そこで，改正法では，自筆証書遺言をより使いやすいものとすることによってその利用を促進する観点から，自筆証書に相続財産等の目録を添付する場合には，そ

の目録については自書することを要しないこととしている。
　もっとも，偽造及び変造を防止する観点から，遺言者は，自書によらない目録の各頁（自書によらない記載がその両面にある場合にはその両面）に署名押印をしなければならないこととしている（968条2項）。
　(2)　遺言執行者の権限の明確化
　　ア　改正の趣旨
　現行の民法では，遺言執行者の権利義務等に関する一般的・抽象的な規定はあるものの（1012条），遺言執行者は誰の利益のために職務を遂行すべきであるかといった点や，相続させる旨の遺言（遺産分割方法の指定）や遺贈がされた場合に遺言執行者が具体的にどのような権限を有するかといった点など，規定上必ずしも明確でない部分が多く，判例等によってその規律の明確化が図られてきた。
　近年，遺言の件数が増加しているが，遺言を円滑に執行し，相続をめぐる紛争をできる限り防止するためには，遺言執行者の果たす役割が更に重要になるものと考えられる。
　そこで，改正法では，遺言執行者の権限の内容をめぐる紛争をできる限り防止し，円滑な遺言の執行を促進する観点から，その法的地位を明確にするとともに，遺言執行者の権限の内容を具体化する規定等を設けることとしている。
　　イ　改正の概要
　　(ｱ)　遺言執行者の法的地位
　現行の民法1015条では，「遺言執行者は，相続人の代理人とみなす」と規定されていることから，遺留分に関する権利行使がされた場合など，遺言者の意思と相続人の利益とが対立する場合に，遺言執行者は，遺留分権利者である相続人の利益にも配慮して職務を行うべき義務があるなどと主張され，遺言執行者と相続人との間でトラブルになることが少なくないとの指摘がされている。
　そこで，改正法では，遺言執行者と相続人との間でこのような紛争が生ずることを防止する観点から，同条の表現を改め，その実質を正面から規定することにするとともに，遺言執行者の職務は，遺言の内容を実現することにあることを明示し，その法的地位を明確化することとしている（1012条1項）。
　　(ｲ)　特定財産承継遺言がされた場合の遺言執行者の権限
　　　a　対抗要件具備の権限
　改正法では，特定財産承継遺言（相続させる旨の遺言）がされた場合についても，取引の安全等を図る観点から，遺贈や遺産分割と同様に対抗要件主義を導入し，法定相続分を超える権利の承継については，対抗要件を備えなければ第三者に対抗することができないこととしているが（899条の2），これに伴い，遺言執行者においても，遺言の内容を実現するために，速やかに対抗要件の具備をさせる必要性が高まったものと考えられる。また，対抗要件の具備を遺言執行者の権限とすることにより，相続登記の促進を図る効果も期待される。
　そこで，改正法では，特定財産承継遺言がされた場合に，遺言執行者は，原則として受益相続人のために対抗要件を具備する権限を有することを明確化することとしている（1014条2項。最判平成11年12月16日民集53巻9号1989頁参照）。

b　預貯金債権についての払戻し・解約に関する権限
　改正法では，預貯金債権について特定財産承継遺言がされた場合に，遺言執行者の払戻し権限の有無をめぐってトラブルが生ずることを防止するため，預貯金債権を目的とする特定財産承継遺言がされた場合には，遺言執行者は，原則として，預貯金の払戻しや預貯金契約の解約の申入れをする権限を有することを明確にしている（1014条3項及び4項）。もっとも，預貯金債権の一部が目的となっているに過ぎない場合に，遺言執行者に預貯金債権全部の払戻しを認めることとすると，受益相続人以外の相続人の利益を害するおそれがあることから，預貯金債権の全部が特定財産承継遺言の目的となっている場合にその適用範囲を限定している（同条3項ただし書）。
　(ウ)　遺言執行者の復任権に関する見直し
　現行の民法1016条は，遺言執行者は，原則として，やむを得ない事由がなければ第三者にその任務を行わせることができないとして，その復任権を制限している。これは，一般に，遺言執行者は，他の法定代理人とは異なり，遺言者との信頼関係に基づいて選任される場合が多く，任意代理人に近い関係があることを考慮したものであるといわれている。
　しかし，遺言者が遺言執行者を指定しない場合には，家庭裁判所がこれを選任することになるのであるから，その意味では，一概に任意代理人に近い関係があるとはいい難い。また，任意代理人の場合に復任権が制限されているのは，本人の意思に従った処理をすべき要請が高く，復任の必要がある場合には本人の同意を得た上で任務代行者を選任すれば足りると考えられるためである。これに対し，遺言執行者の場合には，遺言者は既に死亡しているため，任務代行者の選任について相続人全員の同意を得ることが必要となるが，それが困難な場合も多いものと考えられ，その意味では，一般の任意代理の場合よりも復任の自由を認める必要性が高いと考えられる。
　改正法では，これらの点等を考慮して，遺言執行者についても，他の法定代理人と同様の要件で復任権を認めることとしている（1016条）。

4　遺留分制度に関する見直し
(1)　遺留分に関する権利の行使によって生ずる権利の金銭債権化
　　ア　改正の趣旨
　現行法の下では，遺留分減殺請求権を行使することにより当然に物権的効果が生ずることとされているため，遺留分減殺請求の結果，遺贈又は贈与の目的財産は受遺者又は受贈者と遺留分権利者との共有になることが多いが，このような帰結は，円滑な事業承継を困難にするものであり，また，共有関係の解消をめぐって新たな紛争を生じさせることになるとの指摘がされている。
　そこで，改正法では，遺留分に関する権利の行使によって生ずる権利を金銭債権化することとしている。
　　イ　改正の概要
　　(ア)　金銭債権化

1046条1項では，現行の民法1031条の規律を改め，遺留分に関する権利行使により生ずる権利を金銭債権化しているが，遺留分を侵害している者が複数いる場合の負担割合については，現行法における減殺の順序に関するルール（現行の民法1033条から1035条まで）と同様の規律を設けている（1047条1項各号）。

　(イ)　期限の許与

1047条5項では，受遺者又は受贈者の請求により，裁判所は，金銭債務の全部又は一部の支払につき相当の期限を許与することができることとしている。これは，遺留分を侵害する遺贈等の目的財産が換価困難な財産である場合のように，遺留分権利者から金銭請求を受けた受遺者又は受贈者が直ちには金銭を準備することができない場合に，受遺者又は受贈者の負担が過大なものとならないように配慮したものである。

　(ウ)　遺留分の算定方法の見直し

現行の民法1030条では，遺留分を算定するための財産（遺留分算定の基礎財産）の価額に算入すべき贈与の価額については，原則として相続開始前の1年間にされた贈与に限定することとされているが，この点について，判例（最判平成10年3月24日民集52巻2号433頁）は，現行の民法1044条において903条が準用されていること等を根拠として，相続人に対する贈与については，その時期を問わず原則としてその全てが遺留分を算定するための財産の価額に算入されるとの立場を採っている。

しかしながら，このような考え方によると，被相続人が相続開始時の何十年も前にした相続人に対する贈与の存在によって，第三者である受遺者又は受贈者が受ける減殺の範囲が大きく変わることになり得るが，第三者である受遺者又は受贈者は，相続人に対する古い贈与の存在を知り得ないのが通常であるため，第三者である受遺者又は受贈者に不測の損害を与え，その法的安定性を害するおそれがあるとの指摘がされている。

そこで，改正法では，相続人に対する生前贈与についても期間制限を設けることとし，これについては，相続開始前の10年間にされたものに限り，遺留分算定の基礎となる財産に含めることとしている（1044条3項）。

もっとも，被相続人と受贈者がいずれも遺留分権利者に損害を加えることを知って贈与をした場合については，現行法と同様，1年間又は10年間の期間制限にはかからず，遺留分を算定するための財産の価額に算入することとしている（1044条1項後段）。

(3)　遺留分侵害額の算定における債務の取扱いに関する見直し

遺留分侵害額の算定においては，遺留分権利者が相続によって債務を承継する場合には，その債務の額を加算することとされているが，これは，遺留分権利者がその承継した債務の弁済をした後に，遺留分に相当する財産が残るようにするためである。そうであるとすれば，遺留分侵害額の請求を受けた受遺者又は受贈者が当該債務を弁済するなどしてこれを消滅させた場合には，当該債務の額を加算する必要はなくなるものと考えられる。

そこで，改正法では，上記のような場合に，受遺者又は受贈者の請求により，当該債務の加算をしない扱いをするができることとしている。具体的には，遺留分権

利者が承継した相続債務について受遺者又は受贈者が弁済をするなど，その債務を消滅させる行為をした場合には，当該弁済等を行った受遺者又は受贈者は，その請求により，当該消滅した債務の額の限度において，当該受遺者又は受贈者が負担する遺留分侵害額に係る債務を消滅させることができることとしている（1047条3項）。

5　相続の効力等に関する見直し
　(1)　相続による権利の承継に関する規律
　　　ア　改正の趣旨
　現行法の下で，判例は，遺産分割方法の指定（相続させる旨の遺言）や相続分の指定がされた場合のように，遺言による権利変動のうち相続を原因とするものについては，登記等の対抗要件を備えなくても，その権利取得を第三者に対抗することができると判示している（最判平成14年6月10日家月55巻1号77頁）。
　しかし，このような考え方によると，例えば，相続債権者が法定相続分による権利の承継があったことを前提として被相続人の有していた債権の差押え及びその取立てを行い，被相続人の債務者（第三債務者）がその取立てに応じて弁済をしたとしても，遺言に抵触する部分は無効となり得るため，遺言の有無及び内容を知る手段を有していない相続債権者や被相続人の債務者に不測の損害を与えるおそれがある。
　そこで，改正法では，相続を原因とする権利変動についても，これによって利益を受ける相続人は，登記等の対抗要件を備えなければ法定相続分を超える権利の取得を第三者に対抗することができないこととしている（899条の2）。
　　　イ　改正の概要
　　　　(ｱ)　総論
　899条の2の「相続による権利の承継」には，遺産分割によるもののほか，遺産分割方法の指定や相続分の指定によるものが含まれる。「遺産の分割によるものかどうかにかかわらず，」と規定したのは，遺産分割によるものについては，現在の判例法理においても対抗要件主義の適用があることとされていることから，同条はそれ以外の「相続による権利の承継」，すなわち，遺産分割方法の指定と相続分の指定にも対抗要件主義を適用することを明らかにする点に主たる目的があるためである。
　このように，同条は，相続による権利の承継について対抗要件主義を適用することの根拠規定となるものであるが，各権利の承継に必要な対抗要件の内容については直接規定しておらず，「登記，登録その他の対抗要件を備えなければ，」と規定している。これは，対抗要件の内容については，権利の「譲渡」等において必要となる対抗要件と同じものを要求する趣旨である。
　　　　(ｲ)　債権の承継の場合
　改正法では，相続（特定財産承継遺言，相続分の指定，遺産分割）により法定相続分を超える債権の承継がされた場合には，467条に規定する方法による対抗要件具備のほか，その債権を承継する相続人（受益相続人）の債務者に対する通知によ

り対抗要件を具備することを認めることとしている（899条の2第2項）。これは，467条に規定する方法による対抗要件しか認めないこととすると，受益相続人は，債務者が任意に承諾をしない場合には，共同相続人全員から通知がされない限り対抗要件を備えることができないことになり，対抗要件の具備が困難になること等を考慮したものである。

もっとも，受益相続人の通知による対抗要件の具備を認めることとすると，虚偽の通知がされるおそれがあるため，同項では，通知の際に，受益相続人において，遺言又は遺産分割の内容を明らかにすることを要求することとしている。

(2) 義務の承継に関する規律

改正法では，相続分の指定がされた場合についても，相続債権者は，各共同相続人に対し，法定相続分に応じてその権利を行使することができることを明確化している（902条の2）。これは，債権者との関係では，遺言者に自らが負担した債務の承継の在り方を決める権限を認めることは相当でないことを根拠とするものであり，基本的には，判例（最判平成21年3月24日民集63巻3号427頁）の考え方を明文化するものといえる。

これに対し，相続人間の内部的な債務の負担割合については，これを積極財産の承継割合に合わせることにも一定の合理性が認められるため，現行法上も，遺言者にその限度で債務の負担割合を決める権限が認められているが（899条，902条），この点は改正法施行後も変わらない。

このように，相続分の指定がされた場合でも，各共同相続人に対してその法定相続分に応じた権利行使を認めるのは，相続債権者の利益を考慮したものであるが，他方で，法定相続分に応じた権利行使しか認めないことにすると，例えば，被相続人が遺言により積極財産の全部又はその大部分を特定の相続人に相続させることとしたような場合に，責任財産が不足し，相続債権者が不利益を受けることがあり得る。このため，改正法では，相続債権者が指定相続分に応じた債務の承継を承認することにより，指定相続分に応じた権利行使を認めることとしている（902条の2ただし書，899条）。そして，相続債権者が共同相続人の1人に対してこの承認をした場合には，相続債権者は，その後は指定相続分に応じた権利行使しかできないこととしている。

(3) 遺言執行者がある場合における相続人の行為の効果等

現行の民法1013条では，遺言執行者がある場合には，相続人は，相続財産の処分その他遺言の執行を妨げるべき行為をすることができないこととされている（この規定自体は改正法施行後も存続する。改正後の1013条1項）が，この規定に違反した場合の効果について，判例は，相続人がした処分行為は絶対的に無効であると判示している（大判昭和5年6月16日大審院民集9巻550頁）。

他方で，判例は，遺言者の死亡後に相続人の債権者が特定遺贈の目的とされた不動産の差押えをした事案に関して，遺言執行者がいない場合には，受遺者と相続人の債権者とは対抗関係に立ち，先に登記を具備した者が確定的にその権利を取得するとの判示をしている（最判昭和39年3月6日民集18巻3号437頁）。

このように，判例の考え方によると，遺言執行者がいれば遺贈が絶対的に優先す

るのに対し，遺言執行者がいなければ受遺者と相続人の債権者の関係は対抗関係に立つことになるが，このような帰結は，遺言の存否及びその内容を知り得ない相続債権者等の第三者に不測の損害を与え，取引の安全を害するおそれがある。

そこで，改正法では，基本的には現行法及び判例の考え方を尊重し，遺言執行者がある場合には，遺言の執行に必要な行為をする権限は遺言執行者に専属し，相続人がこれを妨げる行為をした場合には，原則として無効となることを明らかにした上で（1012条1項，1013条1項・2項），遺言の存否及びその内容を知り得ない第三者の取引の安全等を図る観点から，相続人が自らした行為の効果と相続債権者又は相続人の債権者がした行為の効果とを区別した上で，それぞれ異なる規律を設けることとしている。

すなわち，まず，遺言執行者がいる場合に，相続人がした遺言の執行を妨げる取引行為が常に無効になるとすると，その取引の相手方が不測の損害を受けるおそれがあるため，改正法では，これらの者の取引の安全を図るために，善意の第三者に対しては，その行為の無効を対抗することができないこととしている（1013条2項）。

次に，相続債権者又は相続人の債権者が相続財産に対して差押え等の権利行使をした場合については，遺言執行者の有無によってその権利行使の有効性が左右されることがないようにするため，遺言執行者の有無に関する認識にかかわらず，相続債権者等の権利行使が妨げられることはない旨を明らかにすることとしている（1013条3項）。

6　相続人以外の者の貢献を考慮するための方策

(1) 改正の趣旨

被相続人に対して療養看護等の貢献をした者が相続財産から分配を受けることを認める制度としては寄与分の制度があるが，寄与分は，相続人にのみ認められている。このため，相続人ではない者，例えば，相続人の配偶者が被相続人の療養看護に努め，被相続人の財産の維持または増加に寄与したとしても，遺産分割手続において寄与分を主張したり，何らかの財産の分配を請求したりすることはできず，不公平であるとの指摘がされている。

そこで，改正法では，このような不公平を解消し，被相続人の療養看護等に尽くした者の貢献に報いるために，特別の寄与の制度を新設することとしたものである（1050条）。

(2) 改正の概要

特別の寄与の制度は，被相続人と一定の身分関係にある者が被相続人の療養看護等をした場合には，被相続人との間で有償契約を締結するなど，被相続人の生前に一定の対応をとることが類型的に困難であることに鑑み設けられたものであり，また，このような制度を新設することについては，相続をめぐる紛争の複雑化，長期化を懸念する指摘が多くされたこと等を踏まえ，特別寄与料の支払請求については，その請求権者を被相続人の親族に限定している。

また，この制度の対象となる行為についても，紛争の長期化，複雑化に対する懸

念等を考慮し，被相続人の療養看護をした場合や被相続人の事業を無償で手伝った場合など被相続人に対する無償の労務の提供があった場合に限定することとしている。

特別寄与料の支払について当事者間に協議が整わないときは，特別寄与者は，家庭裁判所に対して協議に代わる処分を請求することができ，その場合には，家庭裁判所は，寄与の時期，方法および程度，相続財産の額その他一切の事情を考慮して，特別寄与料の額を定めることとなる（1050条2項・3項）。

相続人が複数いる場合には，特別寄与者は，その選択に従い，相続人の一人または数人に対して特別寄与料の支払を請求することができることとしている。これは，必ず相続人の全員に対して支払を請求しなければならないこととすると，特別寄与者の配偶者等金銭請求をする必要のない相続人も相手方としなければならなくなるためである。

7　施行期日等
（1）原則的な施行日
　改正法の原則的な施行日は，平成31年（2019年）7月1日であるが，これについては，以下の例外が設けられている。
（2）例外
　　ア　配偶者の居住の権利に関する規定等
　配偶者の居住の権利（配偶者居住権及び配偶者短期居住権）に関する規定（1028条から1041条まで）については，平成32年（2020年）4月1日から施行される。同様に，民法の一部を改正する法律（平成29年法律第44号）による改正（いわゆる債権法改正）に伴い規定を整備するもの（998条，1000条，1025条の改正規定等）についても，同日から施行される。
　　イ　自筆証書遺言の方式緩和に関する規定
　自筆証書遺言の方式緩和（968条）に関する規定については，平成31年（2019年）1月13日から施行される。

（家庭の法と裁判17号30～40頁より転載。）

판例索引　249

判例索引

大判明治44年 3 月24日民録17輯117頁 ·· 12, 178
大判明治44年 5 月23日民録17輯320頁 ··· 153, 232
大判大正 3 年10月13日民録20輯751頁 ··· 106, 223
大判大正 6 年 1 月22日民録23輯 8 頁 ·· 70, 197
大判大正 6 年 5 月 3 日民録23輯863頁 ·· 105, 221
大判大正 8 年 6 月30日民録25輯1200頁 ·· 53, 189
大判大正 8 年11月13日民録25輯2005頁 ·· 151
大判大正 9 年12月27日民録26輯2096頁 ·· 197
大判大正 9 年12月27日民録26号2098頁 ·· 70
大判大正10年11月 3 日民録27巻1894頁 ·· 133, 227
大判大正11年 2 月25日民集 1 巻69頁 ·· 32, 182
大判大正11年11月24日民集 1 巻670頁 ·· 100, 219
大判昭和 7 年 6 月 8 日裁判例 6 巻179頁 ·· 100, 219
大判昭和12年12月11日民集16巻1945頁 ·· 103, 220
最判昭和29年 4 月 8 日民集 8 巻 4 号819頁 ·· 93, 98, 211, 212
最判昭和29年 9 月24日民集 8 巻 9 号1658頁 ··· 66, 193
最判昭和29年11月26日民集 8 巻11号2087頁 ·· 27, 179
最判昭和29年12月24日民集 8 巻12号2310頁 ·· 34, 37, 186
最判昭和30年 5 月31日民集 9 巻 6 号793頁 ·· 85, 207
最判昭和30年 9 月30日民集 9 巻10号1491頁 ··· 37, 187
最判昭和30年12月26日民集 9 巻14号2082頁 ··· 65, 192
最判昭和31年10月12日民集10巻10号1260頁 ··· 134, 228
最判昭和33年 3 月 5 日民集12巻 3 号381頁 ·· 33, 183
最判昭和33年 6 月14日民集12巻 9 号1492頁 ·· 32, 33, 182
最判昭和34年 6 月19日民集13巻 6 号757頁 ·· 93, 98, 211, 213
最判昭和35年 4 月26日民集14巻 6 号1046頁 ··· 70, 198
最判昭和38年 9 月 5 日民集17巻 8 号909頁 ··· 6, 177
最判昭和40年 5 月27日判タ179号121頁 ··· 37, 187
最判昭和40年 9 月10日民集19巻 6 号1512頁 ··· 30, 181
最判昭和40年 9 月21日民集19巻 6 号1542頁 ··· 145, 231
最判昭和41年 3 月 2 日民集20巻 3 号360頁 ·· 128
最判昭和41年12月20日民集20巻10号2139頁 ··· 89, 210
最判昭和42年 2 月14日金商52号12頁 ·· 71, 199
最判昭和43年 9 月 3 日集民92号169頁 ·· 230
最判昭和44年 6 月24日民集23巻 7 号1079頁 ··· 66, 192
最判昭和45年 9 月10日民集24巻10号1389頁 ··· 53, 188

最判昭和46年9月21日民集25巻6号823頁 …………………………………………… 70, 199
最判昭和48年4月24日民集27巻3号596頁 …………………………………………… 67, 194
最判昭和48年7月19日民集27巻7号823頁 …………………………………………… 79, 200
最判昭和49年4月26日民集28巻3号540頁 …………………………………………… 80, 201
最判昭和49年9月20日民集28巻6号1202頁 ……………………………………… 63, 68, 190
最判昭和49年12月12日金法743号31頁 ………………………………………………… 72, 200
最判昭和52年9月19日家月30巻2号110頁 …………………………………………… 81, 202
最判昭和54年2月22日家月32巻1号149頁 …………………………………………… 81, 202
最判昭和55年7月11日民集34巻4号628頁 …………………………………………… 65, 192
最判昭和56年1月19日民集35巻1号1頁 ………………………………………… 20, 141, 229
最判昭和57年12月17日民集36巻12号2399頁 ………………………………………… 106, 222
最判昭和58年9月20日判タ513号151頁 ……………………………………………… 141, 230
最判昭和58年12月19日民集37巻10号1532頁 …………………………………………… 69, 195
最判昭和63年7月1日民集42巻6号451頁 ……………………………………… 107, 109, 223
最判平成元年9月14日判タ718号75頁 ………………………………………………… 34, 184
最判平成元年12月21日民集43巻12号2209頁 …………………………………………… 57, 189
最判平成5年12月16日判タ842号124頁 ………………………………………………… 36, 185
最判平成6年5月31日民集48巻4号1029頁 …………………………………………… 7, 177
最判平成6年11月24日集民173号431頁 ……………………………………………… 108, 225
最判平成8年2月8日判タ906号237頁 ……………………………………………………… 70
最判平成8年12月17日民集50巻10号2778頁 ……………………………………… 165, 171, 234
最判平成10年1月30日民集52巻1号1頁 ……………………………………………… 85, 207
最判平成10年9月10日民集52巻6号1494頁 …………………………………………… 108, 226
最判平成11年1月29日民集53巻1号151頁 …………………………………………… 83, 84, 204
最判平成11年6月11日民集53巻5号898頁 …………………………………………… 69, 197
最判平成12年2月24日民集54巻2号523頁 …………………………………………… 81, 203
最判平成12年3月9日民集54巻3号1013頁 …………………………………………… 69, 195
最決平成12年9月7日家月54巻6号66頁 ……………………………………………… 85, 207
最判平成13年11月22日民集55巻6号1033頁 …………………………………………… 64, 191
最判平成13年11月22日民集55巻6号1056頁 …………………………………………… 83, 205
最判平成14年6月10日家月55巻1号77頁 …………………………………………… 86, 209
最判平成16年4月20日集民214号13頁 ……………………………………………… 98, 213
最判平成19年2月15日集民61巻1号243頁 …………………………………………… 83, 206
最判平成21年3月24日民集63巻3号427頁 …………………………………………… 93, 211
最判平成22年10月8日民集64巻7号1719頁 …………………………………………… 98, 214
最判平成26年2月25日民集68巻2号173頁 …………………………………………… 98, 215
最判平成28年1月12日民集70巻1号1頁 ……………………………………………… 27, 180
最決平成28年12月19日民集70巻8号2121頁 …………………………………………… 98, 215
最判平成29年4月6日集民255号129頁 ……………………………………………… 98, 218

事項索引

あ行

- 異議をとどめない承諾 ……… 15
- 遺言執行者 ……… 47, 80, 134, 139, 142
- 遺言書 ……… 88
- 遺言書情報証明書 ……… 88
- 遺言による債権承継 ……… 88
- 遺産分割 ……… 31, 36, 80, 85, 87, 89, 98, 127, 202, 207, 214
- 遺産分割協議 ……… 36, 185, 197
- 遺産分割協議書 ……… 88
- 遺産分割事件 ……… 151
- 遺産分割請求権 ……… 63, 64
- 意思能力 ……… 4
- 慰謝料請求権 ……… 101
- 遺贈 ……… 80
  - ――の担保責任 ……… 126
  - 特定―― ……… 201
- 委託を受けた保証人 ……… 148
- 委託を受けない保証人 ……… 149
- 委任 ……… 20, 133
  - 代理権を付与する―― ……… 134
- 遺留分侵害額請求権 ……… 63, 191
- 遺留分侵害額請求調停事件 ……… 146, 151, 161
- 請負 ……… 20, 120, 122

か行

- 解除 ……… 16, 122
- 解除権 ……… 17
- 解約権限 ……… 80
- 解約返戻金 ……… 87
- 瑕疵 ……… 17, 119
- 貸金債務 ……… 14, 231
- 貸金等根保証 ……… 156
- 可分債権 ……… 98, 212
- 可分債務 ……… 211
- 借入金債務 ……… 150
- 仮差押え ……… 53
- 仮処分 ……… 53
- 仮分割の仮処分 ……… 99
- 監護費用 ……… 59
- 元本確定期日 ……… 156
- 元本確定事由 ……… 156
- 期間満了 ……… 166
- 危険負担 ……… 16
- 寄託 ……… 21
- 既判力 ……… 33, 183, 186
- 客観的起算点 ……… 8, 56, 58
- 求償権 ……… 105, 221
- 協議離婚 ……… 34, 71
- 協議を行う旨の合意 ……… 8, 54, 55
- 強制執行 ……… 53, 54
- 共同相続 ……… 107, 216
- 共同不法行為 ……… 107
- 共同保証 ……… 151
- 共同保証人 ……… 232
- 共有物管理費支払債務 ……… 219
- 極度額 ……… 156
- 金銭債権 ……… 98
- 金銭債務 ……… 100
- 具体的相続分 ……… 203
- 組合員の加入 ……… 22
- 組合員の脱退 ……… 22
- 組合財産 ……… 22
- 組合債務 ……… 22
- 組合代理 ……… 21
- 組合の解散 ……… 22
- 経営者保証 ……… 14, 160
- 形成的な身分行為 ……… 32
- 経年変化 ……… 168
- 契約上の地位の移転 ……… 17
- 契約責任説 ……… 119, 121
- 契約不適合 ……… 17, 20, 119
- 原状回復義務 ……… 7, 19, 168
- 現物分割 ……… 85
- 行為能力 ……… 5
- 後見開始の審判 ……… 46
- 公序良俗 ……… 4

公正証書 …………………………… 14, 140, 160
個人根保証 ……………………………… 14, 153
個人保証 ………………………………… 13, 159
個人向け国債 ……………………………… 215
雇用 ………………………………………… 20
婚姻費用 ………………………………… 199
婚姻費用分担義務 ………………………… 59
婚姻費用分担債権 ………………………… 70
混合寄託 …………………………………… 21

さ行

債権
　可分 …………………………………… 98, 212
　金銭 ……………………………………… 98
　婚姻費用分担 …………………………… 70
　将来 ……………………… 15, 83, 204, 205, 206
　退職金 …………………………………… 84
　遅延損害金 ……………………………… 70
　賃料 …………………………………… 85, 87
　被保全 ………………………………… 64, 69
　不可分 ………………………………… 110
　無記名 ……………………………………… 4
債権者代位 ……………………………… 191
債権者代位権 …………………………… 10, 63
債権譲渡 ………………………………… 14
　——の対抗要件 ………………………… 85
催告 ……………………………………… 53, 189
　裁判上の—— ………………………… 188
催告解除 ………………………………… 122
財産管理人 ……………………………… 47
財産権移転義務 ………………………… 124
財産分与 …… 31, 34, 79, 84, 87, 89, 92, 184, 195
　清算的—— …………………………… 92
財産分与請求権 ………………………… 65, 192
財産法的付随的身分行為 ……………… 32
裁判上の催告 …………………………… 188
裁判上の請求 …………………………… 52
債務
　——の承継 …………………………… 93
　貸金 …………………………………… 14, 231
　可分 …………………………………… 211
　借入金 ………………………………… 150
　共有物管理費支払—— ……………… 219

金銭 …………………………………… 100
組合 …………………………………… 22
事業に係る—— ……………………… 159
賃料支払 ……………………………… 219
不可分 ………………………………… 110
保証 …………………………………… 13, 143
債務者の処分権限 ……………………… 67, 194
債務引受 ………………………………… 15
　併存的 …………………………… 89, 101, 210
　免責的 ………………………………… 89, 90
債務不履行 ……………………………… 10
詐害 ……………………………………… 68
　——の意思 …………………………… 199
詐害行為 ………………………………… 190
詐害行為取消権 ………………………… 11
詐害行為取消請求 ……………………… 68
詐欺 ……………………………………… 5
錯誤 …………………………… 4, 25, 181, 187
　——取消しの申述 …………………… 38
　動機 ……………… 4, 25, 26, 27, 179, 180, 184
　表示 …………………………… 4, 25, 26, 27
　要素の—— …………………………… 185
敷金 ……………………………………… 19
事業に係る債務 ………………………… 159
時効障害 ………………………………… 51
時効の完成 ……………………………… 102
時効の完成猶予 ………………………… 8, 51, 189
時効の更新 ……………………………… 7, 51
事後の通知 ……………………………… 105, 149
事前求償権 ……………………………… 148
事前の通知 ……………………………… 105, 149, 222
執行力 …………………………………… 32
支配的身分行為 ………………………… 32
重過失 …………………………………… 30
収去 ……………………………………… 168
収去義務 ………………………………… 19, 168
収去権 …………………………………… 19
住宅ローン ……………………… 92, 101, 107, 150
重要性 …………………………………… 28, 35
主観的起算点 …………………………… 8, 56, 58
主たる債務の履行状況の情報提供義務 … 145
主たる債務者

事項索引　253

――が期限の利益を喪失した場合に
　　おける情報提供義務 ……………… 145
――について生じた事由 ……………… 145
受領権 ……………………………………… 66
受領遅滞 …………………………………… 9
条件 ……………………………………… 177
条件成就 …………………………… 7, 177
使用貸借 ………………… 18, 163, 171, 234
　　――の解除 …………………………… 166
　　――の終了 …………………………… 166
　　書面による―― …………………… 164
譲渡禁止特約　→　譲渡制限特約
譲渡制限特約 ………………… 14, 79, 83, 200
承認 ……………………………………… 53
消費貸借 ………………………………… 18
　　諾成的―― ………………………… 18
情報提供義務 …………………………… 160
　　主たる債務者が期限の利益を喪失
　　　した場合における―― ………… 145
　　主たる債務の履行状況の―― …… 145
消滅時効 ……………………………… 8, 56
将来債権 ………………… 15, 83, 204, 205, 206
職業別の短期消滅時効 ………………… 60
除斥期間 …………………………… 57, 189
書面による使用貸借 …………………… 164
親権
　　――の辞任 …………………………… 46
　　――の喪失・停止 …………………… 45
　　単独―― …………………………… 45
親権者 …………………………………… 43
　　――の同意 ………………………… 50
親権者指定 ……………………………… 31
親族関係（親族間紛争）調整調停事件等
　　………………………………… 151, 161
親族間紛争調整調停事件 ……………… 161
身体 ……………………………………… 58
審判書 …………………………………… 88
心裡留保 …………………………… 4, 177
成果完成型 ………………………… 20, 138
制限行為能力者 …………………… 5, 40
清算的財産分与 ………………………… 92
成年後見開始の審判 …………………… 48

成年後見人 ………………… 44, 46, 136, 140, 142
成年後見人等 …………………………… 136
生命 ……………………………………… 58
責任財産保全制度 ……………………… 62
絶対的効力 …………………………… 112
絶対的効力事由 ………………… 103, 110, 146
善意無過失の第三者 …………………… 31
相殺 ………………………………… 15, 220
相続 …………………………………… 212, 213
相続回復請求権 ………………………… 63
相続財産管理人 ………………… 136, 140, 142
相続させる遺言　→　特定財産承継遺言
相続人の担保責任 …………………… 127
相続の放棄 …………………………… 190
相続分の指定 ……………………… 93, 211
相続放棄 ……… 31, 37, 63, 69, 173, 186, 187, 190
相対的効力説 …………………………… 79
相対的効力の原則 …………………… 102
相対的取消説 …………………… 77, 178
贈与 ……………………………… 71, 122
　　――の担保責任 …………………… 122
　　他人物―― ………………………… 125
贈与契約の内容の推定 ……………… 124
贈与者 …………………………………… 17
訴訟上の和解 …………………… 108, 182, 225
損害賠償 ………………………… 10, 122
損害賠償請求権 ………………… 17, 169
損傷 …………………………………… 168

た行

代金減額請求 …………………………… 17
代金減額請求権 ……………………… 122
代償財産 ……………………………… 202
代償分割 …………………………… 85, 207
退職金債権 …………………………… 84
代理権の濫用 …………………………… 6, 177
代理権を付与する委任 ……………… 134
代理人 …………………………………… 40
　　任意―― ……………………… 41, 42
　　法定―― ………………… 41, 43, 135
諾成契約 ……………………………… 164
諾成的消費貸借 ………………………… 18
多数当事者の債権・債務関係 ………… 96

他人物贈与 125
単独親権 45
担保責任 119
　贈与の── 122
遅延損害金 198
遅延損害金債権 70
調停調書 88
重複起訴 67
直接取立 66
賃貸借 18
賃貸人の地位の移転 18
賃貸不動産の譲渡 18
賃料債権 85, 87
賃料（支払）債務 219
　──の根保証 157
追完請求権 17, 122
通常損耗 168
通常貯金債権 215
通知義務 105
定額郵便貯金債権 214
定期金債権 58
定期貯金債権 215
定期積金債権 218
定期預金債権 218
定型約款 16
手付 17
天災 53
転得者 71, 200
同意権の範囲を拡張する審判 50
動機錯誤 4, 25, 26, 27, 179, 180, 184
到達主義 16
特定遺贈 201
特定財産承継遺言（相続させる遺言）
　 80, 209
取消権 31
取消権者 48

な行

日常の家事 101
任意解除 229, 230
任意解除権 20, 141
任意後見契約 43, 136, 140, 142
任意後見人 136, 140, 142

任意代理人 41, 42
根保証
　貸金等── 156
　個人── 14, 153
　賃料債務の── 157
　包括── 156

は行

配偶者居住権 63
配偶者短期居住権 163, 170
売買 119
引渡義務 124
被保全債権 64, 69
表示錯誤 4, 25, 26, 27
表見代理 6
夫婦関係調整調停事件　→　離婚調停
不可分債権 110
不可分債務 110
復委任 227, 228
復代理 6
不在者財産管理人 136, 140, 142
不真正連帯債務 13, 106, 223, 225
普通預貯金債権 215
物権的効力説 79
不法行為 56
父母共同親権 45
扶養義務 59
分別の利益 151
併存的債務引受 89, 101, 210
弁済 15
包括根保証 156
報酬付与審判の申立て 139
法定責任説 121
法定相続分 93
法定代理人 41, 43, 135
法定利率 8
保佐 41, 50
保佐開始の審判 46, 49
保佐人 136
保証 143, 232
　共同── 151
　経営者── 14, 160
　個人── 13, 159

保証債務 ……………………………… 13, 143
保証人
　委託を受けた—— ……………………… 148
　委託を受けない—— …………………… 149
　共同—— ………………………………… 232
保証連帯 ………………………… 146, 152, 232
補助開始の審判 …………………………… 49
補助人 …………………………………… 136

ま行

未成年後見人 ……………… 46, 135, 140, 142
未成年者 …………………………………… 45
身分行為 …………………………………… 32
　　形成的—— ……………………………… 32
　　財産法的付随的—— …………………… 32
　　支配的—— ……………………………… 32
無記名債権 ………………………………… 4
無権代理 …………………………………… 6
無償契約 ………………………………… 124
無資力者 ………………………………… 106
無資力の連帯債務者 …………………… 223
免除 ……………………… 102, 146, 152, 225
免責事由 …………………………………… 10
免責的債務引受 ……………………… 89, 90

や行

やむを得ない事由 ……………………… 135
有償契約 ………………………………… 120
養育料 ……………………………………… 59
要素の錯誤 ……………………………… 185
預貯金契約 ………………………………… 21
預貯金債権 ……………… 79, 98, 213, 216
　　普通—— ……………………………… 215

ら行

利益相反行為 ……………………………… 6
履行強制 …………………………………… 9
履行遅滞 …………………………………… 9
履行の勧告 ……………………………… 55
履行の請求 ……………………………… 102
履行不能 …………………………………… 9
履行割合型 ………………………… 20, 138
離婚 ………………………… 31, 59, 89, 195
　　——に伴う金銭給付 ………………… 83
　　協議—— …………………………… 34, 71

離婚訴訟 …………………………… 79, 150
離婚調停 ………………… 55, 146, 150, 153
離婚無効 ………………………………… 182
連帯債権 ……………………………… 13, 111
連帯債務 ………………… 13, 100, 213, 220
　　不真正—— …………… 13, 106, 223, 225
連帯債務者 ……………………………… 93
連帯の免除 ……………………………… 106
連帯保証 ………………………………… 151
連帯保証人について生じた事由 … 145, 146

わ行

和解 ………………………………………… 32
　　訴訟上の—— ……………… 108, 182, 225
割合的報酬請求 …………………………… 20

債権法改正と家庭裁判所の実務

2019年6月12日　初版発行

　監　　修　佐々木　茂　美

　　　　　　潮　見　佳　男

　発行者　　和　田　　　裕

発行所　日本加除出版株式会社

本　社　郵便番号 171-8516
　　　　東京都豊島区南長崎 3 丁目16番 6 号
　　　　ＴＥＬ　（03）3953-5757（代表）
　　　　　　　　（03）3952-5759（編集）
　　　　ＦＡＸ　（03）3953-5772
　　　　ＵＲＬ　www.kajo.co.jp

営業部　郵便番号 171-8516
　　　　東京都豊島区南長崎 3 丁目16番 6 号
　　　　ＴＥＬ　（03）3953-5642
　　　　ＦＡＸ　（03）3953-2061

組版　㈱粂川印刷／印刷　㈱精興社／製本　牧製本印刷㈱

落丁本・乱丁本は本社でお取替えいたします。
★定価はカバー等に表示してあります。
Ⓒ S. Sasaki, Y. Shiomi 2019
Printed in Japan
ISBN978-4-8178-4559-7

JCOPY　〈出版者著作権管理機構　委託出版物〉

本書を無断で複写複製（電子化を含む）することは、著作権法上の例外を除き、禁じられています。複写される場合は、そのつど事前に出版者著作権管理機構（JCOPY）の許諾を得てください。
また本書を代行業者等の第三者に依頼してスキャンやデジタル化することは、たとえ個人や家庭内での利用であっても一切認められておりません。

〈JCOPY〉　ＨＰ：https://www.jcopy.or.jp，e-mail：info@jcopy.or.jp
　　　　　電話：03-5244-5088，FAX：03-5244-5089

実践調停 面会交流
子どもの気持ちに寄り添う調停実務

片岡武・萱間友道・馬場絵理子 著
2018年11月刊 A5判 432頁 本体3,600円+税 978-4-8178-4513-9

- 子どもとの面会をめぐる架空の2つのストーリーを設定し、実務家の視点に基づき、実践的な調停援助技術と働きかけについて解説。重要場面における当事者、調停委員等の発言の意味や位置づけ、調査官の観点に基づく分析や指針、実務担当者の視点に一歩踏み込む工夫が満載の一冊。

| 商品番号:40734 |
| 略　号:実調面 |

第3版 家庭裁判所における 遺産分割・遺留分の実務

片岡武・管野眞一 編著
2017年11月刊 A5判 632頁 本体4,400円+税 978-4-8178-4419-4

- 実務運用の解説→ 設例解説→ 裁判例紹介の内容構成で実務を詳解。特に遺産分割調停にスポットを当て、留意点を丁寧に解説する唯一の書。
- 第3版では、平成28年12月19日大法廷決定（預貯金債権と遺産分割）による実務運用を詳解。

| 商品番号:40394 |
| 略　号:遺分 |

家庭の法と裁判 号外
東京家庭裁判所家事第5部（遺産分割部）における 相続法改正を踏まえた 新たな実務運用

東京家庭裁判所家事第5部 編著
2019年6月刊 B5判 152頁（予定）本体2,300円+税 978-4-8178-4560-3

- 預貯金の払戻し、配偶者居住権、特別の寄与などの東京家庭裁判所での新しい実務と書式等を詳解。少年事件・家事事件の最新動向を追う唯一の判例雑誌『家庭の法と裁判（偶数月発行）』の号外。

| 商品番号:40769 |
| 略　号:家判家事 |

第3版 離婚調停

秋武憲一 著
2018年1月刊 A5判 480頁 本体3,600円+税 978-4-8178-4454-5

- 親権、面会交流、婚姻費用、養育費、財産分与等の個別の論点を実践的Q&Aを交えながら解説。家庭裁判所の実務に精通した著者の経験に基づく調停上の知恵や工夫、調停委員が悩む疑問への回答が満載の一冊。
- 離婚調停申立書式や養育費・婚姻費用算定表等、実務に必要な資料も収録。

| 商品番号:40437 |
| 略　号:離婚調停 |

〒171-8516　東京都豊島区南長崎3丁目16番6号
TEL（03）3953-5642　FAX（03）3953-2061（営業部）
www.kajo.co.jp